Elke Pahud de Mortanges

Bodies of Memory and Grace

Der Körper in den Erinnerungskulturen des Christentums

T V Z
Theologischer Verlag Zürich

Der Theologische Verlag Zürich wird vom Bundesamt
für Kultur für die Jahre 2021–2024 unterstützt.

Bibliografische Informationen der Deutschen Nationalbibliothek
Die Deutsche Nationalbibliothek verzeichnet diese Publikation
in der Deutschen Nationalbibliografie; detaillierte bibliografische Daten
sind im Internet über http://dnb.dnb.de abrufbar.

Umschlaggestaltung
Simone Ackermann, Zürich
Bild: Juan José Barboza-Gubo & Andrew Mroczek, *Gaby*, aus der Serie
Vírgenes de la Puerta, 2014 © Juan José Barboza-Gubo & Andrew Mroczek

Satz und Layout
Claudia Wild, Konstanz

Druck
CPI books GmbH, Leck

ISBN 978-3-290-22062-4 (Print)
ISBN 978-3-290-22063-1 (E-Book: PDF)

www.tvz-verlag.ch

Elke Pahud de Mortanges

·

Bodies of Memory and Grace

TVZ

Inhalt

TEIL C

Vorwort

Sprechen wir in unserem Alltag von den Erinnerungskulturen und dem Gedächtnis des Christentums, dann assoziieren wir damit unwillkürlich Schrift, Wort und Text(e). Und so hebt ja auch das Johannesevangelium an mit diesem berühmten, aber auch leicht missverständlichen Satz: «Am Anfang war das Wort und das Wort war bei Gott und das Wort war Gott.» Schnell setzen wir dieses Wort mit dem Buchstabenwort gleich und bezeichnen das Christentum, wie Judentum und Islam auch, als Buchreligion und sehen in der Bibel sein zentrales Gedächtniscorpus. Es war der Reformator Martin Luther, der die Parole des *sola scriptura* als des alleinigen Referenzortes für das verbindliche Gedächtnis des Christlichen ausgab und in seinem Worteifer Glauben und Kirche nackt machte bis aufs Wort.

So richtig und so wichtig Schrift und Wort, Bibel und Texte sind, so lassen sie uns doch allzu leicht vergessen, dass der primordiale, eigentliche Gedächtnisort des Christlichen der Körper ist. Das Wort ist nicht Buch, sondern Fleisch geworden. Die zentralen Ereignisse des Christlichen ereigneten sich nicht auf Pergament und Papier, sondern auf dem menschlichen Leib aus Fleisch und Blut. Die zentralen Daten des Christentums sind elementare Körperereignisse und heissen *Inkarnation*, *Passion* und *Resurrektion*; und künden vom Vollzug des Heils im Fleisch und vom Heilwerden des Fleisches. Oder, um es mit dem Dictum Judith Butlers zu sagen: «The body matters.» Im Christentum kommt es auf den Leib an.

Dabei zählt nicht nur der Körper Jesu (*body of grace)*. Es zählen gleichermassen die Körper der Gläubigen. Derer, die in seiner Spur gehen und die Erinnerung an seine Geschichte und Passion im jeweiligen Jetzt präsent halten. Derer, die sich ihm mit Haut und Haar, mit Leib und Blut verschreiben und sich sein Gedächtnis auf und unter die Haut schreiben (lassen). Um ihn schliesslich so zu ver_körpern, dass sie selber zu *bodies of memory and grace* werden. Und so unternimmt dieses Buch den Versuch, individuelle und überindividuelle Formen des *Embodiments* in den christlichen Erinnerungskulturen analytisch und strukturell zu beschreiben. Und sie zugleich im Horizont der Frage nach der Konstruktion und

Performanz von kollektivem Gedächtnis und religiöser Erinnerung formal und inhaltlich auszuloten.

Dass Erinnerungskulturen ein synchron und diachron äusserst pluriformes und diverses, im letzten unentwirrbares transkulturelles Gewebe sind und weder geografisch-räumlich noch sprachlich-terminologisch einzugrenzen sind, das hat mich beim Schreiben vor eine schwierige Wahl gestellt. Sollten die originalen Bezeichnungen der erinnerungskulturellen Medien, der Akteure und Praktiken, der Körper und Verkörperungen (*Semana Santa, Paso, Anda, Señor de la Amargura, Virgen de la Puerta usw.*) konsequent eingedeutscht werden? Aber gingen so nicht auch ihr Timbre und ihr «Parfum» und das, was sie gerade ausmacht, verloren? Und wie war mit der englischen Terminologie des erinnerungskulturellen Wissenschaftsdiskurses (*Embodiment, Performance, doing memory, doing gender, bodily practices usw.*) zu verfahren? Die Begriffe zu übersetzen, würde das nicht bedeuten, sie ihrer verbrieften und anerkannten Präzision zu berauben? Die Antwort und die Wahl, die ich schliesslich getroffen habe, bilden sich bereits in den Kapitelüberschriften dieses Buches ab. Dieser auf den ersten Blick etwas ungewohnt anmutende Mix aus Sprachen, der sich durch das ganze Buch zieht, mag anfangs den Lesefluss behindern und auch einen gewissen Widerstand hervorrufen. Dass sich im Verlauf des Buches die Begründetheit dieser Wahl erschliessen möge, das wage ich zu hoffen.

Das Bild auf dem Cover dieses Buches trägt den Titel *Gaby*. Es ist Bestandteil der Serie *Vírgenes de la Puerta* der in Boston beheimateten Künstler Andrew Mroczek (*1977) und Juan José Barboza-Gubo (*1976), auf die ich erstmals im April 2014 im Museo de Arte Contemporánea (MAC) in Lima/Peru gestossen bin. Seitdem haben ihre Fotografien, und namentlich diese, mich nicht mehr losgelassen. Sie waren mir Anstoss und Ermutigung, mich auf die Spur des Körpers in den Erinnerungskulturen des Christentums zu begeben. Das, was ich seit der Begegnung mit ihrem Werk in einzelnen Publikationen vorgelegt habe, ist Bestandteil meines durch sie ausgelösten Seh- und Denkweges und fliesst selbstverständlich auch in dieses Buch mit ein. Dass die Künstler mir erlaubt haben, *Gaby* als Coverbild für dieses Buch zu verwenden und sich zudem bereit erklärt haben in einem eigenen, englischsprachigen Beitrag am Schluss über *Gaby* zu schreiben, ist ein grosses Privileg und erfüllt mich mit tiefer Dankbarkeit.

Gaby steht nicht nur aussen auf dem Buch. Sie ist als Kunstwerk im ganzen Buch präsent und steht als Ouvertüre respektive Zwischenhalt am Beginn eines jeden der drei Teile, in die sich das Buch gliedert: Grundlegung – Erkundungen – Lehrstück. Warum das so ist? Nun, es ist bereits angeklungen. Das Kunstwerk wurde mir, der Schreibenden, zur Schule. Es setzte (m)eine Fragen, (m)ein Entbergen und (m)ein Suchen frei, welches sich im wissenschaftlichen *itinerarium mentis* dieses Buches widerspiegelt. Diesen Erkenntnisweg über das Sehen, in den auch das Werk der Performancekünstlerin Marina Abramović (*1946) sowie Bilder von Gustave Courbet (1819–1877) und der Vertreterin der Body- und Performance-Art ORLAN (*1947), von Frida Kahlo (1907–1954) und Alfred Hrdlicka (1928–2005) eingeschlossen sind, den möchte ich auch mit Ihnen, der Leserin und dem Leser, teilen. Finden doch die Körperdiskurse und Bilderwelten christlicher Erinnerungskulturen im Werk dieser modernen Künstler einen Widerhall, insofern hier konkrete erinnerungskulturelle Codes und christliche Motive fortgeschrieben, adaptiert und transponiert werden. Diese Internarrativität freizulegen bedeutet auch, die Offenheit und Unabschliessbarkeit der Konstruktion von christlicher Identität und Gedächtnis zu zeigen und das vermeintlich bekannte Alte nochmals neu und anders zu sehen.

Man mag nun einwenden: So ist das Buch weder Fisch noch Vogel, weder ganz essayistische Kunstbetrachtung noch ganz analytische Wissenschaft, weder ganz auf Deutsch noch ganz auf Englisch geschrieben. Ein Etwas in einem unentschiedenen Dazwischen. Vielleicht ist das so, ja. Ob das aber ein Mangel des Buches ist oder gerade sein Gewinn, das muss jede und jeder für sich selber entscheiden.

Das Buch findet in dem mit *Lehrstück* überschriebenen dritten Teil mit dem Beitrag aus der Feder von Juan José Barboza-Gabo und Andrew Mroczek seinen Abschluss. Hier werden *Gaby* als *Kunstwerk* und Gaby als *Mensch* mit ihrer ganz konkreten Geschichte in ihr eigenes Recht und ihren eigenen Kontext gesetzt. Und vielleicht, wer weiss, ergeht es Ihnen dann ganz am Schluss, wenn Sie durch das Buch durch sind, wie mir selbst: dass Sie Christentum, Kirche und Kunst nochmals neu und anders anschauen. Und ein neues, anderes Suchen und Fragen beginnt, welches dann nicht mehr mit wissenschaftlicher Distanz zu beantworten ist, sondern uns als Menschen existenziell einfordert. Als Mensch hat mich das Schicksal von Gaby zutiefst berührt. Als Christin und Theologin haben mich der Umgang von Gesellschaft und römisch-katholischer Kirche mit ihr und ihren Transgender-Schwestern in Peru beschämt und empört. Zwei zeitgenössische Künstler sind es, die hier zur Sache rufen. Und mit ihrer grossartigen Kunst dafür einstehen, was Gaby und ihre Schwestern sind: *Bodies of memory and grace.*

Elke Pahud de Mortanges — Greng, im August 2021

TEIL A
GRUNDLEGUNG

Gaby und die Dornenkrone (I) oder: Vom Sehen und Fragen

Im Zentrum des Bildes auf dem Buchcover sitzt Gaby auf einem mit rotem Stoff bezogenen Sofa. Der Stoff ist leicht abgeschabt und an einigen Stellen vergilbt. *Gabys* Haltung ist aufrecht, ihre Handflächen ruhen auf ihren Oberschenkeln, die bedeckt sind durch einen bis zum Boden reichenden gemusterten Rock. Sie ist uns, die wir sie betrachten, frontal zugewandt ohne uns dabei wirklich anzuschauen. Über ihrem Kopf schwebt eine immense, überdimensionierte Dornenkrone. Die Dornen sind lang und spitz und haben an manchen Stellen einen silbernen Widerschein. Sie ragen in Gabys Gesicht und berühren Augen und Wange.

Die schwebende, raumgreifende und übergreifende Präsenz dieser Krone macht, dass sich uns, den Betrachtenden, etwas erschliesst, noch bevor wir etwas über die Person Gaby wissen können, die dem Bild den Namen gegeben hat. Die Dornenkrone macht, dass wir beim Sehen und Betrachten die im Bild repräsentierte Person mit einer anderen Person zusammendenken und verknüpfen. Die Krone ist, um es technisch zu sagen, ein visueller *shortcut* und ein *memorial icon*, welche wir unmittelbar verstehen und zuordnen können. Wobei, das ist wichtig zu betonen, es tatsächlich absolut unerheblich ist, ob wir ein gläubig-identifikatorisches Verhältnis zum Christentum haben oder die christliche Religion vor allem als Kulturraum und Kulturausdruck kennen und wahrnehmen.

Die Krone in ihrer schwebenden Präsenz und Dominanz materialisiert und vergegenwärtigt einen Anderen, für dessen Geschichte sie steht und dessen memoriales Zeichen und mnemotechnischer *shortcut* sie geworden ist. Sie evoziert und memoriert die konkrete, historisch situierbare Geschichte des Jesus von Nazaret. Des mit Dornen gekrönten Jesus, der vor 2000 Jahren erniedrigt, verspottet, bespuckt und beschämt am Kreuz endete und als auferstandener Christus zur Mitte und zum Zentrum der christlichen Religion geworden ist.

Die Dornenkrone bewirkt aber noch mehr: Sie verkörpert keineswegs nur statisch die archivierte, längst vergangene und die erzählte Geschichte des Schmerzensmannes Jesus von Nazaret. Als interpretatorisches Firmament über *Gaby* schwebend, schreibt sie dessen Geschichte fort und verkörpert und transformiert diese *in* und *durch* Gaby. *An* und *über* und *mit* der Dornenkrone wird der offene und im letzten unabschliessbare Prozess eines *doing memory* offenkundig. In ihm verschmelzen Vergangenheit und Gegenwart zu einem Jetzt. Die Gestalt des Jesus von Nazaret wird zu Gabys Gestalt und seine die ihre.

Welcher Art die durch die Dornenkrone verkörperte Passion Gabys ist, darüber gibt ein weiteres Accessoire Aufschluss, das wir alle sehen, das ich aber bislang mit Schweigen übergangen habe. Gaby trägt einen Büstenhalter. Einen, der sehr weiss ist und unseren Blick fängt. Sie hat leicht gewelltes, bis auf die Schultern reichendes Haar. Sie trägt einen langen, ihre Beine verdeckenden Rock.

Die beiden Künstler Juan José Barboza-Gubo und Andrew Mroczek werden am Ende dieses Buches selber zu Wort kommen und erzählen, wer Gaby ist, wie sie sie gefunden haben und auch, wie Transgender-Menschen in Peru leben und welchen Diskriminierungen die LGTB-Community dort ausgesetzt ist. So viel aber sei bereits hier vorweggenommen: *Gaby* ist Teil der umfangreichen Fotoserie *Vírgenes de la Puerta*[1] mit welcher die beiden Künstler Transgender-Frauen, die in der durch und durch vom Katholizismus geprägten peruanischen Gesellschaft strukturell ausgegrenzt werden, ein Gesicht und eine wertschätzende Präsenz gegeben haben. Die Künstler bedienen sich dabei ganz bewusst ikonografischer Motive und Bilder-Codes «der» peruanischen Kultur(en) im Allgemeinen und des peruanischen Katholizismus im Besonderen. Und haben so mit ihrer Kunst Ikonen von grosser Dignität geschaffen.

> «The series *Vírgenes de la Puerta* focuses on the transgender women of Lima, Peru who continue to be cast aside by the political and religious administrations for well over 500 years. They are consistently denied employment, assistance from government programs, both state and government-issued forms of identification, and are granted limited access to basic medical resources. They live burdened under the hostile atmosphere created by the agenda of the Church and the politicians who rule the patriarchy with antiquated concepts of masculinity and

---

1 Die Serie *Vírgenes de la Puerta* ist Teil des Projektes CANON, zu dem auch die Serie *Los Chicos* gehört. 2014 wurden die *Vírgenes* im Museo de Arte Contemporáneo (Lima) gezeigt, zeitgleich die *Chicos* in der Casa de la Cultura de España (Lima). Vgl. «The Virgins of the Doors». 2017/2018 waren sie erneut im *Museum of Sex* (New York) zu sehen. Young, «Vírgenes de la puerta»; Hoffmann, «Trans Sanctity», S. 459–469.

machismo. We honor the diversity of the Peruvian culture by re-incorporating these transgender women into the cultural landscape and history of Peru. In direct contrast to their oppressor's intentions, the work celebrates trans women of color by presenting them as relevant iconic figures within the context of their native land. Influenced by 19th-Century Colonial painting, this series of portraits and tableaux incorporate cultural and religious iconography in an effort to pay homage to the resilience and beauty of these women to strengthen, empower, and embed a sense of pride within the current and future generations of Peru's LGBTQ community.»[2]

Der Körper Jesu, der die Dornenkrone getragen hat und den die Dornenkrone als *memorial icon* abruft, repräsentiert und präsent setzt, wird in der Fotografie durch Gabys Körper «ersetzt» respektive verkörpert. Es findet gleichsam ein Tausch oder besser, eine Gleichsetzung statt. Gabys Körper erhält durch diesen Tausch denselben ikonischen Rang wie jener, dem das *memorial icon* im christlichen Ursprungsnarrativ zugeordnet ist. Wer deshalb Andrew Mroczek und Juan Barboza-Gubo «Blasphemie» und eine «Verletzung der religiösen Gefühle der Mehrheit der Peruaner» unterstellt, wie das 2014 in Peru anlässlich der Ausstellung *Vírgenes de la Puerta* in Lima geschehen ist, der hat die religiöse Tiefe und anthropologische Weisheit, die im ikonografischen Bildkonzept der beiden Künstler liegt, nicht verstanden.[3]

Im Rückgriff und im Gebrauch religiöser Symbole und Zeichen, der so heftig kritisiert wurde, eröffnen die beiden Künstler einen existenziellen

2 Vgl. Barboza-Gubo/Mroczek, «Statement».

3 «España patrocina una exposición blasfema en el Perú». Luis Tejada Chacón, Präsident der Agencia Española de Cooperación al Desarrollo (AECID), intervenierte beim Direktor des Museums für Moderne Kunst in Lima sowie bei der Spanischen Botschaft in Peru, welche das Patronat der Ausstellung übernommen hatte, mit folgender Petition, die unter anderem den Vorwurf der Blasphemie erhebt. «Leo con preocupación información sobre la exposición ‹Canon› en su doble vertiente: ‹Los Chicos› en el Centro Cultural de España y ‹Vírgenes en la Puerta› en el Museo de Arte Contemporáneo de Lima. En el primero se muestra a jóvenes homosexuales; en el segundo, a ‹mujeres› trans. En ambos se utiliza simbología religiosa para la reivindicación LGTBQI. Y para mayor profanación, varios modelos posan desnudos o semidesnudos. Más allá del gusto artístico, la blasfemia no puede interpretarse como desarrollo cultural. Y menos cuando se trata de imponer una agenda ideológica. El Perú tiene un arte mucho más representativo de la realidad del país, que no hiere los sentimientos religiosos de la mayoría de los peruanos. Por todo ello, le pido que retire unas exposiciones que resultan ofensivas.»

Diskurs über Körper, Vulnerabilität und Identität und verweben den Prozess des *doing memory* mit dem des *doing gender*. Sie schreiben damit nicht nur die Gestalt *Gabys* rückbezüglich in die Gestalt Jesu ein, sondern sie machen auch, dass wir als Betrachtende anfangen, die erinnerte Gestalt Jesu von *Gaby* her neu zu sehen und zu befragen.

Und so kommen der Betrachterin Dinge in den Sinn in Bezug auf Jesus, die zwar im offiziellen Gedächtniskanon der christlichen Religion keine Rolle zu spielen scheinen, aber motivisch ganz dem durch *Gaby* verkörperten *gender trouble* zuzuordnen sind. Gewiss, es ist keine kanonisch zu nennende Darstellung Jesu mit Büstenhalter bekannt. Und die Dogmatiker unter den Theologen sind sich einig, dass Jesus sicher ein Mann war.

Aber: Ist da nicht in theologischen Texten des Mittelalters von den milchspendenden Brüsten Jesu die Rede? Wird nicht in illustrierten Gebets- und Stundenbüchern des Mittelalters seine mit einer Lanze durchbohrte Seite als Vulva vorgestellt? War da nicht eine Heiligenfigur namens *Die heilige Kümmernis*, die zwar figural dem Bildtypus Jesus am Kreuz zuzuordnen ist, die aber neben männlichen Oberarmen und jesuanischem Kopf weibliche Brüste hat, ein blaues Kleid und filigrane goldene Frauenschuhe trägt? War da nicht der Streit zwischen der Mediävistin Caroline Walker Bynum und dem Kunsthistoriker Leo Steinbeck über die Frage der Männlichkeit Jesu, die auch die Frage implizierte, inwiefern er in manchen Kreuzesdarstellungen mit erigiertem Glied zu sehen ist? Lässt man diesen *gender trouble* zu und setzt man sich diesem aus, dann werden viele vermeintliche Gewissheiten fraglich.

Erinnerung, Körper und Verkörperung in den Wissenschaftsdiskursen der Gegenwart

War bislang von meiner subjektiv grundierten Motivation und Annäherung die Rede, so soll nachfolgend das Unternehmen dieses Buches im Geviert der Körper- und Erinnerungsdiskurse verschiedenster Wissenschaftsdisziplinen verortet werden. Dies ist notwendig, auch wenn und erst recht da eine solche Verortung angesichts der Breite und Diversität der Diskurse praktisch unmöglich ist. Ihr eignet deshalb notwendig kursorischer Charakter und vieles von dem, was wichtig ist, wird ausgespart bleiben.[1]

1. Kulturelles Gedächtnis und Erinnerungskultur(en)

Der Gedächtnisbegriff spielt in den Kulturwissenschaften eine zentrale Rolle. Der deutsche Ägyptologe und Kulturwissenschaftler Jan Assmann (*1938) darf – nach und zusammen mit dem französischen Soziologen Maurice Halbwachs (1877–1945) und dem französischen Historiker Pierre Nora (*1937) – als Doyen der Gedächtnisforschung gelten. Maurice Halbwachs hat als erster den Begriff des kollektiven Gedächtnisses wirkmächtig geprägt.[2] Assman hat in seinem 1988 veröffentlichten Aufsatz *Kollektives Gedächtnis und kulturelle Identität*[3] diesen Begriff ausdifferenziert *und* zwischen «zwei Registern des kollektiven Gedächtnisses»[4] unterschieden.

Während sich das erste Register – das kommunikative Gedächtnis – durch Alltagsnähe, Mündlichkeit (*oral history*) und Gruppengebundenheit auszeichnet und nur gerade mal drei Generationen umspannt, öffnet sich das zweite Register – das kulturelle Gedächtnis – zu einem weiten Erinnerungsraum[5] kollektiver Erfahrungen. Es ist gekennzeichnet durch Schrift-

---

1 Einen ausgezeichneten Überblick bietet die bereits in dritter Auflage erschienene Monografie von Erll, *Kollektives Gedächtnis*.

2 Halbwachs, *Das kollektive Gedächtnis*.

3 Assmann, «Kollektives Gedächtnis».

4 Siehe Erll, *Kollektives Gedächtnis*, S. 24.

5 Assmann, *Erinnerungsräume*; Assmann, *Das kulturelle Gedächtnis*.

lichkeit, einen «hohen Grad an Geformtheit» und «feste Objektivationen». Schriftlichkeit und Mündlichkeit sind dabei die «beiden zentralen Medien des kulturellen Gedächtnisses», welche textuelle und rituelle Kohärenz herzustellen vermögen.[6]

Aleida Assmann (*1947), Jan Assmanns kongeniale Ehefrau, nahm eine weitere Unterscheidung im Begriff des kulturellen Gedächtnisses vor. Sie differenzierte zwischen zwei Modi der Erinnerung, die prinzipiell als durchlässig zu denken sind und mittels derer die Überlegenheit des Gedächtnisbegriffs gegenüber einem herkömmlichen Traditionsbegriff deutlich wird.[7] Den einen Modus bezeichnet sie als *Funktionsgedächtnis*, welches aktiv bewirtschaftet wird und gleichsam den verbindlichen, aber relativ kleinen Kanon des Erinnerten enthält. Den anderen Modus nennt sie *Speichergedächtnis*, welches als umfangreiches Archiv des nicht aktiv bewirtschafteten und «unbrauchbar oder obsolet oder fremd Gewordenen» zu verstehen ist.[8]

Mittlerweile wurde der Gedächtnisbegriff durch den der Erinnerungskultur(en) wenn nicht abgelöst, dann doch wesentlich ergänzt. Aufgekommen im letzten Jahrzehnt des zwanzigsten Jahrhunderts avancierte er zum «Leitbegriff der modernen Kulturgeschichtsforschung»[9] insgesamt.[10] Das Konzept des Gießener Sonderforschungsbereichs (SFB) 434 «Erinnerungskulturen (1997–2008) und die Arbeiten der Anglizistin und Historikerin

---

6 Erll, *Kollektives Gedächtnis*, S. 24–31 («Aleida und Jan Assmann: Das ‹kulturelle Gedächtnis›»), hier S. 26.

7 Erll, *Kollektives Gedächtnis*, S. 29.

8 «Auf kollektiver Ebene enthält das Speichergedächtnis das unbrauchbar, obsolet und fremd Gewordene, das neutrale, identitäts-abstrakte Sachwissen, aber auch das Repertoire verpasster Möglichkeiten, alternativer Optionen und ungenutzter Chancen. Beim Funktionsgedächtnis dagegen handelt es sich um ein angeeignetes Gedächtnis, das aus einem Prozess der Auswahl, der Sinnkonstitution […] hervorgeht. Die strukturlosen, unzusammenhängenden Elemente treten ins Funktionsgedächtnis als komponiert, konstruiert, verbunden ein. Aus diesem Akt geht *Sinn* hervor, eine Qualität, die dem Speichergedächtnis grundsätzlich abgeht.» Assmann/Assmann, «Das Gestern im Heute», S. 137. Vgl. auch Ertll, *Kollektives Gedächtnis*, S. 28 (Tabellarische Übersicht der beiden Gedächtnismodi).

9 Cornelißen, «Erinnerungskulturen».

10 Er ist zunächst ein formaler und recht vager «Oberbegriff für alle denkbaren Formen der bewussten Erinnerung an historische Ereignisse, Persönlichkeiten und Prozesse zu verstehen». Als Träger dieser Erinnerungskultur(en) […], so Cornelißen, «treten Individuen, soziale Gruppen oder sogar Nationen in Erscheinung, teilweise in Übereinstimmung miteinander, teilweise auch in einem konfliktreichen Gegeneinander. Cornelißen, «Erinnerungskulturen» sowie Cornelißen, «Was heißt Erinnerungskultur?».

Astrid Erll (*1972) waren und sind konzeptuell wegweisend. Erll unterscheidet nicht nur zwischen hegemonialen und nichthegemonialen Erinnerungskulturen, sondern auch zwischen konkurrierender sowie synchroner und diachroner Pluralität.[11]

Die Kategorien Gedächtnis und Erinnerung sind auch in den theologischen Wissenschaftsdiskursen der christlichen Theologie der achtziger und neunziger Jahre des 20. Jahrhunderts präsent. Dies namentlich dort, wo um die Verhältnisbestimmung von Christentum und Judentum im Angesicht der Schoah gerungen wurde. Zur Zentralkategorie des theologischen Denkens insgesamt wurde die *memoria passionis* im Werk des Fundamentaltheologen und Vertreters der sogenannten Neueren Politischen Theologie Johann Baptist Metz (1928–2019).[12]

Die erzählte Erinnerung der biblisch-christlichen Geschichte(n) insgesamt und die der Leidensgeschichte Jesu im Besonderen – die am Kreuz und auf dem Berg Golgota endete – bezeichnete Metz als «gefährliche Erinnerung», deren kritisches Potenzial zu heben und theologisch, politisch und weltpraktisch umzusetzen sei. In seinen späteren Werken ergänzte Metz seinen Erinnerungsbegriff um den Aspekt der *compassion* als Akt des teilnehmenden Erinnerns fremden Leids. Aus exegetischer Sicht wurden die Passionsgeschichten der vier Evangelien und ihre antijüdischen Tendenzen als Figuren christlicher Erinnerungsarbeit untersucht.[13]

Im Schnittfeld von historischer und kirchenhistorischer Forschung nahm die Mediävistik (nicht erst) in den 1990er Jahren mittelalterliche Formen und Praktiken des institutionalisierten Erinnerns in den Blick. Diese Praktiken, die sich im liturgischen Totengedenken, in Gebetsverbrüderungen der Reformklöster des Hochmittelalters (etwa des Klosters Cluny), in Nekrologen, Jahrzeitbüchern und Totenroteln niedergeschlagen haben,

11 Vgl. zum Konzept des SFB 434: Erll, *Kollektives Gedächtnis*, S. 31–34; Feitscher, «Erinnerung und Gedächtnis».

12 Die Fassung der Erinnerungskategorie erfolgte bei Metz in Auseinandersetzung mit dem Projekt der Aufklärung und unter Rekurs auf das Denken von Walter Benjamin und Jürgen Habermas. Metz fasst Erinnerung «als Medium des Praktischwerdens von Vernunft in Freiheit. In dieser Grundbestimmung ist Erinnerung Freiheitserinnerung, die als Leidenserinnerung zur Orientierung für freiheitsbezogenes Handeln wird […]. Ihre Erzählstruktur […] führt sie zur Kritik erinnerungsloser Geschichtstechnologie ebenso wie zu neuen Konfrontationen mit den Traditionen der *Anamnesis* und der christlichen *memoria.*» In diesem Zusammenhang spricht Metz auch vom «kognitiven Primat erzählter Erinnerung». Vgl. Metz, «Art. Erinnerung» (Hervorhebungen im Original).

13 Oldenhage, *Neutestamentliche Passionsgeschichte*; Ebner, «Antijüdische Tendenzen».

pflegen unter dem Begriff des mittelalterlichen Memorialwesens zusammengefasst zu werden.[14]

Von Seiten der kirchenhistorischen Forschung im engeren Sinn wurde 2010 Pierre Noras Konzept der *Lieux de mémoire* rezipiert und in einem ökumenisch angelegten Projekt auf das Christentum appliziert. Pierre Nora (*1931) hatte in seinem zwischen 1984 und 1992 erschienenen dreibändigen Werk das nationale, identitätsstiftende kulturelle Gedächtnis von Staaten und namentlich Frankreichs anhand zentraler Erinnerungsorte beschrieben.[15] Unter Erinnerungsorten verstand er keineswegs nur topografisch-geografisch ausweisbare Orte, sondern auch Topoi im übertragenen Sinn, wie Denkmäler, Persönlichkeiten, Embleme, Symbole und Gedenktage. Analog dazu haben die beiden Kirchenhistoriker Hubert Wolf und Christoph Marckschies den Band *Erinnerungsorte des Christentums* konzipiert und herausgegeben, in welchem zwischen Zentralorten, realen und übertragenen Orten unterschieden wird und 42 Erinnerungsorte vorgestellt werden, die sie als zentral für das Gedächtnis der christlichen Religion erachten.[16]

2. «Warum das ganze Theater mit dem Körper?»

Angesichts des in den neunziger Jahren des 20. Jahrhunderts aufkommenden Hypes rund um den Körper in den verschiedensten Disziplinen der Geisteswissenschaften stellte Caroline Walker Bynum (*1941) die Frage in den Raum: «Warum das ganze Theater mit dem Körper?»[17]. Heute, mehr als zwanzig Jahre später, ist der Körper aus diesen nicht mehr wegzudenken. Er ist als Thema und Forschungsgegenstand etabliert. Nebenbei sei vermerkt, dass Caroline Walker Bynum mit ihren mediävistischen Grundlagenwerken selber zur unhintergehbaren Autorität avanciert ist. Auf sie wird zurückzukommen sein.

Philosophie und Soziologie, Geschichts- und Kulturwissenschaften, feministische Forschung, Gender- und Queerwissenschaft(en) haben mit je eigenen theoretischen Prämissen und Fragestellungen Grundlagenarbeit

---

14 Vgl. https://de.wikipedia.org/wiki/Memorialwesen (Aufruf 19.03.2021); Borgolte/Fonseca/Houben (Hg.), *Memoria*; Geuenich/Oexle (Hg.), *Memoria*; Erll, *Kulturelles Gedächtnis*, S. 42.

15 Nora, *Les lieux de mémoir* (dt.: Nora, *Erinnerungsorte Frankreichs*).

16 Wolf/Marckschies, *Erinnerungsorte*.

17 Walker Bynum, «Warum das ganze Theater mit dem Körper?».

geleistet und den Blick auf «den» Körper und die Diskurse darüber bleibend und nachhaltig verändert. Mehr noch: Sie sind auch jenseits universitärer Wissensräume präsent und bei weitem mehr als nur eingängige Slogans oder Hashtags in den sozialen Medien. Sie bilden die Matrix für nationale wie transnationale gesellschafts- und genderpolitische Bewegungen der Gegenwart. So verschieden die Ansätze im Einzelnen auch sein mögen, es gibt Grundeinsichten des Redens über den Körper, die disziplinen- und ansatzübergreifend Zustimmung finden.

Dazu gehört die von Judith Butler (*1956), Michel Foucault (1926–1984) und Pierre Bourdieu (1930–2002) aus je eigener Wissenschaftsperspektive und mit unterschiedlichen analytischen und hermeneutischen «Werkzeugkasten» vorgenommene Dekonstruktion der Vorstellung einer Ontologie des Natürlichen.[18] In ihren Publikationen zeigten sie auf, dass und wie *in* und *mittels* sogenannter «Verewigungsprozesse»[19] geschichtlich Gewordenes und sozial Konstruiertes so «naturalisiert» wird, dass dieses in der Folge als ein ungeschichtliches, biologisches «Prae» und gleichsam als «stumme Faktizität»[20] erscheinen können.

Was für «das» Natürliche im Allgemeinen gilt, gilt im Besonderen auch in Bezug auf den Körper, den wir alle haben und in dem wir uns alle vorfinden. Einen vermeintlich natürlichen Körper im Sinn eines von jeglicher symbolischen, sozialen oder kulturellen Ordnung unberührten, vordiskursiven materiellen-biologischen Substrats, den gibt es nicht.[21] Er ist immer schon das Produkt symbolischer Konstruktion, performativer Praktiken und kultureller Inszenierungen. Dies gilt auch in Bezug auf den Körper als Geschlechtskörper.[22]

---

18 Judith Butler teilt mit Foucault das «Projekt eines performativen Diskurses» sowie die Überzeugung, dass der «anatomische Körper vollständig politisiert ist […]. Sie nimmt an, dass der Körper weder ein den kulturellen Bezeichnungen vorausgesetzter Körper noch unveränderliche Naturressource ist, sondern einen spezifischen politischen Einsatz der Kategorie ‹Natur› darstellt.» Bublitz, «Judith Butler», S. 195.196; Lorey, «Der Körper als Text», S. 10–23.

19 Bourdieu, *Männliche Herrschaft*, S. 12.

20 Butler, *Unbehagen der Geschlechter*, S. 191.

21 Butler, *Unbehagen der Geschlechter*, S. 191–193.

22 Jäger/König/Maihofer, «Die Theorie männlicher Herrschaft», S. 23: Der Geschlechtskörper ist nicht natürlich, sondern er wird gleichsam naturalisiert. «Der biologische Unterschied zwischen […] den männlichen und weiblichen Körpern, und insbesondere der anatomische Unterschied zwischen den Geschlechtsorganen» wird so zu «einer ‹natürlichen Rechtfertigung› eines gesellschaftlich konstruierten Unterschieds zwischen den Geschlechtern».

Der Körper ist einerseits Akteur, insofern er diese Konstruktionen aufführt (performt), wiederholt und verstärkt und so die Bedingungen seiner eigenen Reproduktion reproduziert.[23] Andrerseits repräsentiert und verkörpert er das, was er allererst performt. Während der Soziologe Bourdieu dies anhand der Begriffe *Habitus* und *Feld* erläuterte und Foucault mit den Begriffen *Genealogie* und *politische Anatomie* operierte, bringt Butler aus gendertheoretischer Perspektive die Kategorien *Performance/Performativität* und *Performanz*[24] ins Spiel. In der Frage, inwieweit es gleichwohl eine irgendwie geartete Form vorgängiger Materialität gibt, scheiden sich ihre Geister.[25]

Die mediävistische Forschung im weitesten Sinn – sei sie nun theologischer, historischer oder kulturwissenschaftlicher Provenienz – hat in vielen grundlegenden Studien den Topos Körper auch im Kontext von Religion, Erinnerung und Frömmigkeit zum Thema gemacht und den Körper insgesamt «als Medium kultureller Erinnerung» gewürdigt.[26] Jacques Le Goffs Monografie *Une histoire du corps au Moyen Age*[27] ist hier ebenso zu nennen wie die Arbeiten der bereits erwähnten Caroline Walker Bynum, welche auf bis heute wirksame Weise den Genderaspekt in die Erforschung der mittelalterlichen Körperwelten eingebracht hat.[28]

Die feministische Forschung und namentlich die angloamerikanischen *Gender Studies* «riefen den Zusammenhang von Identität und Geschlecht ins Bewusstsein und damit den Körper, an dem sich Prozesse der (brüchigen) Identitätsbildung durch sich wiederholende Zuschreibungen vollziehen».[29]

---

23 Wimmer, «Geschlecht im Feld», S. 2.

24 Der Begriff geht auf die Sprachphilosophie John L. Austins (*Zur Theorie der Sprechakte.* Stuttgart: Reclam 1972) zurück. Er wird von Judith Butler spezifiziert und findet auch in den neueren Kulturwissenschaften Verwendung. Vgl. Schmidt, «Performativität»; Feitscher, «Körperlichkeit», S. 2.

25 «Während Foucault der Einfügung menschlicher Körper und Subjekte in historische Wissens- und Machtordnungen eine materialistische Wendung gibt, indem er von einer ‹physischen Ausdehnung sozialer Regeln› ausgeht, die der ‹physischen Präsenz› bedürfen und in ‹permanent wiederholten Akten [...] im Körper materielle Gestalt annehmen, erfolgt dieser wiederholte Zwang zur Subjektivierung bei Butler im Namen des Geschlechts. Sie geht davon aus, dass sich das Geschlecht körperlich aufgrund von performativen Sprechakten materialisiert, nimmt aber an, dass Körper in ihrer Materialität nie vollständig auf Diskurse zurückführbar sind.» Bublitz, «Judith Butler», S. 196.

26 Öhlschläger/Wiens (Hg.), *Körper – Gedächtnis – Schrift*; Stoff, «Diskurse und Erfahrungen»; Funk/Brück, *Körper-Konzepte*; Wischermann/Haas (Hg.), *Körper mit Geschichte.*

27 Le Goff/Truong, *Geschichte des Körpers.*

28 Walker Bynum, *Fragmentierung und Erlösung.*

29 Öhlschläger, «Körper», S. 241.

Diese Diskurse wurden in «den» verschiedenen Bewegungen der christlich feministischen Theologien rezipiert und eigenständig thematisiert.[30]

In der «klassischen» systematisch-theologischen Forschung im engeren Sinn wurde der Körper- und Genderdiskurs, namentlich wie er von Judith Butler in ihren programmatischen Arbeiten *Gender Trouble*[31] und *Bodies that matter*[32] geführt wurde, eher mit Zurückhaltung zur Kenntnis genommen. Aus theologischer Genderperspektive blieb man ebenfalls eher auf Distanz zu Butlers radikalkonstruktivistischem Ansatz und rekurrierte stattdessen auf den französischen Philosophen Maurice Merleau-Ponty (1908–1961). Dies um zwischen dem Leib einerseits als der Subjektperspektive und dem Körper andrerseits als der Personenperspektive zu unterscheiden. Und dadurch den diskursiv repräsentierten und verobjektivierten Körper abzuheben vom Leib und seinem vordiskursiven Geschlecht als einem «Existential des Ichs».[33] Auch Helmuth Plessners (1892–1985) Konzept der exzentrischen Positionalität wurde rezipiert, um zwischen Leib als gelebtem Körper und Körper als objektivierter und konkreter Gestalt zu unterscheiden.[34]

3. Von der Kategorie Körper zur Kategorie *Embodiment*

Die Kategorie *Embodiment* (Verkörperung) wurde in den neunziger Jahren des 20. Jahrhunderts zunächst in der Kognitionstheorie bedeutsam. Die Erkenntnisse dieser bisweilen mehr philosophisch, bisweilen mehr psychologisch ausgerichteten Theorie lassen sich vereinfacht so zusammenfassen: Unser Geist wäre nicht in der Lage ausserhalb unseres Körpers zu arbeiten und zu denken. Unser Geist existiert und funktioniert *nur* als verkörperter

---

30 Moltmann-Wendel, *Wenn Gott und Körper*; Mc Fague, *The Body of God*; Ammicht-Quinn, *Körper – Religion – Sexualität*; Aus der Au/Plüss (Hg.), *Körper-Kulte*; Heit, «Körper-Kulte-Kritik»; Bohlen, «Die Theologie vor der Herausforderung durch die Genderdebatte»; Wendel, «‹Da gibt es kein Männliches und Weibliches› (Gal 3,28)».

31 Butler, *Gender trouble* (dt.: Butler, Unbehagen der Geschlechter).

32 Butler, *Bodies that matter* (dt.: Butler, Körper von Gewicht).

33 Siehe Wendel, «‹Da gibt es kein Männliches und Weibliches› (Gal 3,28)».

34 Siehe Jakobs, «Leib konstruiert Geschlecht». Körper und Leib stehen in einer reflexiven Beziehung; ihre Reziprozität bestimmt auch die geschlechtliche Erfahrung. Ich werde einerseits als Geschlecht wahrgenommen (Körper), ich bin Geschlecht, indem ich andere als Geschlechtliche wahrnehme (Leib). Diese soziale Konstruktion des Geschlechts ereignet sich, so Jakobs, durch den Umgang mit «Erwartungserwartung» (S. 140) und «der Gestaltung doppelter Kontingenz» (S. 141).

Geist. Diese grundlegende Einsicht hat zur Folge, dass der alte Gegensatz zwischen Geist und Materie obsolet wird.[35]

Alsbald wurde die Kategorie des *Embodiment* auch Teil des analytischen und begrifflichen Instrumentariums in Soziologie und Kulturwissenschaften. Analog zur Auffächerung und Erweiterung des Gedächtnisbegriffs im Begriff der Erinnerungskulturen erfolgte im Kontext der Genderforschung und anderer Forschungszweige eine Weiterung des Körperbegriffs. So hat etwa N. Katherine Hayles (*1943) in den späten neunziger Jahren des 20. Jahrhunderts im Rahmen der sogenannten *Media Memory Studies* einen wichtigen Schritt gemacht, als sie zwischen dem Körper als hegemonialem kulturellen Konstrukt und *Embodiment* als der Erfahrungsebene, die die individuelle Artikulation des Diskurses erfasst, unterschieden hat.[36]

Das Konzept Verkörperung ist gemäss Hayles «flexibler als der Begriff Körper und umfasst auch Elemente wie Erfahrung und Interpretation, Vermittlungsweisen und Widerständigkeiten». Insofern finden «Prozesse der Verkörperung zu allen Zeiten in ständiger Interaktion mit Deutungen von Körperlichkeit» statt. «Prozesse der Verkörperung» erzeugen ihr zufolge stets «heterogene Räume», «selbst wenn die diesen Prozessen zugrunde liegenden Diskurse in einer Gesellschaft einheitlich» scheinen. «Analysen von Prozessen der Verkörperung haben demnach zu untersuchen, wie Körper als Stätten von Erinnerung und materieller Struktur zu Vermittlungsorten für neue externe Zuschreibungen und interne Selbstwahrnehmungen, für Selbstdarstellungen oder für Widerständigkeit werden.»[37]

In der Weiterentwicklung der Memory-Forschung spielt die Kategorie erneut eine Rolle, wie Amanda Lagerkvist in ihrer Abhandlung *Embodiments of Memory* gezeigt hat. Der Fokus der Forschung verschob sich zusehends von den Speicher*medien* und Speicher*orten* hin auf das Repertoire an visuellen und körperlichen Formen des Gedächtnisses, die sogenannten *bodily practices and knowledges*. Hier ist besonders zu nennen Diana Taylor, Professorin für Performance Studies am Spanish Department der University of New York mit ihrer Studie *The Archive and the Repertoire* (2003).[38] Sodann der britische Sozialanthropologe Paul Connerton (1940–2019), der

35 Pahud de Mortanges, «Body@Performance»; Pahud de Mortanges, «Sacred Heart as Memorial Body».

36 Lagerkvist, «Embodiments of Memory», S. 8.

37 Canning, «Der Körper der Staatsbürgerin», S. 115.

38 Taylor, *Archive and the Repertoire*. Taylor stellt dem archivalen-archivierenden Gedächtnis in Form von Texten, Dokumenten, Gebäuden das sogenannte «ephemeral repertoire of embodied practice/knowledge» gegenüber wie es sich in der gesproche-

mit seiner Trilogie *How Societies Remember* (1989), *How Modernity Forgets* (2009) und *The Spirit of Mourning: History, Memory and the Body* (2011) Marksteine gesetzt hat. Connerton unterscheidet zwischen eingeschriebenen und inkorporierten Gedächtnispraktiken. Letztere existieren ihm zufolge nur, insofern sie vom Körper als verkörperte Performance getragen und repräsentiert werden.[39]

---

nen Sprache, Tanz, Sport, Ritualen ausdrückt und dort aufgeführt wird. Lagerkvist, «Embodiments of Memory», S. 10.

39 Lagerkvist, «Embodiments of Memory», S. 10; Connerton, *How Societies Remember*; Connerton, *How Modernity Forgets*; Connerton, *The Spirit of Mourning*.

The Body is the medium is the message is the medium

Zur Anatomie des Heils im Christentum

«Erinnerung dient der Orientierung in Raum und Zeit wie der Selbstvergewisserung. Das gilt für Individuen, Gruppen oder ganze Nationen.»[1] Was hier für das Projekt *Europäische Erinnerungskulturen* formuliert wurde, das hat *cum grano salis* auch Geltung für Religion(en) im Allgemeinen und für das Christentum im Besonderen.

1. Religion(en) und Erinnerung

Religion und Religionen sind transkulturelle und transnationale Gemeinschaften, deren Identität um die Fragen nach dem Woher und dem letzten Wohin und Wozu von Mensch und Welt gebaut sind. Die Antworten auf diese Fragen geben sie auf religiöse Weise, was impliziert, dass sie in der Regel einen Gottesbezug oder aber zumindest einen Transzendenzbezug aufweisen. Religionen sind Erzähl- und Kommunikationsgemeinschaften, die sich in historisch und kulturell pluriformer Weise über Hoffnungsfiguren, Heilsereignisse und Glaubensinhalte austauschen und diese erinnernd präsent setzen, indem sie diese allererst aufführen. «Gedächtnis», so hat es Franziska Metzger formuliert, «wird in der Performanz geschaffen»[2] und, so muss hinzugefügt werden, Identität auch. Denn Gedächtnis wie Identität sind nicht statische Inventare und Archive, welche einmal an dem vermeintlich einen Ursprung und Anfang der Religionsgemeinschaft(en) entstanden sind und dann lediglich zu konservieren oder reaktivieren sind. Sie sind vielmehr sozial und kulturell konstruiert und bilden ein ganzes «Geflecht von Gedächtnisbeständen» mit einem «Komplex von Gedächtnisschichten» und Identitätskonstruktionen.[3] Kurz: Es gibt nicht die eine Deu-

1 Europäische Erinnerungskulturen.
2 Metzger, «Erinnerungsräume», S. 22; Metzger, «Das Gedächtnis der Religion», S. 123–144.
3 Metzger, «Erinnerungsräume», S. 20.

tung, die eine Identität, das eine Gedächtnis – im Sinn des *collected memory* wie auch des *collective memory* –, die es nur mechanisch abzurufen gilt.

Was es gibt, das sind verschiedene Narrative, ikonografisch-visuelle Codes, religiöse Praktiken und Rituale mittels derer die Religionsgemeinschaften sich immer je neu im jeweiligen Jetzt konstituiert und sich ihrer Identität vergewissern und sich in Raum und Zeit orientieren. Narrative, Codes und Praktiken sind und bleiben pluriform – synchron wie diachron – und können miteinander konkurrieren, sich bestätigen, einander überlappen oder ausschliessen, mehrdeutig und gar einander entgegengesetzt einsetzbar sein. Dieses «Gewebe von Codes, Interpretationsweisen und rituellen und narrativen Umsetzungen», wird jeweils neu «wiederholt, vermittelt, adaptiert, rekonfiguriert [...] und transformiert».[4] Performanz, Pluralität und Pluriformität des Gedächtnisses lassen es angezeigt sein, dem Begriff des Gedächtnisses den der Erinnerung und der Erinnerungskulturen im Plural vorzuziehen.[5]

2. Das Christentum als religiöse Erinnerungs- und Kommunikationsgemeinschaft

Auch das Christentum als Religion gibt es nur im Plural und in der Pluriformität verschiedenster transkultureller und transnationaler Gemeinschaften und verschiedenster christlicher Denominationen, die ihrerseits nicht im luftleeren Raum, sondern als Teile eines grösseren Geflechts und Gewebes – Staaten, Regionen, Gesellschaften – mit ihren sowohl synchron wie diachron je verschiedenen Rechtssystemen und -figuren, ihren Narrativen, Codes und Praktiken existieren.

Bemerkenswert ist, dass die so geartete Aussenbeschreibung von Religion(en) mit dem in der theologischen Wissenschaft reflektierten Selbstverständnis «des» Christentums konvergiert: Es versteht sich – wie das Judentum, innerhalb dessen es entstanden ist, auf dem es bleibend gründet und mit dem es nicht nur die Geschichte, sondern auch die Schriften Israels teilt – selber ganz wesentlich als *Erzähl- und Erinnerungsgemeinschaft*.[6]

Der verbindliche Grundtext dieser christlichen Religionsgemeinschaft(en) ist die Bibel. Diese ist ein umfangreiches Textcorpus, ein grosses

4 Metzger, «Erinnerungsräume», S. 20.

5 Vgl. dazu auch Erll, *Kollektives Gedächtnis*, S. 32.

6 Schmid/Schröter, *Die Entstehung der Bibel*.

Konvolut aus Geschichten und Erzählungen verschiedenster Gattungen und Provenienzen, die sich in einem jahrhundertelangen Tradierungs- und Auslegungsprozess in unterschiedlichen geografischen Zusammenhängen geformt haben und die in je anderen Kontexten neu ausgelegt und intertextuell verwoben wurden.[7] Zu *den* verbindlichen Heiligen Schriften im Sinn eines abgeschlossenen biblischen Kanons, welchem dem Anspruch nach weder etwas hinzugefügt noch etwas weggenommen werden kann, wurden diese Schriften erst allmählich und während eines sehr langen Zeitraums.[8]

Erst seit der «Erfindung des Buchdrucks», so die beiden Bibelwissenschaftler Konrad Schmid und Jens Schröter, sei der Eindruck entstanden, bei der Bibel handle es sich um einen «genau festgelegten Schriftenbestand» und sie existiere schon immer als festes Konvolut zwischen zwei Buchdeckeln.[9] Dabei haben nicht nur die einzelnen Texte des Alten und Neuen Testaments eine lange und komplexe Genese und Überlieferung hinter sich und sind viel weniger aus einem Stück als die überlieferten Endtexte glauben machen. Auch die Anzahl und die Anordnung ihrer Texte innerhalb des Konvolutes variiert. Auch wer welche Übersetzung in welcher Sprache zugrunde legt, variiert. Das gilt für den Bereich des westlichen Christentums mit seinen römisch-katholischen, lutherischen und reformierten Bibelausgaben, weit mehr aber noch für das orthodoxe Christentum.

> «Das Alte Testament eines orthodoxen Christen, etwa aus Armenien oder Russland, enthält Bücher, die sich in den westeuropäischen Bibelausgaben nicht finden. [...] Im Neuen Testament eines syrischen Christen aus dem 3. Jahrhundert fände sich anstelle der vier Evangelien ein Buch mit dem Titel ‹Diatessaron›, das eine Erzählung vom Leben und Wirken Jesu Christi mit Erzählungen aus allen vier Evangelien des sonst bekannten Neuen Testaments enthält. Juden aus dem Mittelalter würden eine hebräische oder arabische Bibel beisteuern, solche aus dem antiken Alexandria dagegen eine griechische. Diese jüdischen Bibeln würden sich in Umfang und Anordnung der in ihnen enthaltenen Bücher voneinander unterscheiden.»[10]

---

7 Schmid/Schröter, *Die Entstehung der Bibel*, S. 9–17.

8 Immer noch aktuell dazu die grundlegende Arbeit von Oeming/Domen, *Biblischer Kanon*; Childs, *Memory and Tradition*; Childs, *Introduction to the Old Testament*; Krauter, «Brevard S. Childs' Programm».

9 Schmid/Schröter, *Die Entstehung der Bibel*, S. 356.

10 Schmid/Schröter, *Die Entstehung der Bibel*, S. 19–20.

Die Texte der Bibel bilden gemäss dem Selbstverständnis des Christentums die eine grosse Erzählung der Geschichte Gottes mit den Menschen im Allgemeinen und seinem auserwählten Volk im Besonderen. Diese Geschichte wird als Gottes (Selbst-)Offenbarung verstanden, die in der Menschwerdung Gottes in dem historischen Juden Jesus von Nazaret, in seinem Tod am Kreuz und seiner Auferstehung am dritten Tag kulminiert. Mit ihm findet die göttliche Offenbarung gleichsam ihren endgültigen, weil unüberbietbaren Abschluss. Jesus der Jude, der fortan als der Christus verkündet wird, wird zum Namensgeber und zur Sinnmitte der christlichen Religion als ganzer.[11] Auch wenn die Umrisse und Grenzen der Bibel(n) oszillieren und sich weitaus weniger statisch und hermetisch präsentieren als gemeinhin angenommen, so ist die Bibel als primordiales Gedächtnismedium und Erinnerungsraum des Christlichen doch unbestritten. Das drückt sich auch im Alltagsbewusstsein aus, wonach das Christentum – wie auch Judentum und Islam – als *Buchreligion* zu qualifizieren ist.[12]

Der Reformator Martin Luther hat das geschriebene Wort mit der Parole des *sola scriptura* gar zum alleinigen Referenzort für das verbindliche Gedächtnis des Christlichen gemacht, während die durch die Reformation römisch-katholisch gewordene Kirche die Formel *Schrift und Tradition* pflegte und das Modell der erkenntnistheoretischen Katholizität der *Loci theologici* des Dominikanermönchs Melchior Cano (1509–1560) favorisierte.[13]

---

11 Die Konstitution über die Offenbarung des Zweiten Vatikanischen Konzils formuliert dies so: Jesus Christus ist die *consumatio perfectio totius revelationis*, die Erfüllung und Aufgipfelung aller Offenbarung schlechthin. Weshalb dann zwischen der mass*gebenden* Zeit der Offenbarung und der mass*nehmenden* Zeit der (treuen) Tradierung in der Kirche derselben unterschieden werden kann und muss.

12 Der Begriff *Buchreligion* geht auf den Religionswissenschaftler Max Müller (1823–1900) zurück, der ihn jedoch keineswegs nur auf Judentum, Christentum und Islam anwandte. Er taucht auch bei Jan Assmann wieder auf zur Kennzeichnung respektive Unterscheidung zwischen primären und sekundären Religionen. Im Anschluss an Theo Sundermeier kennzeichnet Jan Assmann das Christentum als sekundäre Religion, weil sich in ihm ein zentraler Wandel des kulturellen Gedächtnisses vollziehe: der Wandel vom *Poly*theismus zum *Mono*theismus, von der *Kult*religion hin zur *Buch*religion und die Ablösung von der kulturellen Verankerung in einem Raum hin zu einer weltumspannenden Religion. Sundermeier, «Art. Religion»; Assmann, *Die Mosaische Unterscheidung*, S. 11; Wagner (Hg.), *Primäre und sekundäre Religion*.

13 Zu Melchior Cano und dem System der *Loci theologici* als strukturaler Ausgestaltung des Traditionsprinzips im Gegensatz zum *sola-scriptura*-Prinzip vgl. Seckler, «Die ekklesiologische Bedeutung des Systems der ‹loci theologici›».

3. The Body is the Medium is the Message is the Medium – eine Annäherung in Thesen

Welche Bedeutung und Rolle kommen nun dem Körper und der Körperlichkeit bei der Gedächtnisproduktion und Gedächtnisperformanz dieser christlichen Erzähl- und Erinnerungsgemeinschaft(en) zu? Das soll hier in Form von vier Umkreisungen respektive Thesen skizziert werden. Im Fortgang des Buches werden dann einzelne Aspekte konkretisiert und exemplifiziert.

These 1: The Body matters – The Body is vulnerable by definition
Die Tatsache, dass die Heiligen Schriften eine so zentrale Rolle einnehmen und man von Buchreligionen zu sprechen pflegt, könnte dazu verleiten anzunehmen, dass Produktion und Performanz des religiösen Gedächtnisses vornehmlich und primordial über Alphabet, Schrift und Texte erfolgt. «Religion, as constructed in Western discourse from the sixteenth-century reformations onwards, remains defined largely as a set of beliefs to which individual adherents give thoughtful assent. That is, religion is described often as mental and spiritual but not seldom or secondarily as material.»[14] Dass dem gerade nicht so ist, sondern neben Alphabet, Schrift und Text ebenso zentral gelebte Orte, Räume und Landschaften (Michel Certeau/ Michel Foucault) wie auch die ganze Welt des Materiellen – und damit auch die des Körpers und des Körperlichen – die Religionen ausmachen, das haben einerseits der *spatial turn*[15] (in den neunziger Jahren des 20. Jahrhunderts) und andrerseits der *material turn* (im 21. Jahrhundert) der kulturwissenschaftlichen Erforschung der Religionen unter Beweis gestellt: «[...] religion exists not only in mind and in the text, but also in the material world, including the human body and its sensorium.»[16]

Es ist das grosse Verdienst von David Morgan, Professor an der Duke University (USA), im Rahmen des *material turn* die Bedeutung des menschlichen Körpers und die konkreten körperlichen Wahrnehmungen des Fühlens, Sehens, Tastens, Vorstellens als «locus of consciousness and experience» hervorgehoben zu haben.[17] Während der *spatial turn* auch in der binnentheologisch-kirchenhistorischen Forschung mitvollzogen wurde und

14 Hazard, «The Material Turn in the Study of Religion», S. 58.
15 Vgl. Knott, «Religion, Space and Place»; Döring/Thielmann (Hg.), *Spatial Turn*.
16 Hazard, «The Material Turn in the Study of Religion», S. 59; Miller (Hg.), *Material Cultures*.
17 Morgan, *Religion and Material Culture*; Morgan, *The Embodied Eye*; Morgan, *The Thing about Religion*.

Projekte wie jenes der bereits oben genannten Erinnerungsorte des Christentums von Wolf/Marckschies (2010) hervorbrachte, so steht die Rezeption des *material turn*, namentlich was den Aspekt des Körpers angeht, noch weitgehend aus. Vorliegendes Buch und die von der Verfasserin während der letzten Jahre publizierten Einzelbeiträge versuchen hierzu einen Beitrag zu leisten. In Anwendung des mittlerweile zum Aperçu gewordenen Buchtitels[18] von Judith Butler kann ganz grundsätzlich festgehalten werden: das Dictum «The body matters» taugt, um die zentrale Rolle des menschlichen Körpers und der Körperlichkeit im und für das Christentum als Religions- und als Erinnerungsgemeinschaft zu umschreiben. Wenn nachfolgend die Kategorie Körper Anwendung findet, dann ist seine *soziale Konstruiertheit* immer mitzudenken ist, auch wenn dies nicht mehr eigens erwähnt wird.

Judith Butler spricht davon, dass Gesellschaft, Normen und Praktiken sich in den Körper einschreiben und ihn allererst hervorbringen. Hinzuzufügen ist hier: Das gilt auch in Bezug auf kulturelle Teilsysteme wie Religion(en).[19] Auch Religion und Glauben schreiben ihre Diskurse dem Körper auf den Leib. Analog zu allgemein kulturellen und sozialen Normen lagern sich im Körper ebenso religiöse Diskurse, religiöse Vorstellungen und Normen, religiöse Praxen und Praktiken ein und ab.

Und auch wenn es wie eine vermeintlich allzu leichtgewichtige Binsenwahrheit klingen mag, so ist es doch keineswegs überflüssig auch jenes Grunddatum menschlicher Erfahrung vorauszuschicken, das alle Menschen eint. Alles, was wir Menschen tun – sei es denken, sehen, sprechen, fühlen, hören, uns bewegen, handeln – ist und geschieht immer körperhaft und körperlich.[20] Es gibt kein *menschliches* Ich ohne Körper, das in einer Petrischale denkt, fühlt, sieht, hört, empfindet, handelt. Unser Körper ist, so hat es Foucault nicht ohne Poesie formuliert, das «kleine Stück Raum mit dem Ich buchstäblich eins bin» und von wo aus ich in der Welt bin und mit anderen interagiere.[21]

Diese Interaktion ist aber mit Judith Butler gerade nicht als etwas der Subjektkonstituierung des Ichs Nachgängiges zu verstehen, sondern vielmehr als etwas, das dieses allererst konstituiert und hervorbringt.[22] Das

---

18 Butler, *Bodies that Matter*.

19 Bublitz, *Einführung Judith Butler*, S. 40; Ornella/Knauss/Höpflinger (Eds.), *Commun(icat)ing Bodies*.

20 Vgl. dazu auch Morgan. *Religion and Embodiment*.

21 Foucault, Der utopische Körper, S. 25.

22 Grundlegend hierzu Butler, *Bodies that Matter*; Butler, «Bodies in Alliance»; Butler, «Precarious Life»; Butler, «Bodily Vulnerablity».

Subjekt und seine Subjektivität besteht nicht als eine «für sich stehende, autonome und souverän agierende Entität».[23] Es wird in Prozessen der Anerkennung und Interaktion allererst produziert und performt. Diese Prozesse vollziehen sich keineswegs lediglich in einem «dualen Geschehen» zwischen dem einen Körper-Ich und dem anderen Körper-Ich, sondern sind immer schon vermittelt durch bestehende Ordnungen, historisch-kontingente Normen und Diskurse.[24] Die Subjektkonstituierung ist im letzten nicht abschliessbar und macht, dass das als solchermassen relational begriffene Subjekt bleibend als fragil, fluid und vulnerabel zu denken ist.[25] Aufgrund der Körperhaftigkeit und Körperlichkeit dieses Prozesses muss der Körper, wie Butler im Rahmen einer *new social and bodily ontology* formuliert, per definitionem[26] als vulnerabel gedacht werden. Dieser Begriff von Vulnerabilität ist wesentlich elementarer und unterscheidet sich von dem, wie er allgemeinsprachlich verwendet zu werden pflegt, wo Vulnerabilität dann oft eine biografisch, sozial oder genetisch erworbene Anfälligkeit bestimmter Menschen oder Personengruppen für Krankheiten, soziale Ausgrenzung oder Randständigkeit meint. Eine solche Sicht impliziert oft einen Rekurs auf das vermeintlich Normale und Ganze und Unbeschädigte, wobei dann das/der/die Vulnerable(n) als abweichend von dieser Norm «des» Normalen und Unbeschädigten erscheinen.[27]

These 2: Doing Christianity and doing Memory is both bodily
Die Kategorie Körper, wie wir sie nachfolgend verwenden, transzendiert vermeintlich unabdingbare Dichotomien und lässt diese, da wo sie im Sinn des Faktischen konstruiert werden, hinter sich. Welche Dichotomien meinen wir? Die Rede ist von Gegensatzpaaren wie: hier Buchstabe, Alphabet, Schrift und Text, da Bild, Plastik und Gemälde. Hier Diskurs(e), da Riten und Praktiken. Hier Biologisch-Natürliches, da kulturell Inszeniertes. Hier Medien, da Topoi. Hier lebendige Körper, da tote Materie. Diese vermeintlichen Antipoden sind nicht als miteinander konkurrierende oder gar als zeitlich und sachlich einander irgendwie vor- respektive nachgeordnete Codierungen von Gedächtnis anzusehen. So als wären beispielsweise die Medien wie Bild, Plastik und Gemälde, wie Riten und Praktiken lediglich

---

23 Pristol, «Vulnerabilität», S. 238.

24 Pristol, «Vulnerabilität», S. 247.

25 Dederich, «Körper, Subjektivierung und Vulnerabilität»; Dederich, «Vulnerabilität»; Keul/Müller (Hg.), *Verwundbar*.

26 Butler, *Frames of War*, S. 33.

27 Vgl. dazu Keul, «Vulnerabilität und Resilienz», S. 225–230.

sekundäre Umsetzungen respektive Illustrationen des vorausgehenden (Bibel-)Wortes. Alle Elemente dieser vermeintlichen Dichotomien bilden zusammen ein letztlich unentflechtbares Gewebe an Interaktion von durchaus miteinander konkurrieren könnenden Gedächtnisbeständen und Gedächtniselementen. Dieses Gedächtnisgewebe als Ganzes hat Körpercharakter so wie auch die Teile aus dem es sich zusammensetzt; und auch die Interaktion dieser Teile ist immer als körperlich vermittelt und als ver_körpernde Performanz zu fassen. Daher kann man sagen, nicht nur *doing Christianity is bodily*, sondern auch *doing memory is bodily*.

These 3: The Body is the medium is the message: Grace and salvation in Christianity are bodily

Im Christentum kommt dem Körper – über die im *material turn* vollzogene Hinwendung zum Körper und der Körperlichkeit hinaus – eine fundamentale Funktion zu. Er ist nicht nur Aufführungsort, Speichermedium, kommunikative Kulturtechnik; er ist – im und als Paradox des bleibend entzogenen Körpers – das primäre göttliche Heil schlechthin. Der Körper ist also gerade nicht so zu denken, dass durch und mit ihm etwas auf körperliche Weise repräsentiert wird, das aber eigentlich etwas Immaterielles, Unkörperliches ist. So als diente der Körper letztlich nur dazu, die wahre Essenz oder den eigentlichen *blueprint*[28] zu repräsentieren, ohne einen inneren, notwendigen Bezug zu dem zu haben, was er verkörpert.

Vielmehr gilt: Das Heil hat im Christentum selber einen Körper und eine Anatomie. Man kann hier in Anwendung der These *The medium is the message* formulieren: *The body is the message*. Gott ist – gemäss dem Selbstverständnis und Masternarrativ des Christentums – in Jesus Christus selber Mensch und Körper geworden. Körper, Leib und das Somatische sind somit gerade nicht nur sekundäre Medien wie Texte, Bücher, Denkmäler, Kunstwerke. Vielmehr ist der eine Körper und Leib Jesu Christi der zu erinnernde Heils-Inhalt des Christlichen schlechthin. Diesen Umstand bringt das vierte Evangelium des Neuen Testaments, das Johannesevangelium, so auf den Punkt: Das Wort – das Jesus als der ewige Logos ist – ist nicht Buch, sondern Fleisch geworden (Joh 1,1). Die zentralen Heilsdaten der in Jesus Christus kulminierenden (Selbst-)Offenbarung Gottes sind konkrete Körper-

28 Clifford Geertz's Verständnis der materiellen Kultur (The Interpretation of Cultures. New York: Basic Books 1973) charakterisiert Hazard wie folgt: «[…] material things embodied something else taken to be religions blueprint or true essence […] something presumed to be primeraly […] immaterial.» Hazard, «The Material Turn», S. 60.

eignisse, die sich im menschlichen Fleisch ereignen und im wahrsten Sinn des Wortes *Body@Performance* sind.

Zu nennen sind die christologischen Zentraldaten der *Inkarnation (Einfleischung, Menschwerdung)*, der *Passion* und der *Auferstehung*, die vom Vollzug des göttlichen Heils im Fleisch und dem Heilwerden des Menschen sprechen. Dass es sich um Körperereignisse handelt, das trifft nicht nur für die christologischen Zentraldaten zu, sondern lässt sich im gesamten ätiologischen Bogen, von der Schöpfung angefangen über den Sündenfall bis hin zur Erlösung, zeigen. Man(n) ist Fleisch vom Fleisch der Väter, es sind Leiber, die die einzelnen Etappen der Heilsgeschichte markieren: der sündige Leib Evas, der gebenedeite Leib Marias; der gemarterte Leib Christi; der verklärte Leib Christi. Diese Heilsereignisse sind bleibend verknüpft mit körperlich induzierten Erfahrungen und Affekten wie Freude, Lust, Scham und Leid und als solche essenziell eingeschrieben in das Körpergedächtnis.

These 4: The faithful form supra-individual social bodies and bodily spaces of interaction

Ein Weiteres kommt hinzu: Nicht nur die in Jesus Christus kulminierende Heilsbotschaft des Christentums ist somatisch konnotiert und strukturiert, sondern auch die Gemeinschaft(en), welche sich in der Erinnerung an dieses Grunddatum des Heils konstituieren. Diese Erinnerungs- und Tradierungsgemeinschaften – von denen man richtigerweise im Plural reden muss – bilden ihrerseits einen Körper und zwar einen überindividuellen sozialen Körper und Interaktionsraum, der sich – gemäss den verschiedenen biblischen Narrativen – *Volk Gottes, Kirche* oder auch *Leib Christi* nennt.[29]

Dieser eine Körper besteht faktisch aber seinerseits wiederum – synchron und diachron – «nur» in und aus verschiedensten Verkörperungen. Diese können sich ad hoc bilden und sich auch wieder auflösen oder aber institutionelle Formen annehmen. Sie können lokaler, regionaler, nationaler, transnationaler sowie geografisch-politischer Natur sein und ihrerseits in vielfältigen Tiefenstrukturen und Interaktionen miteinander verknüpft sein. Zusammen performen sie einen *bodily and embodied memorial space*, einen durch religiöses und rituelles Handeln konstituierten und gelebten Raum.

29 Zu den Leib-Christi-und-Volk-Gottes-Metaphern vgl. Wendel/Nutt, Reading the Body of Christ.

Zentrum des rituellen – aber, wie wir weiter unten sehen werden, keineswegs alleinigen – Handelns in diesem gelebten Raum ist das Erinnern von Leben, Passion, Tod und Auferstehung Jesu in einer Mahlfeier, die je nach christlicher Denomination Eucharistie oder Abendmahl oder Göttliche Liturgie genannt wird. Diese Praxis des Erinnerns übt die Gemeinschaft auf die Anweisung hin, die Jesus Christus bei seinem letzten Mahl mit den Jüngern vor seinem gewaltsamen Tod gegeben haben soll: Brecht das Brot, trinkt den Wein und tut das im Gedenken an mich.

Die Gläubigen ver_leiben sich dieses Brot und diesen Wein ganz real ein, indem sie es essen und trinken. Der inkarnierte, gestorbene und auferstandene Jesus Christus wird in und durch das Brot und den Wein nicht nur repräsentiert, sondern in dieser Materialität präsent gesetzt respektive zeichenhaft erinnert. Diese Materialität inkarnieren (im Sinn des Sich-Einverleibens) die Gläubigen insofern, als sie dieses Brot und diesen Wein als seinen Leib und sein Blut erkennen und essen. Dieses ihr gemeinschaftliche Essen macht sie alle – die einzelnen Körper – zu dem einen *Leib Christi*, der einen Kirche, dem einen Volk Gottes, dessen bleibendes Haupt der inkarnierte, auferstandene, abwesende, im-Brot-und-Wein-anwesende Christus ist.

4. Formen verkörperter Körperlichkeit und Performanz

In Bezug auf die christlichen Erinnerungskulturen kann, wie dargestellt, der menschliche Körper als fleischliches Gedächtnis bezeichnet werden. Er ist Medium, Zeichen und Text, der das Gedächtnis codiert, strukturiert und performt. Dies insofern er gerade nicht als ein biologisch-natürliches *prae*, sondern als etwas zu betrachten ist, das immer schon sozial und kulturell konstruiert und performt ist. Der Körper ist im kulturellen Gedächtnis des Christentums jedoch keineswegs nur Schreibfläche, die beschrieben wird: *auf* Haut und Körper. Er ist zugleich und in gleichem Masse auch Diskursgegenstand im Sinn des *genitivus objectivus*: es wird *über* Haut und Körper verhandelt. Und er ist performender Diskurs im Sinn des *genetivus subjectivus*: *mit* Haut und Körper.

Diese Multifunktionalität des Körpers habe ich an anderer Stelle mit dem Begriff der *Body@Perfomance* auszudrücken versucht.[30] Dieser muss hier nun um die Begriffe *Embodiment* und *Bodily practices* erweitert respektive ergänzt werden, um die Dynamik, die Performativität, aber auch das

30 Pahud de Mortanges, «Body@Performance».

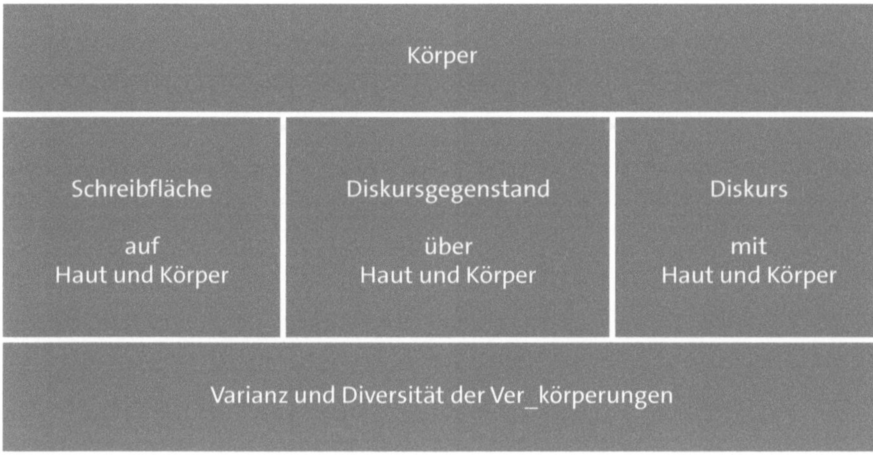

Diagramm 1
Der Körper und die Performanz des religiösen Gedächtnisses

Vorläufige und Fluide des Verkörperns zum Ausdruck zu bringen und zu verhindern, dass der Körper als etwas Statisches oder Hegemoniales aufgefasst wird. Denn «nie ist der Körper nur passive Einschreibefläche oder auch stabiles Resultat der Praktiken, die ihn zu regulieren versuchen. Er ist aufgrund seiner eigenen Potenzialität immer mehr, immer anders als jene eindeutig lesbare Einheit, die die Praktiken der Disziplinierung und Regulierung zu konstituieren suchen. Im Denken über Körper als einer praxis- bzw. handlungsorientierten Perspektive gehen wir also von der Idee des prozesshaften Drängens der multiplen, vielfältigen Körper aus.»[31]

Wenn hier vier Aspekte verkörperter Körperlichkeit (*bodily embodiment*) hervorgehoben werden, dann im Wissen darum, dass diese Aspekte nach vielen Seiten hin zu ergänzen und von innen her auch weiter auszudifferenzieren sind. Ihre Auflistung beansprucht denn auch weder formale noch inhaltliche Vollständigkeit.[32]

Auch gilt es einem Missverständnis vorzubeugen. Dass in der anschliessenden Darstellung für den zweiten Aspekt der Terminus *verkörpert* verwendet wird, könnte dazu verleiten anzunehmen, nur dieser Aspekt sei als

31 Netzwerk Körper (Hg.), *What can a Body do?*, S. 12.

32 Diese Strukturierung habe ich erstmals in meinem Beitrag *Body@Performance und Gedächtnis* vorgelegt. Die nachfolgenden Abschnitte sind passagenweise mit Teilen dieses Beitrages identisch. David Morgan nimmt an anderer Stelle eine Einteilung der Formen des *Embodiments* vor, die sich allerdings auf die materielle Kultur von Religionen im Allgemeinen beziehen. Es sind dies: (1) *shaping* (2) *collectivizing* (3) *augmenting* (4) *transforming* (5) *housing* (6) *projecting the body*. Morgan, «Religion and Embodiment in the Study of Material Culture», S. 6.

a	b	c	d
nachgebildet	verkörpert	fragmentiert	transformiert
Abbildung bzw. Nachbildung eines Primärkörpers auf Medium	Einfleischung & somatische Einschreibung des Primärkörpers & seiner Empfindungen im Sekundärkörper	Fragmentierung des Primärkörpers & seiner Säfte & somatische Aneignung & Verehrung	Transposition des Primärkörpers & Repräsentation durch Performanz
Bild, Plastik, Kruzifix, Heiligenbildchen, Ess- und Schluckbilder	Heiliges Spiel bis zum Selbstvollzug der Passion Selbstgeisselung	Reliquien	Eucharistie, Hostie Fronleichnamsfest
		Brust und Milch Jesu & Mariens, Herz Jesu, Herz Mariens	

Diagramm 2 Formen verkörperter Körperlichkeit
© Elke Pahud de Mortanges

eigentliches *Embodiment* zu verstehen. Das ist selbstverständlich nicht gemeint. Die anderen vier Aspekte sind ebenfalls als Formen verkörperter Körperlichkeit zu verstehen, auch wenn diese sich nicht auf und in menschlichen Körpern, sondern in und mit Dingen und Artefakten aus verschiedensten Materialien – Stoff, Holz, Gold, Leinwand, gebackener Teig, Papier – abbilden. Sie sind aber keineswegs «nur» Dinge und Artefakte im Sinn von visuellen, statischen Gedächtniskörpern. Sie verkörpern zugleich auch die *bodily practices* und *bodily spaces,* die sie durch die Art und Weise, wie sie selber gebraucht werden, hervorbringen und wodurch sie selber Teil religiöser Narrative, Praktiken und Performanz sind.[33]

a. Nachgebildet

Damit sind jene Repräsentationen und Verkörperungen von menschlichen Körpern gemeint, welche – sowohl im Sinn des *collected* wie auch des *collective memory* – für die christliche Erzählgemeinschaft eine wichtige Rolle spielen. Was der Held respektive die Helden für das Nationengedächtnis, das sind die zentralen Figuren des Heils und die Heiligen für das christliche Religionsgedächtnis. Sie repräsentieren und performen in menschlicher

33 Laube, *Von der Reliquie zum Ding.*

Abb. 1
nachgebildet
(Von links oben nach rechts unten:
Moses mit den Gesetzestafeln, Johannes der Täufer, Maria lactans, Christus am Kreuz, Herz-Jesu-Heiligenbild, Schluckbilder mit Motiven aus Maria und Jesu Leben)

Gestalt und Biografie das – gemäss christlichem Selbstverständnis – göttlich verbürgte und gewährte Heil.[34]

Die Körper der zentralen Figuren der christlichen Heilsgeschichte werden plastisch-figural oder bildlich in Szene gesetzt. Man denke etwa an Moses mit den Tafeln der Zehn Gebote in der Hand, an Johannes den Täufer im härenen Mantel, an Maria, die Mutter Jesu, die als Schwangere (*Maria gravida*), als ihr Kind Jesus an der Brust Nährende (*Maria lactans*), als unter dem Kreuz Stehende, als den toten Jesu Beweinende, als Pietá dargestellt wird.[35]

Wenn in der Überschrift dafür der Terminus *nachgebildet* verwendet wurde, dann ist das nicht so zu verstehen, als werde hier eine möglichst originalgetreue Kopie des Primär-, respektive Originalkörpers aus Stein oder Wachs, aus Holz oder Gold, mit Farbe und auf Leinwand erstellt. Die plastisch-figuralen, szenisch-bildlichen Darstellungen sind immer schon verknüpft mit religiösen Narrativen, Körpercodes und Körperdiskursen, Praktiken und Ritualen der Erzählgemeinschaft zu einer bestimmten Zeit und in einem bestimmten Raum. Als solche sind sie Momentaufnahmen der sozialen und kulturellen Konstruiertheit von Körper, Religion und Glaube. Der respektive ein Primärkörper ist immer nur in seiner bleibenden Entzogenheit präsent.

Das gilt in ganz besonderer Weise für den Körper der christlichen Zentralgestalt Jesus. Der 1986 verstorbene französische Jesuit und Kultursoziologe Michel Certeau hat in seiner Analyse des Christentums als Weg vom Körper zur Schrift die Denkfigur der produktiven Abwesenheit und die Rede vom *corps manquant* eingeführt und darauf verwiesen, wie die Entzogenheit des Ursprungs Räume, Inszenierungen, Handlungsmuster und Praktiken im Raum und Räume als Praktiken hervorbringt.[36]

Die plastisch-figuralen oder bildlichen Darstellungen werden auf- wie auch ausgestellt an Orten und in Räumen, die nicht tote Orte, sondern gelebte

---

34 «Eine erfolgreiche Heroisierung ist [...] als ein Prozess zu denken, bei dem das Narrativ des Helden kontinuierlich erinnert, neu kontextualisiert und adaptiert wird. Zum anderen sind die sozialen Praktiken und Medien, in denen sich das Heldenerinnern vollzieht, darauf ausgerichtet, den aktiven Prozess der Verehrung und Heroisierung einer Figur über lange Zeiträume hinweg zu perpetuieren. Feitscher, «Erinnerung und Gedächtnis», S. 4. Zu den christlichen Figuren des Heils – namentlich der Zentralgestalt Jesus Christus – und ihrer Konstruktion von Männlichkeit und Weiblichkeit siehe unten das Kapitel *The memorial Body of Christ transgressing Gender_Borders*.

35 Lechner, *Maria Gravida*; Bezzel, «Der gesegnete Leib».

36 Zu Certeau vgl. Füssel, «Tote Orte und gelebte Räume»; Füssel, *Zur Aktualität von Michel de Certeau*.

Räume und Handlungsräume sind oder wurden: Kirchengebäude, Klöster, Privathäuser, Flurwege, Kreuzwege. Die Gläubigen sind es, die mit und als individuelle Körper durch und mit ihrer somatisch-religiösen Praxis diesen Interaktionsraum eröffnen.[37] Sie sehen und betrachten die nachgebildeten Körper, sie berühren und verehren sie, indem sie vor ihnen niederknien und betend die Hände falten. Sie küssen sie und betrachten sie – wie im Fall der sogenannten Esszettel und Schluckbilder – nicht nur aus der Distanz, sondern verleiben sich diese im wahrsten Sinn des Wortes ein, indem sie sie essen. Oder indem sie diese mit sich herumtragen und zusammen und ineins mit diesen – etwa in einer Prozession – einen ad hoc zusammengesetzten und sich später wieder auflösenden, überindividuellen sozialen Körper bilden.

b. Verkörpert

Über diese bildlich-plastisch-figuralen Gedächtnismedien gehen jene Repräsentationen hinaus, mittels derer vor allem der eine *body of grace and salvation* schlechthin – der Körper Jesu Christi – verkörpert wird. Diese Verkörperungen finden sich im *Heiligen Spiel*, etwa in Krippen- oder Passionsspielen. Menschen stellen dabei mit ihrem Leib das somatische Heil dar, um mit dem Spiel und im Spiel die Dramatik der Empfindungen für die anderen Gläubigen erlebbar zu machen. Das kann so weit gehen, dass der performende Mensch sich real ans Kreuz nageln lässt und / oder sich dabei die Wunden der Passion und den Schmerz selber zufügt (Selbstgeisselung, Flagellanten[38]), um so die Erinnerung an den Leidensweg Jesu leibhaftig zu erleben und zu vollziehen.[39]

Das leibhaftige Zufügen und Erleben des Schmerzes übersteigt die Ebene des Spiels und der theatralischen, rein erbaulichen Verkörperung. Es ist bereits dem zuzurechnen, was als *Einschreibung und Einfleischung auf*

---

37 Diese Formen der leiblichen Aneignung wurden in der Frömmigkeitsgeschichte theologischer Provenienz oftmals mit abwertenden Bezeichnungen wie *Aberglaube* oder *Frömmigkeit auf Abwegen* belegt und so als minderwertige respektive abwegige Form der Devotion durch das vermeintlich gemeine Volk marginalisiert.

38 Christina von Braun und Bettina Mathies beschreiben die Selbstgeisselung als «Einschreibung des Geistes oder der Gesetze der Schrift in den Körper» und als «Selbstermächtigung durch den Schmerz», durch die der Körper der Gläubigen zu einem *tableau vivant* der Bilderverehrung werde. Die Geissler «schrieben ihrem sterblichen Körper die unsterblichen Zeichen Gottes ein und verwandelten ihn zugleich in eine Ikone». Siehe von Braun/Mathies, *Verschleierte Wirklichkeit*, S. 40.

39 Vgl. zur Feier der *Semana Santa* in Spanien, Lateinamerika, den Philippinen sowie zu den Geisslerzügen und dem Flagellantentum namentlich im Mittelalter unten das Kapitel *Bodies in E_motion doing public Memory of Passion*.

Abb. 2
verkörpert
(von links oben nach rechts unten:
Passionsspiele Oberammergau [Deutschland], Christusdarsteller mit Dornenkrone während der Semana Santa [Mexiko]; Prozession der Flagellanten während der Semana Santa, Taxco [Mexiko], Christus-Flagellant auf der *Via Dolorosa* [Jerusalem])

dem Leib des/der Gläubigen zu beschreiben ist.[40] Der Körper des Gläubigen verkörpert dabei nicht nur die Passion Christi und setzt sie präsent, vielmehr transfiguriert dieses Tun zugleich auch den Körper des Gläubigen und schreibt sich diesem bleibend ein. Wie sich dies in den christlichen Erinnerungskulturen spiegelt, das wird im Zentrum des zweiten Teiles dieses Buches – *Erkundungen* – zu konkretisieren und zu illustrieren sein.

c. Fragmentiert

Hatten wir es bei den beiden vorhergehenden Verkörperungen mit abgebildeten respektive *verkörpernden Körpern* zu tun im Sinn von Sekundärkörpern, die einen entzogenen Primärkörper abbilden bzw. erinnernd präsent setzen, kommt nun nochmals der Primärkörper respektive die Primärkörper des Heils selber ins Spiel und zwar als *segmentierte und fragmentierte Körper*. Das klingt verquer, ist es aber nicht, wenn wir das Stichwort Reliquien nennen. «Echte» Teile des Körpers respektive seine Säfte wurden bewahrt, verehrt und bisweilen auch verzehrt. Vom Leib Jesu können – um der theologischen Stringenz von Auferstehung und Himmelfahrt des *ganzen* Menschen willen – natürlich nur jene Teile erhalten sein, die nicht Bestandteil seines Auferstehungs- respektive Himmelfahrtsleibes waren. Das sind dann also Teile wie Nabelschnur, Haare, Milchzähne, Blut vermischt mit der Erde von unter dem Kreuz (Heilig-Blut-Reliquie) wie auch seine bei der Beschneidung entfernte Vorhaut.[41] Diese Körperteile, bzw. besser gesagt, körperlichen Reste werden einerseits verehrt, andrerseits aber durchaus auch in mystischer Verzückung und Ekstase verzehrt oder sich in anderer Weise an- bzw. einverleibt. Die (stigmatisierte) Heilige Katharina von Siena trug an ihrem Finger ein geschmeidig-weiches Ringlein, das sie von Christus selber angesteckt bekommen hatte und das nichts anderes war als die heilige Tugend, wie die Vorhaut Jesu euphemistisch genannt zu werden pflegt.[42] Der Wiener Begine Agnes Blannbekin zerging die Vorhaut Jesu gar auf der Zunge und sie rühmt, dass diese so süss wie Honig schmecke.[43]

---

40 Vgl. dazu Schmidt-Hannisa, «Eingefleischte Passion»; Overbeck/Niemann, *Stigmata*.

41 Oder aber Dinge, mit denen er während seines Lebens an zentralen Punkten in Kontakt gekommen ist: Windel Jesu (Aachner Dom), Leidenswerkzeuge (Dornenkrone, Heilige Nägel, Lanze, Kreuz, an das er genagelt wurde), Heiliger Rock.

42 Die Begine Blannbekin erzählte ihre Visionen, in denen Christus als Schmerzensmann im Zentrum steht, ihrem Beichtvater. Der wiederum schrieb sie auf Lateinisch nieder. Sie liegen in deutscher Übersetzung vor: Dinzelbacher/Vogeler (Hg.), *Leben und Offenbarungen*; vgl. dazu Walker Bynum, *Fragmentierung*, S. 152.

43 Walker Bynum, *Fragmentierung*, S. 152 Anm. 23. Es blieb aber trotzdem noch genug davon übrig, wird doch die heilige Tugend an vielen Orten gleichzeitig als Reliquie

Abb. 3
fragmentiert
(von links oben nach rechts unten:
Der Heilige Pedro Nolasco und Jesus an der Brust Mariens, Marienbrunnen,
Votivtafel und Votive in Form von Körperteilen)

Die Brust der Mutter Jesu und namentlich die Milch, mit der sie ihn gestillt hatte, wurde ebenfalls als Reliquie verehrt. Nicht nur bewahrte man eine Vielzahl von Milch-Reliquien – anlog zu den Heilig-Blut_Reliquien – auf; sodass böse Zungen sich angesichts der Fülle der vorhandenen Reliquien gar dazu veranlasst sahen zu bemerken, dass nicht einmal hundert fette Kühe so viel Milch gegeben hätten wie Maria.[44] Das, was ursprünglich nur das Privileg ihres Sohnes war (*Maria lactans*[45]), das wurde im Mittelalter noch einmal diskursiv und ikonografisch erweitert. Auch der Heilige Petrus Nolascus und der Heilige Bernhard von Clairvaux wurden wundersam an ihrer Brust gestillt.[46] Alsbald kamen auch die armen Seelen im Fegefeuer in den Genuss der Milch Mariens, und schliesslich sogar alle Gläubigen etwa an Orten von Marienerscheinungen, wo dann aber nur mehr heiliges Wasser aus den Brüsten der Brunnenfigur Maria schiesst. Die Heilwirkung der Brust Mariens kommt auch dort zum Ausdruck, wo wächserne oder gar silberne Nachbildungen ihrer Brüste als Dank für geschehene Heilung von Gläubigen in Kirchen gebracht werden.

d. Transformiert

Eine besondere Form der Verkörperung und Einfleischung stellt die Feier der Liturgie dar mit ihrem eucharistischen Höhepunkt, der im «Dies ist mein Leib. Dies ist mein Blut» kumuliert und sich je nach Konfession und Denomination mit dem theologischen Terminus der Transsubstantation respektive Konsubstantation verbindet. Brot und Wein werden transformiert und transsubstantiiert und verwandeln sich gemäss dem christlichen Selbstverständnis real in Leib und Blut Christi – bzw. bezeichnen dieses – weshalb die (katholische) Theologie auch von personaler Realpräsenz spricht. Die Gläubigen verleiben sich das Heil – seinen Leib und sein Blut – in der heiligen Kommunion respektive im Abendmahl ein. Dieses Tun ist immer und überall, zu jeder Zeit abrufbar und reproduzierbar.

Die Aufforderung dazu wird Jesus selber beim letzten Abendmahl mit seinen Jüngern am Gründonnerstag zugeschrieben: *Tut dies zu meinem Gedächtnis* (Lk 22,19 und 1Kor 11,23–25). Insofern ist es in der Tat nicht verwegen, nicht die moderne Kunst und Andy Warhol, sondern Jesus und das Christentum als die «*Erfinder der Serialität*» und Reproduktion zu

---

verehrt. Clemens, «Eine seltsame Christusreliquie»; Lützelschwab, «Zur Heilsvermittlung und Ärgernis».

44 Schreiner, *Maria*, S. 48–59.

45 Eich, *Die Maria lactans*; Groiss/Streiter, *Maria lactans*.

46 Schreiner, *Maria*, S. 57–58.

Abb. 4
transformiert
(Von links oben nach rechts unten: Letztes Abendmahl [Ayacucho/Peru] mit dem ortstypischen Gericht [Cuy – Meerschweinchen] auf dem Teller in der Mitte, Christus hält sich als Hostie gleichsam selber in der Hand [16. Jh. Deutschland], Brot und Wein bei einer russisch-orthodoxen Liturgie)

bezeichnen.[47] Transformationen, die die eucharistische Devotion räumlich erweitern respektive vervielfältigen sind zahlreich. Zu nennen wären etwa die sogenannten Hostienwunder oder das Fronleichnamsfest und die dazugehörigen Prozessionen mit der Hostie in der Monstranz, die in ihrer Materialität wiederum zurückverweisen auf das, was oben unter *nachgebildet* zu erörtern war.

47 Vgl. Wagner, «Andy Warhol Last Supper», S. 393–394.

TEIL B
ERKUNDUNGEN

Gaby und die Dornenkrone (II) oder: Von den *arma Christi*

Die raumgreifende Dornenkrone, die über *Gaby*, dem Coverbild dieses Buchs schwebt, half uns, den Weg in dieses Buch zu finden. Im Sinn einer ersten Annäherung sensibilisierte es uns für die *formalen* Tiefenstrukturen von Erinnerung und Gedächtniskonstruktion. Der Dornenkrone, so hatten wir festgehalten, kommt in der Bildkomposition die Funktion eines visuellen *cue* und *memorial icon* zu. Gaby, die titelgebende, abgebildete Person, wie auch wir, die Betrachtenden, werden durch ihre schwebende Präsenz zugleich mit der Geschichte eines andern konfrontiert.

In ihrer Materialität und im Sinn einer allgemeinen Anthropologie des Dinges ist die Dornenkrone eine *contradictio in adjecto*, ein Widerspruch in sich. Ist doch diese Krone, welche eigentlich ein weltliches Symbol von Macht und Würde ist, aus Dornen geflochten und damit etwas, das per se körperlichen Schmerz zufügt, wenn man die Krone bestimmungsgemäss auf dem Kopf trägt bzw. auf den Kopf gesetzt bekommt. Ihre Ambiguität und Offenheit machen, dass sie sowohl als Königszeichen wie auch als Schmerzenszeichen gelesen werden kann.

Ihre zeichenhafte Ambivalenz und Ambiguität spiegelt auch das Gesamt der Passionsberichte im Gedächtnismedium Heilige Schrift wieder. Die Passionsnarrative, die die Verfasser der vier Evangelien vorlegen, sind verschieden je nach religiösem Diskurs, intertextueller Strategie und internarrativem Bezug.[1] Schmach, Passivität und Gottverlassenheit stehen im Zentrum der Leidenserzählungen im Markusevangelium (Mk 14 und 15) und im Matthäusevangelium (Mt 26 und 27). In der lukanischen Passionserzählung (LK 22 und 23) legt der sterbende Jesus, den alttestamentlichen Psalm 31,6 zitierend, seinen Geist in die Hände seines Vaters. Und im wohl als letztem, zwischen 90 und 100 n. Chr. entstandenen Johannesevangelium (Joh 18 und 19) wird die Passion und das Ende Jesu am Kreuz nicht

---

1 Vgl. hierzu die präzise Analyse zum Körper Christi in den Evangelienberichten und der Johannesapokalyse sowie der Passionswunden zur Validierung der Identität zwischen Passionsleib und Auferstehungsleib: Landfester, *Stichworte*, S. 90–114.

Abb. 5
Arma Christi – die Leidenswerkzeuge Jesu

als Schmach, sondern als Erfüllung, Erhöhung und Verherrlichung gelesen.[2] Bis zum Mittelalter dominierte die johanneische Lesart. Ab dem Mittelalter brach sich das Narrativ der Schmach, der Erniedrigung und vor allem des körperlichen Leidens Bahn,[3] sodass seit dem 14. Jahrhundert die Etappen und Stationen des Passionsgeschehens ikonografisch im Bildtypus der *arma Christi* gefasst werden konnten. Zu ihnen zählt auch die Dornenkrone, die über Gaby ragt.

Als *arma Christi* werden all jene Werkzeuge und Gerätschaften bezeichnet, die benutzt wurden, um Jesus *körperlichen* Schmerz zuzufügen und die gleichsam als geformtes Ensemble das Ganze «der» christlichen Erzählung von seiner Passion im dinghaften Gegenstand und in der bildlich-plastischen Darstellung ver_körpern: die schmerz- und qualvolle Zurichtung und Zurüstung seines Körpers zum und bis in den Tod. Die einzelnen Bestandteile dieses Leidenswerkzeug-Ensembles können durchaus variieren. Peitsche, Dornenkrone, Kreuz, Nägel und Lanze fehlen nie, markieren und verkörpern sie doch als *memorial icons* die einzelnen Stationen und die Abfolge der Passion Jesu im engeren Sinn: 1. die Geisselung und Auspeitschung Jesu, 2. seine Krönung mit der Dornenkrone, 3. das Tragen des Kreuzes und das Ans-Kreuz-geschlagen-werden, 4. das Durchbohren seiner Seite mit der Lanze. Diese Stationen sind ihrerseits eingebettet in den grös-

---

2 Gielen, *Die Passionserzählung*; vgl. Fritz/Mäder, Pezzoli-Oligiati/Scolari, «Leid-Bilder», S. 12–13.

3 Dazu im Detail weiter unten die Ausführungen zu Heinrich Seuse und Franz von Assisi.

seren Ereignisrahmen, beginnend a) bei Jesu Einzug in Jerusalem, b) der Fusswaschung und dem letzten Mahl mit seinen Jüngern, c) dem Gebet am Ölberg, d) dem Erscheinen vor Kaiphas und e) dem Erscheinen vor Pontius Pilatus, f) der Verspottung, die dann in das Kreuzigungsgeschehen im engeren Sinn (1–4) münden.

Das Passionsgeschehen, der Tod und die leibliche Auferstehung Jesu bei gleichzeitiger bleibender körperlicher Entzogenheit seines Körpers bilden als Paradoxa die kirchenbegründenden, historisch situierbaren[4] Referenz- und bleibenden Identitätspunkte der Selbstkonstruktion der christlichen Gemeinschaft(en).[5] «Das Christentum baut nämlich auf dem Verlust eines Körpers auf – dem Verlust des Körpers Jesu [...]. In der Tat: ein Gründungsverschwinden [...]. In der christlichen Tradition ruft ein uranfänglicher Mangel an Körper unaufhörlich Institutionen und Diskurse hervor, die die Wirkungen und Substitute dieser Abwesenheit sind.»[6]

In den christlichen Erinnerungskulturen werden diese identitätsstiftenden Heilsdaten im Zusammenspiel vielfältiger, synchron und diachron pluriformer und divergenter Narrative, Diskurse, Medien, Praktiken und Codes immer neu performt. In ihren Tiefenstrukturen sind diese Narrative, Diskurse, Medien und Praktiken immer auch eine Symbiose und Auseinandersetzung mit lokalen und regionalen, nationalen und transnationalen, geografischen Räumen und Kulturen.

---

4 «Christianity stands or falls with the tie that binds it to its unique historical origin. It originates at a definite historical moment and at all subsequent points in its history it explicitly and elaborately refers back to that moment. Christianity begins with a single sequence of events in history and above all with the central event of the crucifixion. About the historicity of the crucifixion and about the date on which it occurred there can be no serious doubt. [...] The period of time evoked by the Gospels [...] is not, as in archaic religions, a mythical time [...]. The events took place in a datable history and at a clearly-defined historical period, the period in which Pontius Pilatus was governor in Judea.» Connerton, *How Societies remember*, S. 46.

5 «Those events and that period are commemorated annually in the Good Friday and Ester festivals. The whole Christian year is articulated around the paschal period which recapitulates and re-enacts [...] the various phases of the Passion. Enclosed within this annual cycle there is a weekly periodicity [...]. But indeed there is no prayer and no act of devotion which does not refer back, whether directly or indirectly, to the historical Christ. [...] The fact of the crucifixion is symbolised in each sign of the cross: itself a condensed commemoration, a narrative made flesh, an evocation of the central historical fact and the central religious belief of Christianity.» Connerton, *How Societies remember*, S. 47.

6 Deutsche Übersetzung von Michel Certaus *La fable mystique* (Paris 1982, Vol. I, 127) nach Marian Füssel, *Zur Aktualität von Michel de Certeau*, S. 142.

Memory of Passion written on Skin and Bodies

Wenn, wie ich oben im Anschluss an Metzger betont habe, Gedächtnis Performanz ist, so gilt es nun zu veranschaulichen, wie in den christlichen Erinnerungskulturen die individuellen respektive kollektiven Körper der Gläubigen die *memoria passionis* performen und verkörpern (*embodiment*). Die Körper der Gläubigen sind Akteure bereits allein schon durch die Faktizität ihres Da-Seins und Raum-Seins und Raum-Greifens. Dann aber wesentlich durch ihre Körperpraktiken, mittels derer sie das identitätsbegründende Geschehen der Passion Christi individuell und kollektiv inszenieren und den/die sozialen Körper der christlichen Gemeinschaft(en) repräsentieren.

Es sind ebenso einfache wie unspektakuläre Praktiken und Vollzüge, die auf je eigene Weise das individuelle und soziale religiöse Leben ausmachen. Da, wo die körperlichen Vollzüge eine rituell-liturgische Textur und Verortung haben, bringt der soziale Körper der christlichen Gemeinschaft(en) spezifische kollektive Körpertechniken hervor, die sich individuell den einzelnen Leibern einprägen.[1] Anders gesagt: Die Gläubigen machen mit Haut und Haar und in und mit ihrer ganzen Leiblichkeit die Passion präsent. Dabei bringen sie in der Tiefenstruktur einen diversen und variierenden kollektiven religiösen Habitus sowie diverse Erinnerungs_Räume hervor.

Neben diesen unspektakulären Vollzügen gibt es auch spektakulär-dramatische Vollzüge, in denen Gläubige ihren Körper zur Bühne, zum Text und Diskurs der *imitatio Christi* und *memoria passionis* machen. Nicht nur beschriften sie selber ihre Körperoberfläche, ihre Haut, mit «Schriftzeichen des Alphabets».[2] Mehr noch: Sie machen ihren Körper zum aufführenden

---

1 Morgan, «Religion and Embodiment in the Study of Material Culture», S. 6–7. Morgan verweist konkret auf Marcel Mauss, der in der Spur von Aristoteles und gleichsam Pierre Bourdieu antizipierend darauf hingewiesen hat, dass und wie Gruppen mittels spezifischer, kollektiver Körpertechniken einen sozialen Körper formen, der macht, dass sich in und durch die Performanz das Gefühl einstellt, zu diesem Körper zu gehören. Mauss, *Techniques of the Body*.

2 Papacek, *Zwiesprache mit Gott*, S. 36; Beling, «Der Körper als Pergament», S. 123.

Akteur und Echoraum des Leibes Jesu, der ihnen auf eine Weise innerlich wird, dass sie schliesslich selber zur Repräsentanz seines Leibes werden. Dieses *Aufführen* ist keine theatralische Repräsentation, kein «auf den Körper geschriebenes Welttheater»[3], das zum *tableau vivant* gefriert und lediglich ein abbildendes Zitat hervorbringt. Vielmehr sind der Schmerz und die religiös codierten Zeichen der mnemotischen Zurüstung des Körpers Ausdruck tiefer Com_Passion. Die Körper der Gläubigen werden selber zum Memorialkörper, zum transfigurierten *body of memory and grace.*

1. Cruce signatus

Ephemere und sichtbare Be_schreibung von Haut und Leib

Das Kreuzzeichen kann als das *memorial icon* des Todes Jesu bezeichnet werden. Die körperlichen Praktiken, mit denen sich die Gläubigen dieses in und auf den Leib legen (lassen) oder schreiben (lassen) und es als ephemeres oder offenkundig sichtbares Zeichen auf der Haut und dem Leib tragen oder gar – etwa bei der Taufe – ganz in es eintauchen, sind vielfältig. Sie sind teils spektakulär, teils vollkommen unspektakulär.[4] Namentlich die unspektakulären Vollzüge sind so vielfältig, dass es jeden Rahmen sprengen würde, diese auch nur annähernd inventarisieren zu wollen.

a. Das Kreuz als *memorial icon*

Dass das Kreuzzeichen überhaupt zu einem zentralen *memorial icon* werden konnte, hat mit der Transposition und Umwertung des Kreuzeszeichens zu tun. Im antiken kulturellen Ursprungskontext und Umfeld war es äusserst ambivalent, um nicht zu sagen, negativ besetzt.[5] Dies ist auch der

---

3 Largier, *Lob der Peitsche*, S. 93.

4 Ich wähle bewusst keinen normativen Zugang, der die verschiedenen Vollzüge einteilt und bewertet im Sinn eines wahr/unwahr, orthodox/heterodox, hegemonial korrekt/nicht korrekt. Nachfolgend benutzt werden diese Kategorien dort, wo religiöse oder theologische Binnendiskurse wiedergegeben und Entwicklungen und Akzentsetzungen, die sich diesen verdanken, transparent gemacht werden; es geht aber nicht darum, diese *telquel* zu übernehmen und die synchrone und diachrone Diversität, Pluriformität und Komplexität der *memoria passionis* einzuebnen oder gar zu verkürzen.

5 Heussler, *De Cruce Christi*, S. 22. Kreuzigung war im römischen Rechtssystem eine besonders entwürdigende Strafe für Sklaven. Einem freien römischen Bürger wurde diese Schmach nicht zugemutet. Sie durfte an ihm nicht vollzogen werden. Geerlings, «Die Kirche aus der Seitenwunde Christi», S. 466–467.

Grund, weshalb sich bis zum 5. Jahrhundert keine Kruzifixe – also Kreuze *mit* Christus als Corpus – finden.[6]

Zum identitären und namentlich gesellschafts-öffentlichen *icon* konnte es erst werden, als das Christentum im 4. Jahrhundert zur Staatsreligion wurde und kaiserlichen Segen hatte.[7] Das, was oben bei *Gaby* zur Ambivalenz der Dornenkrone zu sagen war, muss deshalb *cum grano salis* auch für das Kreuz als *cue* und *icon* gelten. In der Spur des neutestamentlich-johanneischen Narrativs wurde es zunächst vornehmlich als Symbol des *Sieges* Jesu über den Tod (Auferstehung) gedeutet, bis es dann im Mittelalter mehr und mehr zu dem Symbol der *Passion* schlechthin und der Qualen avancierte, die dem durch und durch *menschlichen* Leib Christi zugefügt wurden.[8]

Ikonografisch gibt es freilich nicht das eine Kreuz, sondern eine regional, territorial, religiös und kulturell ausdifferenzierte und diverse Vielfalt von Kreuzestypen und -formen, was sich auch in ihren Bezeichnungen ausdrückt: lateinisches, griechisches, russisches, irisches, spanisches, ägyptisches Kreuz, Jerusalemkreuz, Antoniuskreuz, Petruskreuz, Tatzenkreuz, Taukreuz, Malteserkreuz, Gabel- bzw. Schächerkreuz usw.[9] Ihre Eigenheiten und Grundformen sind immer verknüpft und unterlegt mit Narrativen und Codes, welche die historische Kreuzigung und Passion Jesu betreffen, ohne dass sie beanspruchen können, diese abbildlich zu repräsentieren.[10] Das sogenannte Jerusalemkreuz mit seinem quadratischen Hauptkreuz in der Mitte und den vier kleinen Kreuzen in den optisch entstehenden Quadraten wird auch als Repräsentation der fünf Passionswunden Jesu Christi am Kreuz gelesen. Einen eigenen Kreuztypus bilden die sogenannten Fünf-Wunden-Kreuze, die keinen Christuscorpus tragen, sondern statt seiner an den entsprechenden Punkten am Kreuz «nur» die Symbole seiner Wunden zeigen. Zu *dem* Passionskreuz avancierte schliesslich das sogenannte *latei-*

---

6 Was es gab, das waren die sogenannten Spottkreuze des 2. Jahrhunderts mit einem gekreuzigten Esel, die etwa auf dem Palatin entdeckt wurden. Geerlings, «Die Kirche aus der Seitenwunde Christi», S. 466.

7 Heussler, *De Cruce Christi*, S. 24.

8 Markschiess, «Kreuz»; Ziehr, *Das Kreuz*; Baudler, *Das Kreuz*; Heid, «Art. Kreuz. IV»; Heussler, *De Cruce Christi*.

9 Stork, «Art. Kreuz». Die einzelnen Kreuzformen sind in alphabetischer Reihenfolge mit jeweiligem *Icon* konzentriert und übersichtlich dargestellt unter https://de.wikipedia.org/wiki/Kreuz_(Heraldik).

10 Ist doch prinzipiell strittig, ob Jesus historisch überhaupt mit Nägeln ans Kreuz geschlagen wurde oder nicht viel eher an dieses (das wohl ein Taukreuz war) gebunden worden war.

nische Kreuz mit einem kurzen Querbalken und einem langen Längsbalken, welche auf Zwei-Drittel-Höhe des Längsbalkens gekreuzt sind. Beim *griechischen* Kreuz haben Quer- und Längsbalken die gleiche Länge und sind mittig gekreuzt. Diese beiden Kreuzformen wurden bei der Konstruktion von Kirchen raumbildend. Anders gesagt: Das Kreuz wurde zum Kirchenkörper. Romanische und gotische Kirchenbauten des Westens performen im Grundriss das lateinische Kreuz, syrische und byzantinische Kirchen hingegen das griechische Kreuz. Nicht nur im Grundriss, sondern auch in der Ausstattung und im Inventar des Kirchenkörpers hat das Kreuz Präsenz: als Altarkreuz, als Bildwerk an der Wand, als liturgische Gerätschaft, als Reliquie (Splitter vom «echten» Kreuz Jesu) usw. Selbst das Taufbecken kann die Form eines Kreuzes haben oder es als Zeichen auf dem Taufstein tragen. Man kann deshalb wohl mit einigem Recht formulieren, dass das Kreuz dem architektonischen Kirchenkörper als *lieux de mémoire* Form und Struktur gibt und ihm in und auf den steinernen Leib geschrieben ist.[11]

b. Der Körper der Gläubigen und das Kreuzzeichen

Die ephemere Selbst- und Fremdbeschriftung des Leibes der Gläubigen mit dem Kreuzzeichen (*crucis signare; significatio crucis)* ist eine bereits im 2. Jahrhundert bezeugte, altkirchliche Praxis. Ephemer wird sie deshalb genannt, weil sie keine äusserlich sichtbaren, bleibenden Spuren auf dem Körper hinterlässt. In ihr drückt sich aus, so formulieren es die frühen Kirchenväter, dass man sich das Leiden Christi auf den Leib schreiben lässt und sich unter den Schirm und die Obhut des Heils (*tutela salutis*) stellt.[12]

Ihren liturgischen Ort hat diese Körperpraxis im Ritus der Taufe, durch den die Stirn des Täuflings mit dem Kreuzzeichen beschrieben und er der *tutela* des Heils übergeben wird; zugleich wird er durch diesen Akt auch in

---

11 Solche Kirchen_körper können ihrerseits Teil eines grösseren *enclos* sein, d.h. eines Komplexes, welcher Kirchengebäude, Beinhaus und *Calvaire* umfasst. (Déceneux/Mingant, *La Bretagne des enclos et des clavaires*; Bez/Leclerc, *Les calvaires monumentaux de Bretagne.*) Die *calvaires*, die namentlich in der Bretagne anzutreffen sind, sind in Stein gehauene respektive aus Granit gemeisselte monumentale Landschaften des Passions- und Kreuzigungsgeschehen sowie anderer Szenen der Heilsgeschichte mit teils bis zu vierzig Figuren. Namentlich im 16. und 17. Jahrhundert wurden diese *calvaires monumentaux* in der Bretagne erbaut. Man findet sie in den Vogesen, der Lorraine, in Irland wie auch in slawischen Ländern. Vgl. dazu Bez/Leclerc, *Les calvaires monumentaux de Bretagne*.

12 Bereits der Kirchenvater Tertullian bezeichnet diese Praxis als eine *tutela salutis*, ebenso Augustinus zweihundert Jahre später. Ehrensperger, «Das Kreuzzeichen», S. 1; Dölger, «Beiträge zur Geschichte», S. 7–13.

Abb. 6 Kreuzförmiges Taufbecken (4. Jh. n. Chr.) in der byzantinischen Siedlung Schivta

den überindividuellen, sozialen Kollektivkörper der religiösen Gemeinschaft, die sich als Leib Christi versteht, inkorporiert. Diese individuell-überindividuelle Doppelstruktur kommt zum Ausdruck in der in den Anfängen des Christentums geübten Praxis, (nur) einmal im Jahr zu taufen, in der Feier der Auferstehung in der Osternacht.

Der essenzielle Bezug zwischen Taufe und Passion Christi bildet sich besonders sinnenfällig etwa im Taufbecken in der byzantinischen Siedlung Schivta[13] im Hochland der Negevwüste ab. Dieses findet sich im neben der Südkirche gelegenen Baptisterium. Es ist ein aus Stein gemauerter Kubus in Form eines quadratischen Kreuzes, in den man auf Treppenstufen hinabsteigt.[14] In diesen mit Wasser gefüllten, steinernen Kreuzcorpus, der in Form und Anlage an eine jüdische Mikwe erinnert, tauchte der (erwach-

---

13 Die Siedlung selber hatte drei Sakralbauten: die Südkirche, die Mittelkirche und die Nordkirche. Letztere gehörte wohl zu einem angrenzenden Klosterkomplex. Röhl, *Shivta, Architektur und Gesellschaft einer byzantinischen Siedlung.*

14 Vor allem erinnert der Kubus in seiner Formgebung stark an die Mikwe, das jüdische Tauch- und Reinigungsbad. Im Judentum erfolgt das Bad im Wasser der Mikwe nicht als ein einmaliger Initiationsritus. Vielmehr ist es wiederkehrender Bestandteil im religiösen Alltag, um die rituelle Reinheit des Körpers wiederherzustellen. Rituell verunreinigt wird der Körper beispielsweise durch die Menstruation der Frau oder den Umgang und das Berühren von Toten. Vgl. Deusel, «Mikwe».

sene) Täufling ganz ein respektive unter. Anders gesagt: Der Kreuzcorpus nahm den Körper des Täuflings ganz auf und barg ihn.[15]

Die *bodily practice* des sich selber mit dem Kreuzzeichen Beschreibens im Alltag bringt der Kirchenlehrer und Heilige Ephraim der Syrer (306–373) auf poetische Weise zum Ausdruck:

> «Anstatt mit dem Schild bedecke dich mit dem kostbaren Kreuz, indem du damit alle deine Glieder und dein Herz besiegelst. Tue das aber nicht bloss mit der Hand, sondern auch in Gedanken, bei allen deinen Verrichtungen, sooft du ein- und ausgehst, beim Sitzen und Aufstehen; dein Bett und alles, wo immer du hinkommst, versiegle zuerst mit dem Kreuz im Namen des Vaters, des Sohnes und des Heiligen Geistes.»[16]

Die Art, wie dabei die Hand in alltäglichen Situationen das Kreuzzeichen ausführt und ob es von links nach rechts (Kirchen des Westens) oder von rechts nach links (Kirchen des Ostens) geschieht, variiert.[17] Teils wird es mit einem, mit zwei oder drei oder fünf Fingern einer Hand vorgenommen. Teils wird es sehr kleinräumig auf der Stirn, auf dem Mund oder grossräumig auf den gesamten Oberkörper samt Schultern und Herzmitte gezeichnet. In der Art und Weise, wie die Angehörigen der christlichen Religionsgemeinschaft(en) dies in ihrem Alltag vollziehen, drücken sie ihren respektive einen spezifischen kollektiven religiösen Habitus[18] aus. Sie vollziehen so als *bodily practice* das spezifische Gedächtnis und die konkrete Identität ihrer jeweiligen christlichen Denomination in einem bestimmten soziokulturellen Raum.[19]

---

15 Heute taufen die meisten der christlichen Gemeinschaften – eine Ausnahme sind etwa die evangelikalen Gemeinschaften – nicht mehr durch Eintauchen, sondern nur durch Übergiessen der Stirn mit Wasser. Das hat (auch) damit zu tun, dass es sich in den christlichen Anfängen bei den Täuflingen vornehmlich um Erwachsene handelte, wohingegen heute vornehmlich Kinder getauft werden. Beim Taufakt in der römisch-katholischen Kirche bezeichnet der Priester die Stirn des Täuflings mit dem *signum crucis* und salbt ihn mit Chrisamöl.

16 Zitiert nach der Übersetzung bei Ehrensperger, «Das Kreuzzeichen», S. 2.

17 Ehrensperger, «Das Kreuzzeichen», S. 2.

18 Bourdieu, «Der Habitus als Vermittlung zwischen Struktur und Praxis», S. 135–167. Zur Entwicklung des Habitus-Begriff bei Bourdieu vgl. Jurt, «Die Habitus-Theorie von Pierre Bourdieu».

19 Im römisch-katholischen Kontext etwa bekreuzigt(e) man sich mit Weihwasser, wenn man in eine Kirche eintrat und wieder aus ihr hinausging; man tat das auch, wenn man selber oder ein Familienmitglied (Kinder) das Haus verliess(en) als Segensgestus. Im Alltagskontext wie auch in der gottesdienstlichen Praxis der anglikanischen, luthe-

c. Das Kreuzzeichen sichtbar auf und unter der Haut

Neben der ephemeren, wiederholten Beschriftung mit dem Kreuzzeichen wurde und wird bis heute von Gläubigen verschiedenster christlicher Gemeinschaften auch jene praktiziert, die bleibende und unauslöschliche Spuren auf und unter ihrer Haut hinterliess respektive hinterlässt.

Dies erscheint zunächst paradox angesichts der Tatsache, dass in den Anfängen des Christentums den Gläubigen untersagt war, sich wie «die Heiden» tätowieren zu lassen.[20] Bereits vorhandene Tätowierungen – etwa jene auf der Stirn, die die Träger als Sklaven oder Sklavin erkennbar machten und zugleich gesellschaftlich stigmatisierten – wurden durch die «Zeichengebung der Taufe» als aufgehoben und überschrieben erachtet. Dem Akt der äusseren Beschneidung im Judentum setzte man die christliche «innere Beschneidung des Herzens» entgegen.[21] Soweit die Theorie, von der die tatsächlich geübte Praxis dann aber doch abwich. Die Gründe, warum Christen der Kirchen des Nahen Osten und der westlichen Hemisphäre sich tätowieren liessen, waren dabei verschieden.

In den Kirchen des christlichen Ostens war die sichtbare, bleibende Beschriftung der Haut mit religiösen Zeichen wie Fisch oder Kreuz eine früh geübte Praxis und fester Bestandteil und «Ausdruck der christlichen Identität»[22]. «Bei den Kopten, den Christen Ägyptens [...] gehört das Kreuz an der Innenseite des Handgelenks oder zwischen Daumen und Zeigefinger der rechten Hand seit Jahrhunderten als Erkennungszeichen ganz klar zur Kultur.»[23]

Die weit über die Grenzen Israels hinaus berühmte Familie Razzouk[24], die vor mehr als 700 Jahren mit der Kunst des Tätowierens in Ägypten begann, vor 500 Jahren nach Palästina kam und heute immer noch in der Altstadt von Jerusalem praktiziert, erläutert, dass der Zugang zu einer koptischen Kirche ohne diesen Identitätsausweis äusserst schwierig war. Deswegen hat man bereits Babys im Alter von nur wenigen Monaten tätowiert[25]

---

rischen und reformierten Kirchen ist die *significatio crucis* absent, ausser im Taufritus. Ehrensperger, «Das Kreuzzeichen», S. 2–5.

20 Vgl. hierzu Elm, «Marking the Self in Late Antiquity»; Brown, *The Body and Society*.

21 Menke, «Nachträglichkeiten und Beglaubigungen», S. 27 Anm. 9.

22 Campbell, *Tatoo & Religion*, S. 46

23 Krogmann, «Der Heilige Unterschlupf», S. 47–48.

24 Gabaji, «Tracing Jerusalem's History with the Razzouk Tattoo Family»; Hausen, «Ein christlicher Tätowierer in Jerusalem».

25 «Our ancestors used tattoos to mark Christian Copts in Egypt with a small cross on the inside of the wrist to grant them access to churches. Those without it would have difficulty entering the church; therefore, and from a very young age (sometimes even

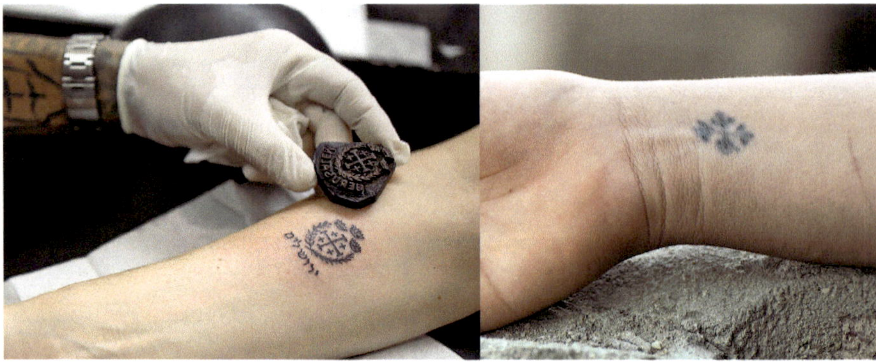

Abb. 7 Links: Pilgertattoo mit Jerusalemkreuz und Holzstempel im Tatoo-Studio Razzouk, Jerusalem Rechts: Kleines koptisches Kreuz am Handgelenk

und so das innere Siegel der Taufe äusserlich sichtbar gemacht. Noch im 21. Jahrhundert dient das dezent tätowierte Kreuz am Handgelenk oder zwischen den Fingern «bei Wallfahrtsfesten in Ägypten» als «Einlassschein».[26] Es ist gleichsam eine religiöse Identitätskarte, die verbrieft: Ich bin eine(r) von euch.

Bei den Christen des lateinischen Westens wurde es ab dem 4. Jahrhundert mehr und mehr Mode, nach Jerusalem, und damit zu den «Originalschauplätzen» und der «Gedächtnislandschaft»[27] der Passion und des Todes Christi, zu pilgern. In der Folge mauserte sich Jerusalem nachgerade zum topografischen «Mnemotyp»[28] der Passion Christi überhaupt. Die einzelnen Stationen der Passion wurden in der *Topografie der Stadt* durch *memoriale Kirchenbauten* markiert: Geburtsgrotte und Grabeskirche, Golgotafelsen und Himmelfahrtskirche. In der liturgischen Performanz der *memoria passionis* in der Karwoche wurden diese einzelnen Orte abgeschritten und aufgesucht (Prozessionen, Stationsliturgien).[29]

Ausgelöst wurde dieser Pilger-Boom durch die Mutter des römischen Kaisers Konstantin, Helena, die in den zwanziger Jahren des 4. Jahrhunderts ins Heilige Land reiste und von dort Splitter des Originalkreuzes Jesu

---

a few months old) Christians would tattoo their children with the cross identifiying them as Copts.» https://razzouktattoo.com/pages/history (Aufruf 17.07.2021).

26 Krogmann, «Der Heilige Unterschlupf», S. 48.

27 Beyer, *Geheiligte Räume*, S. 15.

28 Beyer, *Geheiligte Räume*, S. 28.

29 Beyer, *Geheiligte Räume*, S. 28. Andrea Krogamm, die seit 2010 in Jerusalem lebt, hat sich diese Topografie Jerusalems gar auf ihren Rücken tätowieren lassen und trägt damit die Gedächtnislandschaft, wie sie selber es ausdrückt, «unter der Haut». Krogmann, «Der Heilige Unterschlupf», S. 51.

mitgebracht haben soll.[30] In der Spur Helenas brachen mehr und mehr Pilger nach Jerusalem auf. Die Kreuzritter des 11. bis 13. Jahrhunderts verstanden sich in gewisser Weise auch als Pilger, jedoch mit dem geo- und machtpolitischen Ziel, das Heilige Land aus muslimischer Hand zurückzuerobern.[31] Das sogenannte Jerusalemkreuz, welches zum *memorial icon* der Jerusalempilger werden sollte, fand Eingang ins Wappen von Gottfried von Bouillon (1060–1100), dem Feldherrn des ersten Kreuzzugs 1056 und ersten westlichen Regenten des Königreichs Jerusalems.[32]

Als sicheren und gleichsam auf der Rückreise unverlierbaren Beweis ihres Aufenthaltes an den Heiligen Stätten in Jerusalem, liessen sich die Pilger Tattoos stechen.[33] Und so kam es, dass nicht nur die koptischen Christen in Ägypten, sondern auch westliche Pilger sich tätowieren liessen und lassen. Gebräuchlich war und ist keineswegs nur das Jerusalemkreuz, sondern eine ganze Vielfalt an christlichen Passions-Motiven, wie nicht nur das Holzstempel-Inventar der Tätowier-Familie Razzouk in der Altstadt von Jerusalem unter Beweis stellt.[34]

Heute, im 21. Jahrhundert ist die Kulturtechnik des Tätowierens in den Gesellschaften des Westens weit verbreitet und schichtübergreifend akzeptiert. Ihr Vorhandensein lässt allerdings keinerlei Rückschluss zu auf Wallfahrten oder Pilgerreisen der Tätowierten. Das Tragen von zum Teil grossflächigen Motiven aus dem Bildrepertoire der christlichen Ikonografie(n) und Erinnerungskultur(en) ist meist Ausdruck einer sehr individuellen, persönlichen Wahl, die nicht mit der expliziten Zugehörigkeit zu einer christlichen Erinnerungsgemeinschaft verbunden sein muss. Derjenige und diejenige, die sich heute diese Motive auf die Haut stechen lassen, adaptieren und performen diese im Kontext ihrer ganz individuellen Bio-

---

30 Vgl. «Helena (Mutter Konstantins des Grossen)»; Stephan Borgehammer, *How the Holy cross was Found*.

31 Das cruce signatus wurde in diesem Kontext nachgerade zum Terminus technicus für diejenigen, die an diesen Kreuzzügen in den Orient oder gegen «die Ketzer» im Innern des christlichen Abendlandes teilnahmen. Als *crux transmarina* bezeichnete man die Kreuzzüge in den Orient, mit *crux cismarina* jene gegen «Ketzer» im Innern des christlichen Abendlandes. Tyerman, *God's War*, S. 480.

32 «Its earliest appearance as a symbol seems to have occurred, not surprisingly, during the first Crusade (1096), in the coat of arms of Godfrey of Bouillon, the first Latin ruler of Jerusalem. […] In the nearly one thousand years since then, the Jerusalem cross has been associated with Christian crusades, heroism, and knights, but especially with Jerusalem, especially when it comes to tattoos.» Vgl. https://razzouktattoo.com/pages/history (Aufruf 17.07.2021).

33 Schaller, «Jerusalemer Pilgertätowierungen», S. 66–75.

34 Vgl. https://razzouktatoo.com (Aufruf 17.07.2021).

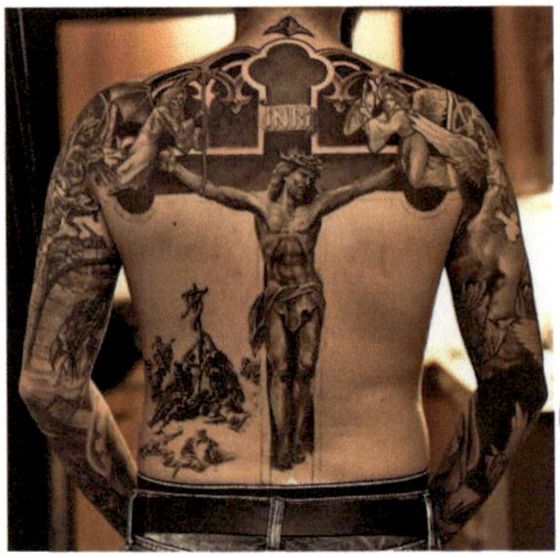

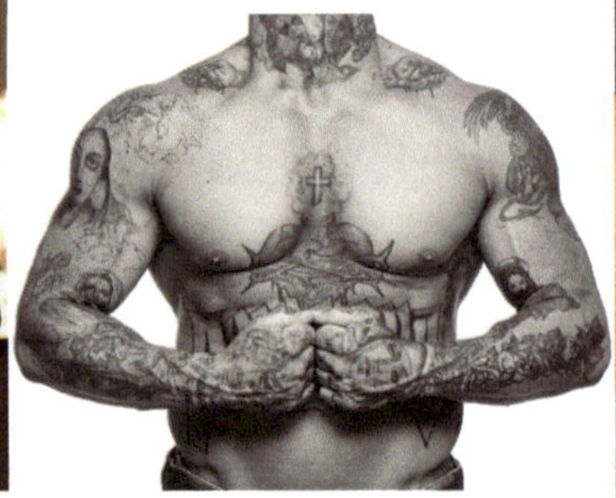

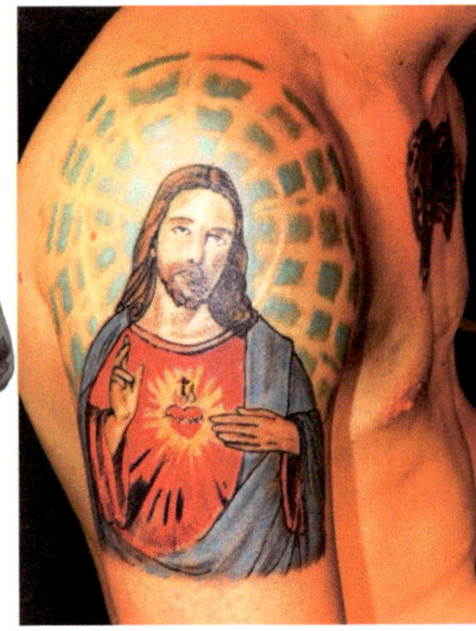

Abb. 8
Zeitgenössische Tattoos mit dem Bildrepertoire der Passionsgeschichte und dem Herz Jesu

grafie und im Horizont ihres eigenen Selbstentwurfs als «bunte Kathedralen des Selbst»[35].

2. Vestimäre Praktiken, *Holy Anorexia* und *memoria passionis*

Der eigene Leib und die Präsentation der eigenen Gestalt und Erscheinung sind immer, ob religiös unterfüttert oder nicht, Ausdruck der Selbstinterpretation und Selbstvergewisserung des Menschen in seinem Selbst-Sein und seinem In-der-Welt-Sein. Wie man sich kleidet, wie man die Haare trägt, wie man durch Nahrungszufuhr oder Nahrungsentzug die körperliche Gestalt und Erscheinung modelliert und inszeniert, dem kommt und kam im Kontext des religiös konstruierten Selbst eine nicht zu unterschätzende Bedeutung zu. Namentlich dann, wenn es sich um Angehörige von christlichen Orden oder Amtsträger handelte, waren diese nicht frei, sondern unterlagen religiös-gesellschaftlichen und binnenchristlichen Standesregeln, die ihren individuellen Körper überformten und eingliederten in eine überindividuelle Korporalität.

Seit dem frühen Christentum war Kleidung ein Mittel, um die *imitatio Christi* und die *memoria passionis* öffentlich zu ver_körpern und auf und am eigenen Leib elementar zu empfinden. Zu nennen ist etwa die Praxis

35 So der prägnante Untertitel des Interview-Bandes von Campbell, *Tattoo & Religion*.

der frühen christlichen Wüstenväter, ein härenes Kleid zu tragen, um auszudrücken, dass sie sich ganz mit dem Leiden Christi umhüllten.[36] Ein härenes Unterkleid, welches aus rauem Rosshaar, Ziegenhaar oder Schweineborsten gefertigt war, Rumpf und Brust bedeckte und die Haut wund machte, wurde im späten Mittelalter unter der normalen Gesellschaftskleidung getragen, so von einer Klara von Assisi oder einer Elisabeth von Thüringen, wie wir weiter unten sehen werden. Das *cilicium*[37] genannte Busskleid ist in abgewandelter Form auch heute im 21. Jahrhundert noch in Gebrauch. So bei Mitgliedern der zur römisch-katholischen Kirche gehörenden, nicht unumstrittenen Personalprälatur des Opus Dei. Jene Mitglieder, welche gemeinschaftlich leben und sich der apostolischen Bildung und Unterweisung widmen – die sogenannten Numerarier – spannen sich eine dreigliedrige, metallene Kette mit spitzen Dornen respektive Widerhaken, die sich in die Haut drücken, während Stunden ums Bein oder den Arm.[38] Diese Bussgürtel werden u. a. auf Internetplattformen wie *Ebay* angeboten.

Die Praxis der frühchristlichen Asketen setzte sich fort in genderspezifischen Kleiderpraktiken und Kleiderregeln für männliche und weibliche Religiosen, für Mönche und Nonnen, für Kleriker und kirchliche Amtsträger. Während die weiblichen Religiosen ihre Haare mit dem Schleier bedeckten, trugen männliche Religiosen das Haar bald so geschoren, dass sie eine der *arma Christi* – die (Dornen-)Krone – immer auf dem Kopf trugen.[39] Die Form dieser – Tonsur genannten – Haarkrone wurde bald beim weltlichen Klerus Usus, wobei sie bezüglich Form und Grösse kulturell stark variierte und als religiöser, sozialer und hierarchischer Marker figurierte.[40] Gleiches

---

36 Sie schreiben sich hier in das Vorbild des Johannes des Täufers (Joh 3,4) ein, der in der Tradition der alttestamentlichen Propheten Elia und Elisha das härene Kamelhaarkleid trug, das mit einem Ledergürtel gebunden wurde. Kuhns, *The habit*, S. 33; Zur Lebensform der Wüstenväter allgemein vgl. Angenendt, *Geschichte der Religiosität*, S. 560–567.

37 Innemée, «Art. Cilicium», Sp. 1200–1201.

38 Hertel, *Ich verspreche Euch den Himmel*. Der Bischof von Chur, Joseph Bonnemain (*1948), Angehöriger des Opus Dei hat in Interviews erwähnt, dass er früher selber das *cilicium* getragen habe, vgl. dazu das Porträt des Bischofs in der SRF Sendung vom März 2021: Galgani, «Auch Jesus hatte Muskeln»; Keller, «Der Mount Everest des Glaubens. Leben mit Opus Dei».

39 «This practice is thought to have originated from the custom of cutting hair of slaves. Typically it involved a shaven skull except for a fringe of hair around the perimeter of the hairline. It became symbolic of Christ's crown of thorns, and variations of the design signified of particular orders.» Kuhns, *The habit*, S. 31.

40 Die Tonsur hatte auch den Zweck, die Ausdifferenzierung des sozialen Körpers (Laien und Kleriker) leiblich sichtbar zu machen. Seit dem 6. Jahrhundert markierte sie den

gilt für das Habit der verschiedenen christlichen Ordensgemeinschaften, wobei dieses bisweilen als Pars pro Toto namensgebend werden konnte für verschiedene Denominationen: *Descalzados* (keine Schuhe), *Cordeliers* (gegürtet mit einem Strick) oder *Greyfriars* (grauer, aschfarbener Rock), *Blackfriars* (schwarzer Rock).

Die vestimären Praktiken der mittelalterlichen Bettelorden bedeuteten einen Bruch nicht nur mit den gesellschaftlichen Codes und Konventionen ihrer Zeit, sondern auch mit denen anderer christlicher Orden, namentlich dem benediktinischen Mönchtum wie auch der Reformbewegung der Cluniazenser.[41] «Eine allgemein ärmliche Erscheinung, ein abgetragener Habit, nackte Füsse, oder ein vom kargen Essen ausgezehrter Leib [waren] in der Öffentlichkeit unmissverständliche Indizien für die Armut.»[42] Indizien für eine Armut, die sich in der Nachfolge des armen Christus begriff und im Unterschied zur passiv erlittenen, unfreiwilligen, eine frei gewählte war, die auf und mit dem Leib repräsentiert und sichtbar wurde.[43]

Diese freie Wahl als Bruch mit den gesellschaftlich-sozialen Standesregeln des Herkommens und als öffentliches Statement gegen ihre Codes hat besonders sinnenfällig Franz von Assisi (1181/2–1226) performt. Er hatte sich zunächst «nur» während seiner Pilgerfahrt nach Rom, gleichsam zur Probe für ein paar Stunden, das braune Gewand und damit die Rolle eines Bettlers übergestreift; um anschliessend wieder das feine wallende Gewand zu tragen, das ihm als Sohn eines reichen Tuchhändlers zukam. Um sich dann aber später öffentlich – vor dem bischöflichen Palast in Assisi oder

---

Übertritt in den Ordens- oder Klerikerstand. Kulturell ist die Form der Tonsur sehr verschieden: Bisweilen wurde nur das Vorderhaar geschoren oder ein runder Haarkranz gelassen (*corona*) oder das Haar ganz abrasiert (so in den orientalischen Kirchen). Vgl. dazu «Tonsur», S. 681.

41 Keupp, *Wahl des Gewandes*, S. 85–90. In Reims wurden etwa die mondänen Gewandschnitte gerügt, die machten, dass die Mönche «mit den eingeengten und hevortretenden Hinterbacken von hinten betrachtet eher als Freudenmädchen» (ebd. S. 86) denn als Mönche erscheinen; ebenso gerügt wurde «die faltenreiche Länge des Gewandes». Was einst ein Zeichen der Demut war, so etwa Bernhard von Clairvaux, sei von den Mönchen nun in ein Zeichen des Hochmuts verwandelt worden. Unter dem wallenden Obergewand, so schreibt er, würden sich «ganz und gar nicht regelkonform Seide und edles Pelzwerk» verbergen. (ebd. S. 89)

42 Meville/Kehnel (Hg.), *In propositio pauperitas*, S. 215.

43 Kehnel, «Der freiwillig Arme», S. 214–215. Hier kommt die Radikalität der Armuts-Konzeption der *Fratres minores* zum Ausdruck: Nicht nur der einzelne Ordensangehörige ist arm, sondern der Orden als ganzer verzichtet auf wirtschaftliche Unterstützung und Besitz. Statt der *stabilitas loci* in einem Kloster ziehen die Fratres umher im ungeschützten öffentlichen Raum.

dem Dom S. Rufino, da sind sich die Forscher uneins – vor allen Leuten das feine Gewand vom Leib zu reissen und nackt vor ihnen stehend zu erklären, dass er fortan nackt dem armen Christus dienen wolle. Der Bischof umhüllte ihn sodann mit seinem bischöflichen Gewand und markierte damit auch Franz' Standeswechsel.[44] Daraufhin liess sich Franz im Wald unterhalb von Assisi bei der Portiunkula-Kapelle nieder und trug das Habit eines Eremiten, das mit einem Ledergürtel versehen war. Dazu trug er Sandalen an den Füssen. Dieses Gewand tauschte er zwei Jahre später gegen das eines Wanderpredigers ein: die kreuzförmige, mit einem Strick gegürtete Kutte.[45]

An der Farbe der Kutten lassen sich bis heute verschiedene Denominationen ablesen.[46] Das sogenannte grosse Skapulier ist Bestandteil des Habits der meisten Orden. Es hat die Form eines grossen Stoffstückes und wird einer Tunika gleich *über* dem eigentlichen Ordenskleid getragen. Dabei variieren Grösse und Länge sowie die Art es zu tragen, ob über oder unter dem Gürtel (Zingulum).

Skapuliere in kleinerer Form wurden nicht nur von Ordensmitgliedern, sondern auch von gläubigen Privatpersonen – Männern wie Frauen – *unter* der normalen Alltags- oder Nachtkleidung auf der Haut getragen. Diese können kleine Stoffstücke aus Wolle sein, die mit zwei Bändeln zusammengehalten werden und auf Brust und Rücken des Trägers und der Trägerin zu liegen kommen. Die Stoffstücke können bestickt oder bedruckt sein mit *memorial icons*, sei es dem Herzen Jesu, dem Herzen Mariens oder den Herzen beider. Da diese kleinen Skapuliere auf das eigene Herz zu legen sind, sind sie wie ein Siegel, oder moderner formuliert, wie ein *Badge*, der getragen wird, um körperlich auszudrücken und zu spüren, wo man hingehört. Das Tragen des Skapuliers kann auch ein öffentliches Erkennungszeichen von Mitgliedern von Bruderschaften sein, die das Skapulier an respektive *über* ihrer Kleidung tragen und damit ihre persönliche

44 Keupp, *Wahl des Gewandes*, S. 101–104.

45 Pahud de Mortanges, «Nie mehr getrennt, wenn die Rosen blühen», S. 45.

46 Braun ist die Kutte der sogenannten strengen Observanten, die wie Franz von Assisi sowohl gemeinschaftlichen wie privaten Besitz ablehnen, sowie jene der ebenfalls zur Franziskanergruppe zählenden Kapuziner. Schwarz oder grau hingegen ist die Kutte derer, die gemeinschaftlichen Besitz pflegen (Vgl. Keupp, *Wahl des Gewandes* 105–106; Elliott, «Dress as Mediator», S. 296–299). Die drei Knoten am weissen Strick, der um die Körpermitte getragen wird, repräsentieren die drei Gelübde des franziskanischen Lebens: Armut, Keuschheit und Gehorsam. Auch die weiblichen Franziskanerinnen, die Klarissen, tragen einen braunen Habit mit weisser Kordel. Im Gegensatz zu den Mönchen, die Kapuzen am Habit haben, tragen sie eine weisse Haube mit weissem oder schwarzem Schleier (Vgl. Glenz, «Erkennen Sie den Orden?»).

Frömmigkeit mit der Zugehörigkeit zum überindividuellen sozialen kirchlichen Körper verknüpfen.[47]

Die oben erwähnten christlichen Kreuzfahrer trugen auf ihrer Oberkleidung im Bereich der Schulter gut sichtbar ein aufgenähtes Kreuz.[48] Solche Kennzeichnung des Leibes durch Kleidung war im Mittelalter gängige Körperpraxis und diente der Lesbarkeit der Welt und ihrer sozialen und religiösen Ordnung; sie war respektive wurde immer auch als Mittel der sozialen, religiösen und politischen Stigmatisierung und Ausgrenzung missbraucht.[49] Bis heute tragen die Angehörigen geistlicher Ritterorden, so die römisch-katholischen Malteser und die protestantischen Johanniter, das achtspitzige Kreuz auf ihrer zweiten Haut: auf den Ordensmänteln respektive Ordenscapes bei religiösen Feiern und als Ordensabzeichen am Revers der Anzugjacke im Alltag.

Klara von Assisi (1193–1253) trug als junges Mädchen und vor ihrem Rückzug ins Kloster – wie Franz von Assisi – noch das feine Tuch, welches ihrem aristokratischen Stand und Herkommen entsprach. Darunter verborgen und sozusagen nur für ihr eigenes Empfinden trug sie rauen und groben Stoff, um die Haut zu irritieren und sich selber in der Intimität ihres Körpers in die *imitatio Christi* einzuüben.[50] Beim Wechsel in den Stand einer Nonne liess sie sich von Franz von Assisi das lange Haar abschneiden und auferlegte sich im Kloster ein lebenslanges strenges Fastenregime. Drei Tage in der Woche ass sie gar nicht (Montag, Mittwoch, Freitag). In der Fastenzeit vor Ostern und in der Zeit zwischen dem Martinstag und Weihnachten lebte sie von Wasser und Brot.[51] Laut der Studie von Rudolph M.

---

47 Pahud de Mortanges, «The Sacred Heart as Memorial Body».

48 Vgl. «Kreuzzug».

49 So etwa der sogenannte «Judenhut» und der gelbe Stoffflecken. Das Wiener Provinzialkonzil vom 12. Mai 1267 bestimmte, dass «die Juden, die sich in der Kleidung von den Christen unterscheiden müssen, den gehörnten Hut (*cornutum pileum*), den sie in diesen Gebieten zu tragen gewohnt waren und den abzulegen sie sich in ihrer Vermessenheit (*temeritate*) herausgenommen haben, wieder einführen, damit sie von den Christen eindeutig unterschieden werden können.» Zitiert nach Keil, «‹Jüdische› Kleidung zwischen Selbstrepräsentation und Zwangskennzeichung», S. 2. Zum ganzen Themenkomplex siehe Schreiner, *Vom «Gelben Flicken» zum «Judenstern»*.

50 Diese Praktiken setzte sie auch als Ordensfrau fort. «Sie besass nur ein einziges Ordenskleid aus grobem Wollstoff und einen Mantel». Unter ihrem Kleid habe sie verschiedene Busswesten und Busshemden getragen, die aus beschnittenen Borsten oder Pferdeschwanzhaaren angefertigt worden waren. Feld, *Die Eingeschlossene von San Damiano*, S. 60–61.

51 Feld, *Die Eingeschlossene von San Damiano*, S. 60; Angenendt, *Geschichte der Religiosität*, S. 576.

Bell ist Klara von Assisi damit eine von mehr als achtzig Frauen, die zwischen 1200 und 1500 über die Nahrungsabstinenz ihrer Nachfolge des armen, nackten Christus leiblichen Ausdruck zu geben suchten. Die Forschung hat für diese *bodily practice* den Begriff der *Holy Anorexia* geprägt.[52]

Den Begriff zu verwenden hiess lange Zeit auch, die Praxis respektive die Frauen zu psychologisieren und zu pathologisieren.[53] So sprach man etwa vom «selbstzerstörerische(n) Fasten» der Klara von Assisi, welches man als «unbewusste(n) Ruf» nach der ersehnten Gegenwart des Mannes (Franz von Assisi) deutete.[54] Dabei vernachlässigte man(n), dass es sich bei dieser Körperpraxis (auch) um Akte der Selbstermächtigung handelt, in welchen Frauen sich «der kulturellen Codierung des weiblichen Körpers»[55] entzogen und die Deutungshoheit und Selbstverfügung über das Territorium ihres eigenen Körpers beanspruchten. Sie machten diesen bewusst zum Ort und Instrument, auf dem sie die *imitatio Christi* und das Lied der Armut spielten.[56] Dass männliche Repräsentanten der Kirchenhierarchie immer wieder versuchten, diese Formen weiblicher Körperpraxis zu reglementieren und Fastenverbote auszusprechen, spricht für die Lesart der *Holy Anorexia* als Selbstermächtigung der Frauen.

Nahrungsabstinenz war aber keineswegs nur eine Körperpraxis von Frauen. Auch Männer unterzogen sich ihr, vor allem im christlichen Mönchtum, so bereits die frühen ägyptischen Wüstenväter, die Eremiten und Koinobiten.[57] «Dadurch, dass er [der Wüstenvater] die Nahrungsaufnahme reduzierte, an die er gewöhnt worden war, schuf der Asket langsam seinen Körper neu. Er verwandelte ihn in ein genau geeichtes Instrument. Seine

---

52 Bell (*Holy Anorexia*) hat zwischen 1200 und 1500 n. Chr. mehr als achtzig mittelalterliche Mystikerinnen als Anorektikerinnen identifiziert. Bekannte Beispiele sind neben Klara und Franz von Assisi etwa Marie von Oignies (1177–1213), Katharina von Siena (1347–1380) oder Teresa von Avila (1515–1582). Die (männliche) Kirchenhierarchie versuchte immer wieder, diese Formen der weiblichen Selbstverfügung zu reglementieren. Vgl. Reda, «Anorexia and the Holiness of Saint Catherine of Siena»; Espi Forcen, «Anorexia Mirabilis».

53 Brumberg, *Fasting Girls*; Bell, *Holy Anorexia*.

54 Feld, *Die Eingeschlossene von San Damiano*, S. 64. Ähnlich Angenendt über «die mystischen Frauenklöster des deutschen Südwestens», welche «nicht frei von Zügen selbstzerstörerischer Leib- und Weltverachtung» gewesen seien. Angenendt, *Geschichte der Religiosität*, S. 565.

55 von Braun, *Versuch über den Schwindel*, S. 395.

56 von Braun, *Versuch über den Schwindel*, S. 399.

57 Während die Eremiten zurückgezogen und alleine lebten, lebten die Koinobiten in einer Art klösterlichen Gemeinschaft. Brown, *Die Keuschheit der Engel*, S. 233–240. Vgl. auch Angenendt, *Religiosität im Mittelalter*, S. 572–573.

drastischen physischen Veränderungen nach Jahren asketischer Disziplin verzeichneten mit befriedigender Präzision die wesentlichen vorläufigen Stadien der langen Rückkehr des Menschen [...] zu einem ursprünglichen, [...] unverdorbenen Zustand.»[58] Ordensmänner des Mittelalters, so ein Bernhard von Clairvaux oder ein Franz von Assisi, übten sich ebenfalls im Nahrungsentzug.[59] Oktavian Schmucki benutzt interessanterweise für Franz von Assisi ebenfalls den lateinischen Terminus *anorexia*, interpretiert diese männliche Variante allerdings als krankheitsbedingte «Appetitlosigkeit» und «mangelnde() Esslust».[60]

Auch Frauen, die ausserhalb eines Ordenskontextes lebten, performten die *memoria Christi* mittels Körperpraktiken auf ihrem Leib. So die Tochter des ungarischen Königs Andreas II., Elisabeth von Thüringen (1207–1231), Ehefrau des Landgrafen Ludwig IV. von Thüringen. Sie verzichtete bewusst auf standesgemässe Kleidung, kleidete sich im Palast mit den «Lumpen einer Bettlerin», spann selber Wolle und fertigte sich daraus einfachste Gewänder. Während des Gottesdienstes legte sie ihr weltliches Ehrenzeichen, die mit Edelsteinen geschmückte Krone ab, da es ihr im Angesicht Jesu unangemessen und überheblich vorgekommen wäre, diese zu tragen, wo doch Christus selber mit Dornen gekrönt worden war.[61] Sie geisselte sich selber im Verborgenen und trug, wenn sie aus Konvention höfische Kleidung tragen musste, darunter immer auch ein Bussgewand.[62] Auch hinsichtlich des Essens verweigerte sich Elisabeth von Thüringen den Usancen bei Hof und lebte weitestgehend abstinent. Nach dem Tod ihres Mannes und dem Auszug aus der Wartburg lebte sie ein Leben «als Bettlerin unter den Bettlern Eisenachs»; trug ein einfaches und abgenutztes Kleid in einem

---

58 Brown, *Die Keuschheit der Engel*, S. 236–237.

59 Angenendt, *Religiosität im Mittelalter*, S. 576–576. Über Bernhard von Clairvaux berichtet sein Biograf: «Schickt er sich zu essen an, so ist er schon vor dem Essen vom blossen Gedanken an Speise satt. Er begibt sich zu Tisch wie zu einer Folterbank. Begreiflich, denn vom ersten Jahre seiner Bekehrung [...] an stösst ihm die Natur gewöhnlich sofort unverarbeitet durch den Mund wieder aus, was er in seinen verdorbenen Magen einführt. War Bernhard immer schon von allzu zarter, empfindlicher Körperverfassung, so ist er nun zudem durch vieles Fasten und Nachtwachen, durch Kälte, Arbeit und fortwährende harte Kasteiungen geschwächt.» Ebd, S. 575.

60 Schmucki, «Das Phänomen Krankheit im Leben des Heiligen Franziskus von Assisi», S. 15. Franz von Assisi enthielt sich nicht nur der Nahrung; sondern durch Beimischung von Asche und kaltem Wasser machte er das, was er ass, zusätzlich ungeniessbar.

61 Keupp, *Wahl des Gewandes*, S. 109.

62 Nigg (Hg.), *Libellus*, S. 79; Keupp, *Wahl des Gewandes*, S. 105–107.

schlichten Grau, das «stilbildend» werden sollte für Gemeinschaften von Frauen, die in der Spur des Franz von Assisi leben wollten.[63]

Gleichsam eine moderne Variante dieses religiös motivierten Umgangs mit Kleidung begegnet im 21. Jahrhundert in säkularisierter Form wieder, etwa bei jungen Klimaaktivist_innen, die ganz bewusst auf den Kauf neuer Kleidung verzichten und (nur mehr) gebrauchte Kleider aus zweiter Hand tragen oder ganz wenige Kleidungsstücke besitzen wollen. Sie üben so Kritik an dem System der sogenannten *Fast Fashion* respektive verweigern sich diesem ganz generell; sie klagen Nachhaltigkeit und Schonung der Ressourcen (Wasser) bei der Kleiderproduktion ein und begreifen dies als Teil ihres Kampfes für den Umwelt- und Klimaschutz. So etwa prominent die schwedische Klimaaktivistin Greta Thunberg (*2003), die mit ihren Schulstreiks nicht nur die Bewegung der *Fridays for Future* ausgelöst hat, sondern im August 2021 das Cover der schwedischen *Vogue* in Kleidung aus recyceltem Material zierte, um auf die unakzeptablen Produktionsbedingungen der sogenannten *Fast Fashion* aufmerksam zu machen.[64]

3. «Minnewunt überall und viele Zeit»

Nachfolgend wird vornehmlich, aber keineswegs nur jener Ordensmann vom Bodensee in den Blick genommen, der auf sehr extreme Weise seinen Körper zum aufführenden Akteur und Echoraum des Leibes und der Passion Jesu gemacht hat und der als einer *der* grossen Passionsmystiker des späten Mittelalters gelten darf. Die Rede ist vom Dominikaner Heinrich Seuse (1295/97–1366)[65], dem das erste Unterkapitel gewidmet ist. Sodann werden die Körperpraktiken und Körpererfahrungen der beiden Ordensfrauen Getrud von Helfta (1256–1301/02) und Teresa von Avila (1515–1582) mit in die Analyse einbezogen, namentlich dort, wo es um die Eröffnung eines kollektiven Herzraumes, um die intime *communicatio cordis* und die

63 Keupp, *Wahl des Gewandes*, S. 105.

64 Pattinson, «The Wonders of Greta Thunberg».

65 Heinrich Seuse trat mit 13 Jahren ins Dominikanerkloster in Konstanz ein. Nach Studienjahren in Köln kehrte er dorthin zurück, in Ulm sollte er sterben. Sein Leben und sein schriftstellerisches, geistlich-literarisches Werk sind ausserordentlich gut erforscht. Er gilt über alle Wissenschaftsgrenzen hinweg als einer *der* grossen Passionsmystiker und wird zusammen mit seinem Lehrer Meister Eckhart (um 1260–1327/28) und dessen Schüler Johannes Tauler (um 1300–1361) als *das* legendäre «dominikanische Dreigestirn» der sogenannten deutschen Mystik bezeichnet. Kaffanke (Hg.), *Heinrich Seuse*, Vorwort.

Herzverwundung geht. Diese erinnerungskulturell wichtigen christlichen Motive sind in mehreren Werken der mexikanischen Künstlerin Frida Kahlo (1907–1954) präsent und erfahren dort nicht nur eine transformierende Aneignung, sondern werden explizit mit der Konstruktion und Performanz von Gedächtnis und Erinnerung verknüpft. Das macht sie für unsere Fragestellung in doppelter Hinsicht interessant.

a. Der Leib als aufführender Akteur und Ver_körperung der Passion Christi (Heinrich Seuse)

Heinrich Seuse, Ordensmann und Autor, wollte nicht nur literarisch-rhetorisch mit Schrift, Buchstaben und Texten zur Nachfolge Christi anleiten. Ihm ging es wesentlich darum, für sich selber und mit seinem Körper eine konkrete «körperliche Kontinuität» in der Nachfolge Jesu herzustellen. Dies bedeutete für ihn, nicht nur Bild eines anderen Leibes zu werden, sondern die lebendige wie sinnliche Ver_körperung des leidenden Christus.[66] Niklaus Largier hat deshalb Seuse auch einen «Athlet[en] des Leidens» genannt, der nicht einfach «nur» die spätmittelalterliche Busshaltung und «Bussideologie» vorexerziert habe, sondern ein eigenes, «komplexes Modell» der *imitatio Christi* vorlebte, in der der «Körper der Ort» war, «dem die christliche Heilsbotschaft [...] durch das Leiden inkorporiert und eingeschrieben werden» sollte. Dabei habe nicht «die repräsentative Eintätowierung des Verhältnisses» im Vordergrund gestanden, sondern das Leiden, «das im Körper Wirklichkeit werden und diesen Gott in seiner Passion gleichmachen solle».[67] Solchermassen zentriert und fokussiert auf die Ver_körperung der Passion Christi richtete Seuse seinen Körper schwer und nachhaltig zu.[68]

Seuse war nicht nur fromm, sondern auch ein begnadeter Schriftsteller, der sich erzählerischer Strategien und Narrative zur religiösen Selbstkon-

66 Largier *Lob der Peitsche*, S. 53.

67 Largier, *Lob der Peitsche*, S. 48–49.

68 Während er in der ersten Phase seiner Glaubensvita in Konstanz diese Zurichtung des eigenen Leibes durch das Erleben des fremden Leides Christi selber praktizierte, riet er in der zweiten Phase seines religiösen Lebens in Ulm als geistlicher Seelenführer anderen Ratsuchenden von diesen Praktiken ab. So seiner geistlichen Tochter, der aus Zürich stammenden Nonne und späteren Priorin des Dominikanerinnenklosters Töss, Elsbeth Stagel (um 1300–um 1360). Vgl. Vetter (Hg.), *Das Leben der Schwestern*. Ihr schrieb er, dass der Zurichtung des Körpers durch das *fremde* Leid Christi das Tragen des *eigenen* Leids vorzuziehen sei. Dieser Paradigmenwechsel wird in der eher theologisch-systematisch ausgerichteten Forschung als erste Etappe und Zwischenschritt auf dem dreigegliederten Weg zur mystagogischen Gelassenheit im Kontext des Sich-Lassens verhandelt.

struktion zu bedienen wusste.[69] Der literarischen Brechung und Vermittlung eingedenk, wird nachfolgend seine *körperbezogene Glaubens- und Frömmigkeitspraxis* ohne präjudizierende Etikettierungen und Stereotype vorgestellt. Dem forschungsgeschichtlich gebräuchlichen, negativ besetzten Begriff der *Kasteiung* ziehen wir den deskriptiven Begriff *Schmerz*, dem Begriff der *Körperaskese* die analytisch-deskriptiven Begriffe *Praktik/Praxen* und *Performativität/Performanz* vor. Seuses massive Zurüstung seines Körpers erscheint dann nicht primär als asketische Negierung und Abtötung des Leiblichen, sondern im Gegenteil als Suche nach einem intensiven und gesteigerten Körpererleben, das an und über die Grenze des Schmerzes geht und die «Mimesis» der Passion Christi ermöglicht.[70] Sein eigener Leib wird dabei selber mimetisch erweitert zum korporalen Memorialzeichen und topografischen Memorialort, über welchen andere Glaubenden auf somatisch-körperliche Weise partizipieren.

Bevor Seuse seinen *ganzen* Leib zum *body of memory and grace* machte, beschriftete er seine Körperoberfläche auf der Höhe der Brust in einem «autopoetischen Akt»[71] zunächst mit einem Griffel. Modern gesprochen: Er ritzte bzw. tätowierte sich das monogrammatische Zeichen für den Namen Christi ein.[72] Welches monogrammatische Zeichen er genau wählte – ob *IHC* oder *IHS* – bleibt unklar.[73] Seuses Art, seinen Leib so zu

---

69 Das zeigt sich auch daran, dass er seine *Vita*, in der er seine exzessiven Körperpraktiken im Kontext seiner religiösen Biografie beschreibt, zusammen mit drei weiteren Schriften in der *Exemplar* genannten Edition letzter Hand 1362/63 zusammengefügt und herausgegeben hat. (Fenten, *Mystik und Körperlichkeit*, S. 4). Die Narration seiner religiösen Erfahrungen – er spricht von sich in allen Werken in der dritten Person – ist deshalb wesentlich auch als literarisches Phänomen und Faktum zu lesen (Peters, *Religiöse Erfahrung als literarisches Faktum)*. Fenten, *Mystik und Körperlichkeit*, bietet eine ausgezeichnete, komplementär-vergleichende Lektüre der drei praktisch-geistlichen Schriften Seuses: *Büchlein der Ewigen Weisheit* (zwischen 1328/1330), *Horologium Sapientiae* (1331/1334) sowie der *Vita*, die wohl zum Teil auch durch Elsbeth Stagel verfasst wurde.

70 Largier, *Lob der Peitsche*, S. 48–49.

71 Landfester, *Stichworte*, S. 137.

72 Landfester, *Stichworte*; Fenten, *Mystik und Körperlichkeit*, S. 90–100; Spoerri, «Schrift des Herzens», S. 299–315; Beling, «Der Körper als Pergament», S. 124–128; Enders, *Das mystische Wissen*, S. 130.

73 Während er gemäss dem vierten Kapitel der *Vita*, dem brennenden Wunsch nach einem bleibenden Liebesmal folgend, sich die Buchstaben IHS auf die Brust ritzt, sind es dem *Horologium Sapientia* zufolge die Buchstaben IHC, die sich der glühend Liebende der Göttlichen Weisheit auf Herzhöhe einprägt. Beide, sowohl die Trias IHS wie auch das IHC, sind monogrammatische Zeichen des Namens Jesu, wobei IHS die latinisierte spätere und IHC die byzantinisch-griechische Vorgängerform repräsentiert,

beschreiben, war keineswegs ein Novum. Damit knüpfte er faktisch an jene frühchristliche Praxis an, die oben mit *crucis signatum* beschrieben wurde, wonach Christen ihren Körper mit «formal knappen Zeichen wie Kreuzen, Fischen, dem Namen Christi oder der Chiffre IHS» zu tätowieren pflegten.[74] Das Wie und Warum beschreibt er in zweien seiner Schriften; im *Horologium* spricht er dabei von sich in der dritten Person.[75]

Nur in der *Vita*, nicht aber im *Horologium* geht Seuse nach dieser «Selbstbeschriftung»[76] versehrt und blutig aus seiner Zelle in die Kapelle, kniet unter dem Kruzifix nieder und bittet Gott gleichsam um «die Gegenzeichnung»[77] seiner autopoetischen Selbstübereignung. Gott möge sich nicht nur *auf* das Herz, sondern *in* den Grund seines Herzens selber einschmelzen[78], was Seuse zufolge dann auch geschah.[79]

Während die einen im Blick auf die Selbstbeschriftung Seuses von der «Textwerdung des Körpers»[80] sprechen, betonen andere die «Bildwerdung

---

die ursprünglich nur mit IH wiedergeben zu werden pflegte für ΙΗΣΟΥΣ. Fenten, *Mystik und Körperlichkeit*, S. 90 mit Anm. 45 hat als Erste auf diesen Unterschied hingewiesen und die Genese des Monogramms rekonstruiert.

74 Landfester, *Stichworte*, S. 117. Auch Jahrhunderte nach Seuse ist diese Praxis der Namenseinritzung bezeugt. So etwa bei französischen Nonnen des 17. Jahrhunderts; andere berichten von Fällen solcher Selbstgravur im Lütticher und Brabanter Raum. Vgl. Beling, «Der Körper als Pergament», S. 124–125 mit Anm. 101. Die Geschichte der Tätowierung im Christentum hat Landfester, *Stichworte*, stupend aufgearbeitet. Von Interesse ist auch der reich illustrierte Band von Campbell, *Tatoo & Religion*, der sich in Interviews mit verschiedenen heutigen Akteuren und Wissenschaftlern dem Phänomen nähert.

75 Zum einen in seiner zwischen 1350 und 1360 entstandenen *Vita*. Zum anderen im zwischen 1331 und 1333 entstandenen *Horologium Sapientia*, welches eine überarbeitete Fassung seines *Büchleins der ewigen Weisheit* ist und worin er eine Betrachtung des Leidensweges und der Leidenshaltung Christi gibt sowie zur Einübung in *die compassio Christi* anleitet. Vgl. Enders, «Seuse (Suso), Heinrich». Seuse spricht von sich als «Amandus» (Liebender), «Herzentraut» oder «Servans» (Diener). Inwieweit die Mitautorschaft Elsbeth Stagels hier eine Rolle spielt, respektive Seuse ihr die Oberhoheit über das Geschriebene zuweist, dazu Landfester, *Stichworte*, S. 133.

76 Hahn, «Handschrift», S. 208.

77 Landfester, *Stichworte*, S. 135.

78 Skinnebach, «Transfiguration», S. 96: «He wished for Christ to finish the work and imprint his name even deeper into his heart. The name would then, he hoped, be imprinted in a way that could outlast even memory and the decay of human skin, an eternal symbol transcending wordly time.»

79 Fenten, *Mystik und Körperlichkeit*, S. 99: Seuse versuchte noch, diesen Glanz mit seiner Kutte zu bedecken, damit niemand diesen sehe. Dies allerdings vergeblich, da die Schönheit desselben zu herrlich und kraftvoll gewesen sei.

80 Beling, «Der Körper als Pergament», S. 109.

Abb. 9
Heinrich Seuse mit dem Christus-Monogramm auf der Brust

«Voll wunderbar starker Liebe erhob er sich, entkleidete seinen Oberkörper, und nachdem er einen scharfen Griffel hervorgeholt hatte, schnitt er damit in das nackte Fleisch seiner Brust, dort, wo das lebenserhaltende Pochen seines Herzens besonders stark zu sein schien. Er bohrte das besagte Eisen so heftig in sein Fleisch, dass jedem einzelnen Schnitt ein hervorbrechender Blutstrom folgte und die sich über seine Brust ergiessenden Blutströme nach und nach hinabrannen. Und so machte er hierhin und dorthin viele scharfe Stiche und Schnitte, bis er derart schliesslich den berühmten Namen seiner Braut, also IHC, in stattlichen Grossbuchstaben quer über sein Herz eingeritzt hatte. Als er aber diese frischen und blutigen Liebeswunden, die ihm so lieb waren, eine Zeit lang mit grosser Liebesglut in seinem blutunterlaufenden Fleisch getragen hatte, waren sie nach vielen Tagen schliesslich geheilt, und sein Fleisch behielt an ebendem Ort vorgenannten Namen deutlich und vollständig [eingeritzt].» (zitiert nach der Übersetzung des Horologiums durch Fenten, *Mystik und Körperlichkeit*, S. 93)

des Körpers»[81] im Kontext der editorischen Technik Seuses.[82] Im Rahmen unseres Ansatzes von Gedächtnis als Performanz und Interaktion gilt es zu betonen, dass die Haut keineswegs blosser Schriftträger ist, der als solcher buchstäblichen Text transportiert; vielmehr wird in und durch dieses Geschehen der Leib als Diskurs- und Kommunikationsraum eröffnet und performt. Seuse beschreibt denn auch, wie mit jedem Atemzug seines Körpers sich fortan nicht nur sein Herz, das in seiner Brust schlägt, sondern auch der Name, der auf und in es geschrieben ist, sich bewegt und dadurch eine Synchronizität des Grundvollzuges des Leibes – im und beim Atmen – hergestellt wird.[83] Solchermassen wird sodann am «Körper des Schreibenden [...] ausbuchstabiert [...], was im in die Haut eingetragenen Monogramm zunächst nur abgekürzt in den Text eingespielt wurde».[84]

Dieses Ausbuchstabieren war ein blutiges, das sich über «viele Zeit» hinzog. Seinen ganzen Leib machte er «minnewunt» und das wund ist dabei ganz wörtlich zu verstehen.[85] Seuse ass nicht, trank nicht, schlief nicht. Invasiv und drastisch waren seine vestimären Praxen zur Steigerung des Körperempfindens.

Er trug ein langes Unterhemd aus Ziegenfell mit einer eisernen Kette, später dann eines, das «nur» seinen Unterleib bedeckte, dafür aber innen mit 150 scharfen Nägeln gespickt und zusammenziehbar war, sodass «der Effekt einer Fesselung» entstand.[86] Die aufgescheuerten Wunden infizierten sich, Ungeziefer nistete sich ein. Um den Hals band er sich einen Gürtel, an dem er auch zwei Schellen anbrachte, in die seine Hände eingeschlossen wurden, sodass er die Haltung des gekreuzigten Christus einnahm. Er fertigte sich ein Kreuz aus Holz, schlug dreissig Nägel ein und fünf Minnezeichen für die fünf Wunden Jesu. Dieses männerhandgrosse Kreuz trug er acht Jahre lang Tag und Nacht auf dem Rücken. Auch dieses Kreuz trug die Initialen IHS. Das Christusmonogramm, das er bereits eingeritzt auf der Brust über dem Herz trug, schrieb sich so nun auch auf seinen Rücken ein.

---

81 Largier, *Lob der Peitsche*, S. 51.

82 Bei der Herausgabe seines *Exemplars* habe er bewusst seinen Text mit Bildern und Drucken der Passion Christi ins Gespräch gebracht und so das «Spiegelverhältnis» zwischen dem Körper Christi in der Passion mit der Zurüstung seines eigenen Leibes nach der Art der Passion Christi visualisiert. Largier, *Lob der Peitsche*, S. 50–51.

83 *Heinrich Suso's genannt Amandus, Leben und Schriften*, S. 9: «Also ging er minnewunt viele Zeit [...]. Er trug den Namen also auf seinem Herzen bis an seinen Tod; und so oft sich das Herz bewegte, so oft wurde der Name bewegt.»

84 Landfester, *Stichworte*, S. 137.

85 Bihlmeyer (Hg.), *Heinrich Seuse*, S. 16, 22.

86 Beling, «Der Körper als Pergament», S. 122.

Vor dem noch bei Nacht sich ereignenden Morgengebet fügte er sich vor dem Kreuz in der Kapelle durch eine mit vielen Stiften gespickte Riemengeissel schwerste Wunden zu.[87]

Alles in allem befand sich sein Körper in einem «Zustand des ständigen Schmerzes».[88] Der Schmerz war bitter und schwer und ist gleichsam das Indiz, dass es ihm nicht nur um eine imaginative *imitatio* des Leidens Christi, nicht um ein theatralisches Aufführen, sondern um dessen realen Vollzug ging.[89] Seuses Körper war so einerseits Ort des Erinnerns der Passion und gleichzeitig Medium der Passion, mittels dessen das Erinnern im Modus der Com_Passion vollzogen wurde.[90]

b. Kollektiver Herzraum, *communicatio cordis* und Herzverwundung (Heinrich Seuse, Gertrud von Helfta, Teresa von Avila)

Seuse rückte mit seinem Leib selber in den Bedeutungsinhalt der Passion ein, insofern er diesen bleibend verkörperte. Und zwar so, dass Freunde und Gefährten *an und über seinen Körper* daran partizipieren wollten. Er war ihnen dabei keineswegs nur ein Bild oder ein *visual medium* über das die anderen eine abgeleitete Erfahrung aus zweiter Hand machen konnten.[91] *Auf* und *im* und *mit* dem Körper machte er die Passion Christi in solcher Weise präsent, dass er selbst zum Memorialzeichen und *body of memory and grace* wurde, über den Dritte am Leiden Christi partizipierten.[92]

Auch diese Partizipation Dritter geschah auf elementar somatische Weise. Gemäss der *Vita* wussten anfangs nur wenige Freunde von der Autokalligrafie, die er auf seiner Brust trug. Sie blieb etwas sehr Privates und Intimes. Einem Freund, der sie mit eigenen Augen sehen, mit der Hand und gar mit dem Mund berühren durfte, flossen vor innerer Bewegtheit Tränen. Diese rannen über Seuses Brust so wie zuvor das Blut beim Einritzen des

87 Papacek, *Zwiesprache mit Gott*, S. 57.

88 Papacek, *Zwiesprache mit Gott*, S. 51–54.

89 Schmidt-Hannisa, «Eingefleischte Passion», S. 69–82. Schmidt-Hannisa grenzt die göttlich gewirkte *transformatio* von der menschlichen *imitatio* (Selbstbeschriftung und Selbstzurichtung des Körpers) ab.

90 Beling, «Der Körper als Pergament», S. 121.

91 «Transformation of bodies into images» ist, so Skinnebach, ein in der mittelalterlichen Hagiografie häufiges Konzept, wo die Tugenden und Fehler auf die Leiber der Heiligen und den Sündern ins Fleisch eingeschrieben sind und später zu einem *visual medium* und ihre gequälten Leiber zum moralischen Standard für mittelalterliche Gläubige werden. «Holiness and devoutness [...] were imprinted on the bodies and countenances of men and woman.» Skinnebach, «Transfiguration», S. 95.

92 Beling, «Der Körper als Pergament», S. 120–132.

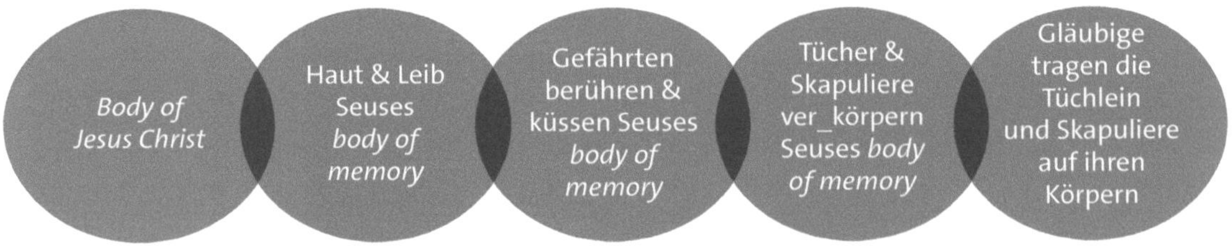

Diagramm 3
Die *communicatio cordis et carnis* mit dem Körper Christi wird performt mit und über den Körper des Zeugen. Alle ver_körpernden Körper bilden einen synchronisierten, zeitenthobenen Körperraum im Jetzt
© Elke Pahud de Mortanges

Christusmonogramms über seine Brust quoll.[93] Mit diesem Tableau verstand es Seuse (als sein eigener Autor), bewusst intertextuelle Bezüge zu biblischen Narrationen zu setzen, insofern er sich und seinen Freund mit Jesus und dem Lieblingsjünger, der an Jesu Busen wohnte, parallelisierte; und zugleich das (später durch Lukas Cranach ikonisch gewordene) Berühren der Seitenwunde Jesu durch den sogenannt ungläubigen Thomas evozierte.[94] So wie die Jünger Jesu Körper berührten, so berührte nun der Freund den gezeichneten und bezeichneten Körper Seuses, der den Körper Christi performte und zugleich ver_körperte.

Eine weitere Form der Teilhabe boten die Tüchlein, die Seuse auf die Wunde respektive seine Brustnarbe legte und die später Freunde und Gefährten auf ihrer *eigenen* Brust, über ihrem *eigenen* Herzen tragen sollten.[95] Da die Tüchlein keinen sichtbaren Abdruck des Christusmonogramms Seuses trugen, vereindeutigte seine geistliche Tochter Elsbeth Stagel diese,

93 Skinnebach, «Transfiguration», S. 96–97.

94 «[...] ocassioned an almost ecstatic experience in his friend who touched it with his hands and mouth as if it was an image of the side-wound of Christ.» Skinnebach, «Transfiguration», S. 96–97.

95 Beling liest das «mnemonische Programm» Seuses wesentlich als «Vermischung von Buch und Körperlichkeit» und analysiert dieses «auf dem Hintergrund einer Zeichentheorie [...], die Schmerz als ein Referenzsystem sieht, das, in Konkurrenz zur Sprache, eigene kulturelle Vorstellungsbereiche» repräsentiert. (S. 121) In den Tüchlein als «Memorialzeichen» sieht er eine doppelte Übertragung vom Aussen ins jeweilige Innen am Werk: «[...] vom Innen Seuses in sein Aussen, dann von Seuses Aussen in das Innen des Tuches, vom Innen des Tuches in das Aussen des Empfängers, von dort dann in dessen Inneres». Beling, «Der Körper als Pergament», S. 131–132.

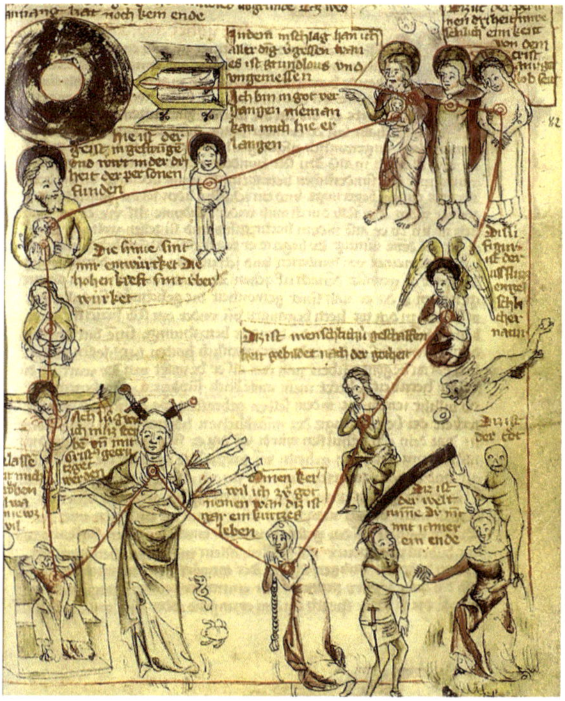

Abb. 10
Von Herz zu Herz. Oder:
Der interpersonale Herzraum

indem sie sie mit dem Christusmonogramm bestickte, auf dass Seuse diese dann auf die Stelle legte, wo er selbst das Monogramm trug: aufs Herz.[96]

Die Tüchlein, welche auch als «private Berührungs- und Schaureliquien»[97] bezeichnet wurden, sind keineswegs nur Materialisierungen und dingliche Ver_körperungen der intimen Selbstübereignung Seuses. Sie bringen selber einen überindividuellen, korporalen Raum hervor, der Vergangenheit und Gegenwart in ein zeitenthobenes Jetzt versetzt. Auf diese Weise entstand ein überindividueller, kollektiver Herzraum und Herzkörper, in dem sich das Herz des Trägers des Tüchleins mit dem sich auf und ab bewegenden Herzen Heinrich Seuses, auf das und in dessen Grund Gott eingeschrieben war, im Akt des Atmens synchronisierte.

---

96 Fenten, *Mystik und Körperlichkeit*, S. 99. Im 19. Jahrhundert erlangte das Verbandsmaterial der stigmatisierten Frauen bisweilen ebenfalls Reliquienstatus. So bei dem Schriftsteller Clemens Brentano (1778–1842), der die vollgebluteten Tücher und Lappen der stigmatisierten Anna Katharina von Emmerick (1774–1824) sammelte und in einem Kästchen zusammen mit anderen Reliquien aufbewahrte. Vgl. Pahud de Mortanges, «Liebeswunden», S. 148–149.

97 Papacek, Zwiesprache mit Gott, S. 33.

Die Mechanismen der *communicatio cordis et corporis,* die hier bei Heinrich von Seuse und seinen Gefährten sichtbar wurden, sie finden sich in je eigener Weise und Ausformung bereits zuvor bei der Mystikerin Getrud von Helfta (1256–1301/02) ebenso wie danach bei der Heiligen Katharina von Siena (1347–1380) und der Karmelitin Teresa von Avila (1515–1582).

Getrud von Helfta, die in der auf dem Montmartre errichteten Basilika *Sacré-Cœur* (Paris) im 19. Jahrhundert gar als Apostelin des Heiligen Herzens Jesu dargestellt wurde, beschreibt in ihrem Buch *Legatus divinae pietatis,* wie sie in einer Vision zusammen mit dem Jünger Johannes an der Brust Jesu verweilt.[98] In dieser Vision ruht Gertrud von Helfta an der durch die Lanze des römischen Soldaten verwundeten, offenen rechten Seite Jesu; dabei ergreift sie ein unglaubliches Entzücken, als sie den Herzschlag Jesu hört und fühlt. Sodann blickt sie zu Johannes, der an der anderen Seite Jesu ruht. Sie fragt ihn, ob er denn selber beim letzten Abendmahl ein solches Entzücken gespürt habe, als er an der Brust Jesu ruhte, was Johannes bejaht. Daraufhin beginnt Getrud von Helftas eigenes Herz im selben Rhythmus der Liebe wie das Herz Jesu zu schlagen.[99]

Dadurch, dass Johannes zusammen mit ihr an der Brust Jesu weilt und sie dasselbe Entzücken verspürt wie er einst, entsteht ein geteilter Herz- und Erlebensraum, der Zeit und Raum transzendiert. Das Gestern im Abendmahlssaal und das Jetzt der Vision Gertruds sind verbunden durch das Gefühl des Entzückens und des Schlagens dreier Herzen im gleichen Takt. Die von Getrud so erlebte und beschriebene *communicatio cordis* findet ihre ikonografische Fortschreibung respektive Umsetzung in Darstellungen, in denen die schwarz gekleidete Nonne mit ihrer linken Hand ihr eigenes, offenes Herz zeigt, worin Jesus sitzt und das wie die Seitenwunde Jesu in mittelalterlichen Psaltern die Form einer Mandorla hat.

Während Jesus Wohnung nimmt im Herzen Gertrud von Helftas, findet bei der italienischen Mystikerin Katharina von Siena im 14. Jahrhundert nachgerade ein «*visionäre(r) Herzenstausch*»[100] statt. Katharinas Biograf und Beichtvater Raimund von Capua beschreibt diese körperliche «Transformation» respektive «heilige Transplantation» folgendermassen: Katharina habe Gott gebeten, ihr ein reines Herz zu geben und den rechten Geist

98 Getrud die Grosse, *Gesandter der göttlichen Liebe,* S. 263–265. Zum Motiv des an der Brust Jesu ruhenden Johannes vgl. Rahner, «De dominici pectoris fonte potavit», S. 103–108.

99 Pahud de Mortanges, «Sacred Heart as Memorial Body», S. 67–69; Spitzlei, *Erfahrungsraum Herz,* S. 81–179.

100 Klinger, «‹Als sei ich ein Anderer›», S. 116.

Abb. 11
Gertrud von Helfta mit Jesus im Herzen

in ihren Eingeweiden zu erneuern. Dieser Bitte entsprechend habe Christus Katharinas linke Seite geöffnet und ihr ihr Herz entnommen. So sei sie «mehrere Tage lang ohne Herz» gewesen, bis sie beim Besuch der Messe von einem göttlichen Licht umfangen worden sei und Christus ihr ein leuchtendes Herz – sein Herz – eingesetzt und sodann die Wunde ihrer offenen Seite geschlossen habe.[101]

Das, was der spanischen Karmelitin Teresa von Avila, die theologisch und spirituell von Heinrich Seuse und Johannes Tauler beeinflusst war, geschah, wird mit dem Terminus *Herzverwundung* bzw. *Transverberation* beschrieben. Die Erfahrung, die sich ihr zuschickt, ist keineswegs singulär, sondern wird in der Geschichte der christlichen Mystik seit dem Kirchenvater Augustinus bezeugt. Im Mittelalter avancierte das Motiv nachgerade zum Topos.[102] Teresa war im Gegensatz zu Seuse nicht der drastischen Selbstzurichtung ihres eigenen Leibes zum und im Schmerz hingegeben. Doch auch ihr wurde der körperlich tief empfundene Schmerz zum Genuss und zur Ekstase.[103] Sie beschreibt und erlebt die Liebeseinigung mit Gott als etwas, das man «an der rauen Haut des Körpers oder aber im Knochenmark» spürt. In ihren Schriften beschreibt sie ihre mehr und mehr wach-

101 Klinger, «‹Als sei ich ein Anderer›», S. 117. Im Kapitel über den Geschlechtergrenzen sprengenden Passionsleib Christi werden wir auf Katharina zurückkommen müssen, die ganz grundsätzlich ein überaus intimes Verhältnis zum Körper Jesu hat: Sie trinkt aus seiner Seitenwunde Blut und an seiner Brust Milch, sie trägt die Vorhaut seines Gliedes an ihrem Finger, einem Ring gleich, der unsichtbares Zeugnis ihrer Vermählung mit ihrem Bräutigam Christus ist.

102 Avila, *Das Buch meines Lebens* (Kapitel 29,13), S. 386 Anm. 46.

103 Delgado, *Das zarte Pfeifen*, S. 67–70. Die «heiligste Menschheit des Herrn» und damit seine *vulnerable Körperlichkeit* sind für sie das wahre und das lebendigste Buch Gottes und nicht die Schrift, deren Lektüre in der Volkssprache die katholische Kirche verboten hatte. Die leibliche Erfahrung und das körperliche Empfinden werden ihr zum Erkenntnisvermögen der Seele.

sende und dringliche Sehnsucht nach grösstmöglicher Intimität mit dem Geliebten[104] und bemüht dabei immer wieder das Bild «der Durchbohrung des Herzens durch den göttlichen Amor mit einem feurigen Pfeil».[105] Im 29. Kapitel ihres Werkes *Das Buch meines Lebens* beschreibt sie, dass sie einige Male die gleiche Vision gehabt habe, während derer sich die nachfolgend beschriebenen Verzückungen wiederholten, sobald der Herr es nur gewollt habe. Sie habe sodann nicht mehr Schmerz empfunden oder Leiden, sondern reinen Genuss.[106]

> «Ich sah einen Engel neben mir, an meiner linken Seite, und zwar in leiblicher Gestalt, was ich sonst kaum einmal sehe. [...] er war nicht gross, eher klein, sehr schön, mit einem so leuchtenden Antlitz, dass er allem Anschein nach zu den ganz erhabenen Engeln gehörte, die so aussehen, als stünden sie ganz in Flammen. Es müssen wohl die sein, die man Cherubim nennt; ihre Namen sagen sie mir nämlich nicht; ich sehe aber sehr wohl, dass es im Himmel zwischen den einen und den anderen Engeln, und diesen und wieder anderen einen so grossen Unterschied gibt, dass ich es nicht sagen könnte. Ich sah in seinen Händen einen langen, goldenen Pfeil, und an der Spitze dieses Eisens schien ein wenig Feuer zu züngeln. Mir war, als stiesse er es mir einige Male ins Herz, und als würde es mir bis in die Eingeweide vordringen. Als er es herauszog, war mir, als würde er sie mit herausreissen und mich ganz und gar brennend vor starker Gottesliebe zurücklassen. Der Schmerz war so stark, dass er mich diese Klagen ausstossen liess, aber zugleich ist die Zärtlichkeit, die dieser ungemein grosse Schmerz bei mir auslöst, so überwältigend, dass noch nicht einmal der Wunsch hochkommt, er möge vergehen, noch dass sich die Seele mit weniger als Gott begnügt.»[107]

Es gibt zahlreiche bildliche Darstellungen dieser Herzverwundung Teresas.[108] Berühmt geworden ist die figural-skulpturale Umsetzung des Motivs in Marmor (1652) durch den italienischen Bildhauer Lorenzo Bernini (1598–1680), die sich in der Kapelle Cornaro der Kirche Santa Maria Della Vittoria in Rom befindet. Bernini hat Teresa den von ihr beschriebenen und tief empfunden, reinen Genuss ins Gesicht gemeisselt. Bisweilen wird der

---

104 So bittet sie unter Anspielung auf das alttestamentliche *Hohelied* darum, dass er ihr seinen Frieden mit dem Kuss seines Mundes gebe. Delgado, *Das zarte Pfeifen*, S. 185.

105 Delgado, *Das zarte Pfeifen*, S. 198.

106 Avila, *Das Buch meines Lebens* (Kapitel 29,13), S. 387–388.

107 Avila, *Das Buch meines Lebens* (Kapitel 29,13), S. 386.

108 Siehe die Inventarisierung bei Berbara, «‹Esta pena tan sabrosa›».

Abb. 12
Herzverwundung Teresa von Avilas (links: Andachtsbild; rechts: Lorenzo Bernini)

Vorgang der Herzverwundung Teresas auch vor einem Altar platziert, wodurch man den Zusammenhang zwischen der Liebeswunde an der Seite Jesu und der Durchbohrung des Herzens Teresas ausdrückte.[109]

c. Künstlerische Transpositionen bei Frida Kahlo (1907–1954)

Die *Transverberation* Teresas wurde in den christlichen Erinnerungskulturen mit dem Narrativ der mystischen Vermählung mit Christus verknüpft, wodurch der pfeilschiessende Engel als *Cupido* respektive *Amor* gelesen werden konnte.[110] In der Spur dieser Verknüpfung findet das Motiv der Herzdurchbohrung seine Fortsetzung respektive Transposition im Werk der mexikanischen Künstlerin Frida Kahlo (1907–1954), die mit dem Christentum römisch-katholischer Prägung vertraut war.

---

109 Berbara, «‹Esta pena tan sabrosa›», S. 281. Zur Identifizierung der Seitenwunde mit dem Herzen Jesu vgl. unten ausführlich das Kapitel *The memorial Body of Christ transgressing Gender_Borders*.

110 Berbara, «‹Esta pena tan sabrosa›», S. 281.

In ihrem Selbstporträt *Memoria o el corazón* aus dem Jahr 1937 griff sie das Motiv der Herzverwundung durch den göttlichen Geliebten auf und schrieb es sich selber auf den Leib.[111] Der Anlass dafür war ein autobiografischer: ihr Ehemann Diego Rivera (1886–1957)[112], auch er Maler und Künstler, hatte 1934 mit ihrer jüngeren Schwester Cristina eine Liebesbeziehung begonnen[113], was Frida in eine tiefe Krise stürzte, die sie in mehreren Selbstbildnissen thematisierte.[114] *Memoria o el corazón* war Teil der im Frühjahr 1939 durch André Breton in der Gallerie *Renou et Colle* (Paris) kuratierten Ausstellung *Mexique*, während der Kahlo sich mehrere Wochen in Paris aufhielt.[115] Beim Abschied aus Paris schenkte sie es ihrem drei Jahre jüngeren Geliebten Michel Petitjean.[116]

Im Zentrum des Bildes, das den Titel *Memoria o el corazón* trägt, ist Frida Kahlo in Lebensgrösse zu sehen. Sie hat kurzes Haar und trägt ein weisses Kleid. Mit ihrem versehrten Fuss steht sie im Wasser/Meer. Mit dem anderen Fuss steht sie auf blutigem Boden. Neben ihr liegt extrakorpo-

111 Der amerikanische Kunsthistoriker und Psychiater Salomon Grimberg hat in den achtziger Jahren des zwanzigsten Jahrhunderts, so berichtet es Marc Petitjean anhand von Papieren aus dem Nachlass seines Vaters, eine Beziehung zwischen der Herzverwundung Teresa von Avilas und diesem Werk Kahlos hergestellt. Seine Lesart hat jedoch einen anderen Skopus als die von uns hier vorgelegte. Grimberg wollte gemäss Petitjean im ikonografischen Rekurs Fridas auf die göttliche Verwundung des Herzens vor allem eine therapeutische Dimension erkennen. «Le tableau réunit les causes de ses souffrances et le moyen par l'Amour de Dieu de trouver un réconfort, suggérant la dimension thérapeutique de la pratique artistique pour Frida.» Petitjean, *Le Cœur. Frida Kahlo à Paris*, S. 99.

112 Frida Kahlo und der zwanzig Jahre ältere Diego Rivera heirateten 1929 zum ersten Mal und liessen sich 1939 scheiden. Bereits 1940 heirateten sie zum zweiten Mal. Diese zweite Ehe währte bis zum Tod von Frida Kahlo 1954.

113 Herrera, *Frida Kahlo*, S. 153.

114 Herrera, *Frida Kahlo*, S. 152–169.

115 Frida Kahlo war am 21. Januar 1939 nach Paris gekommen und hatte gehofft, André Breton werde eine Einzelausstellung ihrer Werke machen. Dies war jedoch nicht der Fall. Sah doch Breton in ihr eine durch und durch surrealistische Malerin, was ihr nicht wirklich gefiel. Fridas Werke waren Teil der Sammelausstellung *Mexique*, wo sie zusammen mit den Surrealisten Dalí, Miró und Picasso ausgestellt wurde. Vgl. Petitjean, *Le Cœur. Frida Kahlo à Paris*, S. 34–36; 41–54.

116 Der französische Fotograf Marc Petitjean (*1951), Sohn von Michel Petitjean, berichtet von der Liebesaffäre seines Vaters mit Frida Kahlo und von diesem Bild, das in seiner Kindheit und Jugend zu Hause in seinem Elternhaus im Wohnzimmer hing, in seinem 2018 erschienenen Buch Petitjean, *Le Cœur. Frida Kahlo à Paris*. «Frida Kahlo est morte en 1954, j'avais trois ans. À la maison, *Le Cœur* était accroché au mur du salon [...]. Sans m'en rendre compte j'ai grandi au milieu d'œuvres reliées entre elles et qui témoignaient, comme une trame, de la vie de mon père avant la guerre.» (Petitjean, *Le Coeur*, S. 163). Vgl. auch Read, «Giving birth to herself».

Abb. 13a: Frida Kahlo, La memoria o el corazón, 1937. Collection of Michel Petitjean. Paris

ral und überdimensional gross ihr blutendes, muskulöses Herz. Gleichzeitig durchbohrt ein sehr langer Stab ihre Brust. Auf beiden Enden dieses Stabes sitzt je ein Cupido; es scheint als benutzten die beiden den Stab wie eine Wippe und schaukelten auf und ab. Im Hinter- und Vordergrund des Bildes hängen rechts und links je ein Kleid an einer Schnur vom wolkenverhangenen Himmel herab; das hintere, kleinere ist ein Schulmädchenkleid mit einem linken, das vordere, grössere ist ein traditionelles mexikanisches Tehuana-Kleid mit einem rechten Arm, welcher sich am armleeren Ärmel der Figur in der Mitte unterhakt.

Die durch die Stange durchbohrte und das grausame Liebesspiel der beiden Cupidi auf der Wippe schmerzhaft offengehaltene Seite einerseits und das auf dem Boden liegende, herausgerissene blutende Herz andrerseits sind starke visuelle Marker und ikonografische Codes. Sie verweisen und beziehen das, was Kahlo als Liebesverrat durch ihren Ehemann und ihre Schwester erlebt, motivisch auf die durch die Lanze des römischen Soldaten durchbohrte Seite Jesu wie auch auf das durch den Pfeil des Engels verwundete Herz der Heiligen Teresa.[117]

Über die unmittelbare krisenhafte Veranlassung des Liebesverrats hinaus thematisiert dieses Selbstporträt noch andere offene Wunden der Frida Kahlo. Das einarmige europäische Schulmädchen-Kleid und das einarmige

117 «Dass Frida die Metapher vom ‹herausgerissenen Herzen› wörtlich nahm und als Symbol für die Grausamkeit des Liebesschmerzes in *Gedächtnis* und in anderen Bildern verwendete, wird man keineswegs als grotesk empfinden, wenn man an den Zusammenhang dieses Zeichens in der frühmexikanischen Kultur denkt. Auch noch im modernen Mexico wie in der Kolonialzeit wird das Bild vom heiligen Herzen gebraucht, das, von einer Dornenkrone umringt oder anderweitig verletzt, sein Blut vergiesst.» Herrera, *Frida Kahlo*, S. 159–160.

traditionelle Tehuana-Kleid stehen gleichsam stellvertretend für jene Ambiguitäten der Künstlerin, die ihre Suche nach Identität ein Leben lang grundierten: Wo komme ich her und wo gehöre ich hin? Nach Europa, wo die Wurzeln des Vaters Carl Wilhelm liegen? Nach Mexico, Land der Mutter und Land, in dem sie gross geworden ist? Was ist mein Geschlecht? Was und wen begehre ich? Bin ich Frau oder Mann oder beides? Was macht die Vulnerabilität und Versehrtheit meines Körpers mit mir?[118]

Versehrt und verwundet war Kahlo nicht nur an der Brust. Ausgerissen war nicht nur ihr Herz. Wund und versehrt war sie am ganzen Leib. Diese Versehrung rührte von einer frühen Kinderlähmung im Alter von sechs Jahren her, wodurch ihr rechtes Bein sich nicht entwickelte und verkürzt blieb.[119] Dazu kam jener folgenreiche Unfall am 17. September 1925 in Mexico City, als der Bus, in dem sie sass, mit einem elektrifizierten Strassenbahnzug zusammenstiess. Die hölzernen Bänke des Busses zersplitterten in tausend Stücke und eine abbrechende Haltestange bohrte sich in das Becken von Frida Kahlo. Schmerzen an der Wirbelsäule und im rechten Fuss sollten fortan ihr Leben prägen.[120]

Das Selbstporträt aus dem Jahr 1937 ist gleichsam der Vorläufer eines anderen Selbstbildnisses, welches Kahlo zwei Jahre später unter dem Titel *Las dos Fridas* (1939) anfertigte. Hand in Hand sitzen dort die beiden lebensgrossen Fridas auf einer grünen Bank. Verbunden sind sie nicht nur durch die Hände, sondern durch eine Arterie, die die über der Kleidung liegenden Herzen der beiden verbindet. Wie schon im Selbstporträt *Memoria o el corazón* trägt die eine Frida ein europäisch-viktorianisches Kleid, die andere ein traditionelles mexikanisches Tehuana-Kleid. Während die in weiss gekleidete europäische Frida eine gerissene Arterie, eine offene Brust und ein verwundetes Herz hat, sind Brust und Herz der mexikanischen Frida intakt. Die

---

118 Pahud de Mortanges, «Sacred Heart as Memorial Body», S. 79; Anderson, «Remembrance of an open wound», S. 119–130.

119 Frida Kahlo wurde wegen ihres verkürzten rechten Beines von anderen Kindern auch als «Pata de Palo» (Holzbein) gehänselt. In späteren Jahren verbarg sie ihr Bein unter den langen mexikanischen Röcken und Kleidern. Herrera, *Frida Kahlo*, S. 26–27.

120 Mehr als dreissig chirurgische Interventionen musste sie über die Jahre hinweg über sich ergehen lassen. Gipskorsette sowie Stützkonstruktionen für ihren Fuss sorgten mehr oder weniger für Entlastung. Herrera, *Frida Kahlo*, S. 47–57. Marc Petitjean berichtet, dass sie auch während ihres Aufenthaltes in Paris 1939 starke Schmerzen hatte und sein Vater ihr in ihrer Vulnerabilität sehr zugewandt war. Als sie wieder zurück in die USA reiste, schrieb er ihr: «J'ai tellement peur que tu aies encore des ennuis comme à Paris et que tu souffres encore comme une pauvre petite feuille.» Petitjean, *Le Cœur*, S. 96–97.

Abb. 13b: Frida Kahlo, Las dos Fridas, 1939. Collection Museo de arte Moderno (Cuidad de México). INBAL/Secretaría de Cultura.

mexikanische Frida hält in ihrer Hand eine Porträtminiatur von Diego Rivera als jungem Mann. Die europäische Frida hält eine chirurgische Klemme in der Hand, mit der sie die offene Arterie zwar abklemmt; trotzdem tropft weiterhin Blut aus ihr auf ihr weisses Kleid.[121]

In diesem Porträt scheint Kahlo das Motiv der intimen *communicatio cordis*, wie sie oben bei Getrud von Helfta zu beschreiben war, aufzugreifen und zu modifizieren. Sie transformiert den göttlich-menschlichen Liebesdiskurs in einen autoreferentiellen Diskurs zwischen ihrem europäischen

121 Herrera, *Frida Kahlo*, S. 250–251.

und mexikanischen Herzen.[122] Wie im Selbstporträt aus dem Jahr 1937 trägt Frida das Haar sehr kurz, was signalisiert, dass dieses Bild wie das vorherige motiviert ist durch die mittlerweile erfolgte Trennung und Scheidung von ihrem Ehemann Diego.[123]

Das Motiv des abgeschnittenen Haares ist prominent auch im Selbstporträt Kahlos aus dem Jahr 1940 verarbeitet. Hier sitzt Frida Kahlo sehr aufrecht auf einem Stuhl und trägt kein Kleid mehr, wie in den Porträts zuvor, sondern den ihr viel zu grossen Herrenanzug Diego Riveras. Ihr Haar scheint sie sich gerade eben erst selbst abgeschnitten zu haben, worauf die Schere in ihrer Hand deutet und der Umstand, dass auf dem roten Fussboden die ganze Pracht ihrer einst langen Haare verstreut liegt. Das Porträt ist mit einer Erläuterung im oberen Teil des Bildes versehen, wo über der Notenlinie der Text des volkstümlichen Liedes steht: «*Mira que si te quise, fue por el pelo. Ahora que estás pelona, ya no te quiero*»[Schau, als ich dich liebte, liebte ich dich wegen deiner Haare. Jetzt, wo du kahl bist, liebe ich dich nicht mehr].[124]

Während das Abschneiden der Haare beim Eintritt von Ordensfrauen ins Klosterleben einen Standes- und Statuswechsel zu signalisieren pflegt und auch mit dem Ablegen weiblicher Anmut und Schönheit konnotiert ist, wird bei Frida Kahlo das eigenhändige Abschneiden der Haare und das Anlegen männlicher Kleidung zu einem Akt weiblicher Selbstermächtigung, in welcher auch jene Seite ihrer Körperlichkeit Raum und Platz bekommt, die gemeinhin männlich konnotiert ist. So entstehen in den späten vierziger Jahren Bilder, in denen sie «ihren Gesichtszügen einen immer männlicheren Ausdruck» gibt und sie «den Anflug von Bartflaum auf ihrer Oberlippe» nachgerade verstärkte.[125] Rivera habe Knabenhaftigkeit wie auch den Schnauz seiner Frau geliebt; Kahlo wiederum, so wird sie zitiert, habe an Diegos empfindsamen weiblichen Brüsten Gefallen gefunden.[126] Damit kommt in den Selbstporträts Kahlos ein Aspekt zur Geltung, der mit dem Begriff des Genderfluiden am besten zu umschreiben ist. Wir werden ihn weiter unten aufgreifen, wo der Gendergrenzen sprengende Passionsleib Jesu in den Blick gerät.

---

122 Pahud de Mortanges, «Sacred Heart as Memorial Body», S. 77–79.

123 Kettenmann, *Kahlo*, S. 54–55.

124 Kahlo, *Autoretrato con pelo corto* (1940) Museum of Modern Art, New York), www.fridakahlo.org/self-portrait-with-cropped-hair.jsp (Aufruf 06.06.2021). Diego, Kahlos Ehemann, so wird überliefert, habe das volle, lange schwarze Haar der Kahlo geliebt. Le Clézio, *Diego y Frida*, S. 181.

125 Herrera, *Frida Kahlo*, S. 328.

126 Herrera, *Frida Kahlo*, S. 328.

4. Stigmata

Verwundet von seinen Wunden[127]

«Ich trage die Mahlzeichen Jesu auf meinem Leib.»
Paulus, Galaterbrief 6,17

Hatte Heinrich Seuse aktiv, mit eigener Hand und aus eigenem Willen Haut und Leib in Minne wund gemacht, so war gemäss dem Selbstnarrativ Teresa von Avilas ihre Herzensverwundung etwas, das sich ganz der göttlichen Initiative verdankte. Beim Ordensgründer Franz von Assisi (1181/82–1226), der hundert Jahre vor Seuse lebte, war es, den Narrativen seiner Biografen zufolge, ebenfalls der göttliche Finger und Wille, die seinen Leib zum *body of memory and grace* zeichneten.[128]

a. Jesus in Herz, Mund, Ohren, Augen, Händen und auf dem ganzen Leib. Franz von Assisi und die anderen Stigmatisierten

Zwar war Franz von Assisi bei weitem nicht der erste stigmatisierte Mensch, wohl aber gilt er als der erste stigmatisierte *Mann* in der Geschichte des Christentums, der die fünf Wunden Jesu am Kreuz – zwei an den Händen, zwei an den Füssen sowie jene an der Seite respektive am Herzen – auf dem eigenen Leib trug.[129] Das 13. Jahrhundert kannte neben ihm noch weitere, die Kreuzigungsmale Christi tragende Männer: einen englischen Bauern, den man als «Pseudochristen» titulierte, wie auch die beiden namentlich bekannten Stigmatisierten Dodon von Hascha und Robert von Montferrand.[130] Zu den stigmatisierten Frauen des 13. und 14. Jahrhunderts gehörten neben dem sehr gut dokumentierten Fall der Begine Christina von

---

127 Chavin de Malan, *Geschichte der heiligen Katharina*, S. 113.

128 Schmidt-Hannisa betont, dass die beiden Formen der Beschriftung – Selbstbeschriftung à la Seuse und göttliche Beschriftung à la Franz von Assisi – phänomenologisch zwar grundsätzlich nicht voneinander unterscheidbar seien. Doch nähmen sie erinnerungskulturell eine je unterschiedliche Funktion – hier menschliche *Imitation*, da göttlich gewirkte *Transformation* – wahr. Schmidt-Hannisa, «Eingefleischte Passion», S. 69–82.

129 Paulus spricht in seinem Brief an die Galater davon, dass er «die Stigmata Jesu» auf seinem Leib trage (Gal 6,17). Wie diese zu denken sind und welchen Charakter sie gehabt haben, darüber gehen die Meinungen auseinander. Landfester hebt hervor, dass Paulus hier «sicher nicht auf Artefakte im Sinne der historischen Sklavensiglierung» rekurriert, sondern von Stigmata als «spirituelle[r] Siglierung» die Rede ist. Landfester, *Stichworte*, S. 104; Teuber, «Sichtbare Wundmale»; Goślicka, *Kraft der Berührung*, S. 114–121.

130 Bösch, «Zwischen Orthodoxie und Häresie», S. 127.

Stommeln[131] (1242–1312) auch Helena von Ungarn (+ 1270) und die Heilige Katharina von Siena (1347–1380), die fünf Jahre vor ihrem Tod 1375 die (äusserlich unsichtbaren) Stigmata empfing.[132]

Während im 13. und 14. Jahrhundert ein Viertel der Stigmatisierten Männer waren, waren es im 19. Jahrhundert ausschliesslich Mädchen und Frauen, die diese Körperzeichen der Passion Christi aufwiesen.[133] Weshalb man – bezogen auf die Neuzeit – mit Recht davon spricht, dass das Phänomen der Stigmatisierung[134] grundsätzlich entlang von «Geschlechtergrenzen»[135] verläuft. In diesem Sinn ist es umso bemerkenswerter, dass im späten Mittelalter und bei Franz von Assisi das «Gendershifting»[136] nicht greift bzw. die Geschlechtergrenzen in Sachen Stigmatisierung noch durchlässig waren. Darauf wird zurückzukommen sein.

Vom Vorgang der körperlichen Stigmatisierung des Franz von Assisi im Jahr 1224, zwei Jahre vor seinem Tod, auf dem Berg La Verna (Alverno) im Zentralappenin berichten die beiden Biografen des Heiligen, die Franziskanermönche Thomas Celano (1185–1265)[137] und Bonaventura (1221–1274)[138].

---

131 Landfester, *Stichworte*, S. 126–131.

132 Ganz, «Gemalte Geheimnisse», S. 83–110; Klinger, «‹Als sei Ich ein Anderer›».

133 Vgl. Menke, «Nachträglichkeiten und Beglaubigungen», S. 32 Anm. 29. Zu den tiefer liegenden Gründen dieses Gendershiftings siehe Pahud de Mortanges, «Fromm oder hysterisch?»; Pahud de Mortanges, «Irre – Gauklerin – Heilige?»; Muessig, *The Stigmata in Medieval and Early Modern Europe*.

134 Muessig, *The Stigmata in Medieval and Early Modern Europe*.

135 Landfester, *Stichworte*, S. 126. Vgl. allgemein dazu Schaus (Hg.), *Woman and Gender in Medieval Europe*.

136 Menke, «Nachträglichkeiten und Beglaubigungen», S. 32.

137 Thomas von Celano berichtet davon in seiner 1228 entstandenen, ersten Biografie des Heiligen, welche dessen gesamte Lebensgeschichte zum Gegenstand hat (1 Cel, *Vita prima S. Francici*). Die zweite Biografie aus Celanos Feder war wie die erste eine Auftragsarbeit. Sie wurde 1246/47 fertiggestellt und bietet weiteres, ergänzendes Material, so u. a. die Drei-Gefährten-Legende. Vgl. von Celano, *Leben und Wunder des heiligen Franziskus*. Die beiden hierin enthaltenen Lebensbeschreibungen des Franz von Assisi aus der Feder Celanos werden nachfolgend als 1 Cel (*Prima vita*) und 2 Cel (*Secunda vita*) zitiert.

138 Bonaventura, der sogenannte zweite Stifter des Franziskanerordens, geboren als Giovanni di Fidanza, verfasste 1263 jene Lebensbeschreibung, die nicht nur zur offiziellen, sondern schliesslich auch zur alleinig gültigen Biografie des Heiligen Franz avancieren sollte. So beschlossen vom Generalkapitel des Franziskanerordens 1266. Sprich: die *Legenda maior* des Bonaventura trat fürderhin mit dem Anspruch auf, «die» richtige und einzig legitime Interpretation des Lebens Franz von Assisis zu bieten. Erst im 18. Jahrhundert wurden die beiden Celano-Biografien wiederentdeckt. Bis dahin bot die Bonaventura-Biografie die offiziell-offiziöse Lesart der Vita Franz von Assisis. Eigentlich wollte das Generalkapitel, dass alle anderen Biografien ausser der Bonaventuras vernichtet würden, was aber – wie die Existenz der beiden Celano-Biografien

Abb. 14
Stigmatisierung Franz von Assisis

«Zwei Jahre, bevor Franziskus seine Seele dem Himmel zurückgab, weilte er in einer Einsiedelei, die nach dem Ort, wo sie gelegen ist, Alverna heisst. Da sah er in einem Gottesgesichte einen Mann über sich schweben, einem Seraph ähnlich, der sechs Flügel hatte und mit ausgespannten Händen und aneinandergelegten Füssen ans Kreuz geheftet war. Zwei Flügel erhoben sich über seinem Haupt, zwei waren zum Fluge ausgespannt, zwei endlich verhüllten den ganzen Körper. Als der selige Diener des Allerhöchsten dies schaute, wurde er von übergrossem Staunen erfüllt, konnte sich aber nicht erklären, was dieses Gesicht bedeuten solle. Grosse Wonne durchdrang ihn und noch tiefere Freude erfasste ihn über den gütigen und gnadenvollen Blick, mit dem er sich vom Seraph betrachtet sah, dessen Schönheit unbeschreiblich war; doch sein Hangen am Kreuz und die Bitterkeit seines Leidens erfüllte ihn ganz mit Entsetzen. Und so erhob er sich, sozusagen traurig und freudig zugleich, und Wonne und Betrübnis wechselten in ihm miteinander. Er dachte voll Unruhe nach, was dieses Gesicht wohl bedeute, und um seinen innersten Sinn zu erfassen, ängstigte sich sein Geist sehr. Während er sich verstandesmässig über das Gesicht nicht klar zu werden vermochte und das Neuartige an ihm stark sein Herz beschäftigte, begannen an seinen Händen und Füssen die Male der Nägel sichtbar zu werden in derselben Weise, wie er es kurz zuvor an dem gekreuzigten Mann über sich gesehen hatte.» (1 Cel 94)

Nach einem Jahrzehnt ausgedehnter Reisen zog sich Franz enttäuscht, erschöpft und in schlechtem Gesundheitszustand aus der Öffentlichkeit und den Geschäften des Ordens zurück und lebte als Einsiedler auf dem Berg La Verna. Am 17. September, drei Tage nach dem Fest der Kreuzerhöhung, erschien ihm die *Gestalt eines gekreuzigten Seraphen* (so Celano) bzw. der *gekreuzigte Christus selber in Gestalt eines Seraphen* (so Bonaventura).[139] Staunen, Wonne, Freude, Entsetzen, Betrübnis – all diese Affekte und körperlich vermittelten und induzierten Empfindungen waren es, die Franz im Narrativ seines ersten Biografen, Thomas Celano, dabei empfand. Was Franz mit den Augen schaute, das entzog sich seinem Verstand, das beschäftigte sein Herz und das prägte seinem Körper nun unwiderruflich die Gestalt eines anderen so ein, dass er diesem gleichförmig wurde. In diesem Geschehen manifestierte sich, was bereits vorher im Leben des Franziskus schon immer der Fall gewesen war: dass er den gekreuzigten Jesus «im Herzen, im Munde, in den Ohren, in den Augen, in den Händen, in seinen übrigen Gliedern» trug (1 Cel 153).

Bonaventura verwob in seiner *Legenda maior* das Geschehen der göttlichen Einprägung intertextuell mit dem heilsgeschichtlich bedeutsamen Narrativ des Bundesschlusses Gottes mit seinem Volk Israel. Auf dem Berg Sinai hatte Gott dem Propheten Mose zwei steinerne, von ihm beschriebene Tafeln mit seinen Geboten übergeben: «Nachdem der Herr aufgehört hatte, zu Mose auf dem Berg Sinai zu sprechen, übergab er ihm die zwei Tafeln des Bundeszeugnisses, steinerne Tafeln, beschrieben vom Finger Gottes» (Exodus 31,18). Franz von Assisi wird bei Bonaventura zu einem zweiten, diesen ersten auf dem Berg Sinai überbietenden, neuen Mose. Als Franz vom Berg La Verna herabgestiegen sei, da habe er das Bild des Gekreuzigten mit sich getragen, nicht auf steinernen oder hölzernen Tafeln, sondern «auf seinen leiblichen Gliedern gezeichnet vom Finger Gottes».[140]

Nach Franz von Assisi sollten Stigmata als «Heiligkeitszeichen» in der christlichen Erinnerungskultur Geschichte machen und binnen kurzer Zeit

---

belegt – nicht erfolgte. Vgl. «Bonaventura»; Feld, *Franziskus und seine Bewegung*, S. 42–44. Bösch, «Zwischen Orthodoxie und Häresie», S. 141.

139 Zu diesen Unterschieden und den strategischen Hintergründen, die diese motivierten vgl. ausführlich Bösch, «Zwischen Orthodoxie und Häresie», S. 141–143.

140 Zitiert nach Menke, «Nachträglichkeiten und Beglaubigungen», S. 25 Anm. 3; Wolf, *Schleier und Spiegel*, S. 96–97. Auch Paulus hat in seinem zweiten Brief an die Korinther 2 Kor 3,3 an das alttestamentliche Bild der steinernen Tafeln angeknüpft und den Gemeindegliedern von Korinth zugerufen, dass sie ein Brief Christi seien, welcher nicht mit Tinte auf Tafeln aus Stein geschrieben sei, sondern mit dem Geist des lebendigen Gottes in ihre Herzen aus Fleisch. Vgl. Landfester, *Stichworte*, S. 103.

«ein neues Paradigma in der religiösen Kultur des Mittelalters» etablieren.[141] Die «Spuren der Dornenkrone, der Seitenwunde und die Kreuzigungswunden an Händen und Füssen» wurden fortan dann als echt bewertet, wenn sie «nachweislich spontan und ohne jede äussere Einwirkung» auftraten und «sich damit als Effekte einer [...] direkten Gnadengabe Christi an ihren Träger» zu erkennen gaben.[142]

Spuren dieses Konzeptes einer «selbstständige(n) Zeichnung des menschlichen Körpers» sind, wie bereits oben ausgeführt, bereits für das Frühchristentum bezeugt. Zum ikonischen Zeichen wurden sie aber erst im Kontext der Passionsfrömmigkeit des (Hoch-)Mittelalters. Dies dort, wo der Fokus der Passionserinnerung nicht (mehr) beim auferstandenen Christus lag, der bis zum 9. Jahrhundert die hagiografischen Passionserzählungen dominierte, sondern beim leidenden und am ganzen Leib gequälten Menschen Jesus.[143] Insofern schreibt sich Franz von Assisi mit der Stigmatisierung der Körperdiskurs der mittelalterlichen Armutsbewegung auf den Leib. Christus nachzufolgen bedeutete, dem armen, nackten Jesus in seiner vollen Menschlichkeit gleichförmig zu werden.[144] Dieser Akt der Christusnachfolge wurde durch die Stigmatisierung im Sinn einer «Nachträglichkeit der Gegenstandskonstruktion»[145] ebenso beglaubigt wie auch allererst begründet. Die Wundzeichen Christi auf dem Leib tragend ver_körperte und beglaubigte Franz leibhaftig den Diskurs, welchen er performte.[146] Sein

141 Landfester, *Stichworte*, S. 115; Teuber, «Sichtbare Wundmale», S. 167.

142 Landfester, *Stichworte*, S. 116.

143 Landfester, *Stichworte*, S. 117. Vgl. dazu den Band von Campbell, *Tatoo & Religion*, der in Interviewform diesen Traditionen nachgegangen ist.

144 «Das franziskanische Armutsideal ist Teil der im 12. Jahrhundert aufbrechenden, grossen europäischen Armutsbewegung, die ihre geistliche Mitte in der Nachfolge des ‹armen Christus› hat und die neue Orden hervorbringt. Neben Orden nach traditionellem Muster (Prämonstratenser und Zisterzienser) entstehen Bettelorden (Franziskaner und Dominikaner). Das Neue am franziskanischen Armutsideal ist, dass nicht nur der Einzelne, sondern die Gemeinschaft als Ganze (zunächst) auf jeden Besitz verzichtet. Einige Zweige dieser Armutsbewegung werden der Häresie verdächtigt und kirchlich verfolgt (Waldenser und Katharer). Wohl auch deshalb, weil sie sich nicht wie die Bettelorden in die offiziellen Kirchenstrukturen einbinden lassen und keine päpstliche Anerkennung für ihre Lebensform einholen.» Pahud de Mortanges, «Nie mehr getrennt, wenn die Rosen blühen», S. 41.

145 Menke, «Nachträglichkeiten und Beglaubigungen», S. 35.

146 Wirkmächtiger Vorläufer dieser Passionsfrömmigkeit war Bernhard von Clairvaux, «der in seinen theologischen Schriften eine Ästhetik der Passionsbetrachtung» entwickelte, die das religiöse Subjekt zum «Resonanzboden des Wesens Christi» machte. Landfester, *Stichworte*, S. 122.

Leib wurde als so besiegelter ein *body of memory and grace*, der den anderen, bleibend entzogenen Leib Jesu erinnerte und präsent setzte.

b. Der stigmatisierte Körper als Ort von Geschlechter-, Macht- und Orthodoxie-Diskursen

Das Phänomen der *göttlichen* Beschriftung des menschlichen Körpers wurde, wie bereits erwähnt, in der Geschichte des Christentums zunehmend «entlang der Geschlechtergrenzen»[147] geregelt.[148] Zur Matrix dieses Phänomens gehörten Körper- und Geschlechterdiskurse, welche *die* Frau und *den* weiblichen Körper aufgrund ihrer spezifisch emotionalen und affektiven Ausstattung dafür besonders prädisponiert hielten, auf diese Weise die Menschlichkeit Christi zu repräsentieren.[149] Diejenigen aber, die mittels der Erinnerungsmedien Alphabet, Schrift und Text den Phänomenbereich und «Faktenkomplex»[150] der Körperzeichen binnenchristlich verwalteten und ihn *im* Text und *als* Text als echt qualifizierten, waren in der christlichen Erinnerungskultur ausschliesslich Männer.[151] Damit war der *primären Performanzkompetenz* des weiblichen Körpers immer *die sekundäre Schrift- und Beurteilungskompetenz* des männlichen Geistes gegenübergestellt respektive übergeordnet.[152]

Die binäre, geschlechterspezifische Zuschreibung – hier weibliches Fleisch und Körper, da männlicher Text und Geist – war mit einer dem Ablauf des Geschehens (erst körperliches Ereignis, dann schriftlicher Bericht) gegenläufigen Hierarchisierung verknüpft. Galt doch in einem populärchristlichen, dualistisch grundierten Diskurs *das* Fleischlich-Weibliche als grundsätzlich

147 Landfester, *Stichworte*, S. 126.

148 Menke, «Nachträglichkeiten und Beglaubigungen», S. 32.

149 Landfester, *Stichworte*, S. 126. Dieser Diskurs wurde ausdrücklich geführt, so im Fall der zeitlich nach Franz von Assisi stigmatisierten, belgischen Begine Elisabeth von Spalbeeck (1248–1304) durch ihren Biografen, Abt Philippe von Clairvaux. Er war darum bemüht, Elisabeth gleichsam als weibliche Replik des stigmatisierten Franz von Assisi zu stilisieren, weshalb damit gerechnet werden muss, dass die Intention seines Geschlechterdiskurs *eigentlich* zum Ziel hatte, die Gleichwertigkeit respektive sogar die Überlegenheit des weiblichen Leibes – aufgrund seiner natürlichen Disponiertheit – für und bei der Repräsentation der Passionswunden zu betonen.

150 Landfester, *Stichworte*, S. 126.

151 «Aufgabe des Textes» war es, so Landfester, «die Stigmatisierung als solche zu identifizieren, indem er die Stigmen schildert, ihre Beziehung zu den Wundmalen erläutert und vor allem auch ihr Erscheinen über jeden Verdacht äusserlicher Einwirkung erhebt.» Landfester, *Stichworte*, S. 126. Vgl. auch Menke, «Nachträglichkeiten und Beglaubigungen», S. 35.

152 Landfester, *Stichworte*, S. 126.

minderwertiger als *das* Geistig-Männliche.[153] Im 19. Jahrhundert hatten daher jene Stigmata am meisten Aussicht auf Anerkennung als echte, göttlich gewirkte Zeichen, wenn die weiblichen Körperwunden durch männliche Zeugen und Texte als authentische beglaubigt wurden.[154]

Interessant ist, dass beim stigmatisierten *Mann* Franz von Assisi – wie auch bei den anderen stigmatisierten Männern des 13. und 14. Jahrhunderts – eine geschlechterspezifische Hierarchisierung und Typologisierung gerade nicht greift, weil ganz generell die Geschlechtergrenzen im Mittelalter viel fluider und durchlässiger waren, als es die spätere Entwicklung glauben machen will.

Thomas Laqueur hat gezeigt, dass von der klassischen Antike bis zum 17. Jahrhundert die vielen sozialen Geschlechter nur einem einzigen biologischen Geschlecht zugeordnet wurden, welches gerade nicht binär strukturiert war. Der *eine* Leib existierte in der Vielfalt von Abstufungen. Die Grenzen zwischen männlich und weiblich waren dabei, so Laqueur, ebenfalls «nur» eine Frage der Abstufung, aber nicht der Art und schon gar nicht der Fortpflanzungsorgane. Letztere sind lediglich ein Zeichen unter vielen anderen Zeichen, um den Ort des Menschen in der kosmischen und kulturellen Ordnung zu markieren. Laqueur spricht deshalb auch vom «eingeschlechtlichen Leib» in seiner Pluriformität.[155]

> «Im Blut, im Samen, in der Milch und in anderen Säften des Ein-Geschlecht-Leibes gibt es nichts Weibliches und keine scharfe Trennlinie zwischen den Geschlechtern. Stattdessen repräsentiert eine Physiologie fungibler Flüssigkeiten und körperlichen Fliessens das Fehlen des spezifisch genitalen Sexus in einem anderen Register. Endlose Mutationen und ein kakophoner Klang von Verwandlungen werden

---

153 Menke, «Nachträglichkeiten und Beglaubigungen», S. 35.

154 Pahud de Mortanges, «Irre – Gauklerin – Heilige».

155 Laqueur, *Auf den Leib geschrieben*, S. 39–40. «Tatsächlich liegt das Paradox des Ein-Geschlecht-Modells darin, dass in Paaren geordnete Gegensätze um Meisterschaft über den einen und einzigen Leib rangen, dem sie selbst nicht schon inhärent waren. Vaterschaft/Mutterschaft, Männliches/Weibliches, Mann/Frau, Kultur/Natur, maskulin/feminin, ehrbar/entehrend, legitim/illegitim, heiss/kalt, rechts/links und viele andere derartige Paare las man in einen Leib hinein, der von sich aus diese Unterschiede nicht schon deutlich in sich trug. Von aussen wurden ihm Ordnung und Hierarchie übergestülpt. Weil er als veranschaulichend und nicht als determinierend verstanden wurde, konnte der Ein-Geschlecht-Leib Verschiebungen beliebiger Zahl sowohl in den Achsen als auch in den Bewertungen von Unterschieden erfassen und absorbieren. Historisch gesehen gingen soziale Geschlechterdifferenzierungen den biologischen voraus.» (Ebd. S. 78).

möglich, wo die moderne Physiologie distinkte und häufig geschlechtsspezifische Gegebenheiten sehen würde.»[156]

Wegen dieser Fluidität der Körper und ihrer Säfte, war es im späten Mittelalter auch kein Problem, dass sich «dem» männlichen Fleisch des Franz von Assisi die Gestalt Christi einprägte.[157] «Bonaventura zufolge empfängt [...] der männliche Leib des Franziskus als der vollkommene Liebhaber, der er ist, von seinem himmlischen Geliebten ein Siegel in seinem Fleisch, das ihn zu einem Abbild des Geliebten macht».[158] Wenn Bonaventura das Bild des Siegels gebraucht, bemüht er erneut ein biblisches Narrativ wie zuvor das der fleischernen Tafeln des Herzens. Das Bild des Siegels verweist auf das Liebesnarrativ des weisheitlichen Buches *Das Hohelied*, wo die durchaus nicht nur allegorische, sondern konkret erotisch konnotierte Liebe später dann als Aussage über das Verhältnis von Christus zu den Gläubigen gelesen wurde. In dem acht Kapitel umfassenden Buch heisst es im letzten Kapitel Vers 6: «Leg mich auf dein Herz wie ein Siegel und wie ein Siegel an deinen Arm». Diese alttestamentlichen Verse sind, das sei in Klammern angemerkt, auch einer der textuellen Anker für die Körperpraxis der männlichen, ultraorthodoxen Juden, beim Beten sich den Gebetsriemen um den Arm und die Gebetskapsel auf die Stirn zu binden und den Arm mit dem Gebetsriemen so zu beugen, dass er dabei das Herz berührt.[159]

Nachgerade «Ikonen des Passiven»[160] schlechthin wurden die Hundertschaften stigmatisierter Frauen des 19. Jahrhunderts, die innerkirchlich dann reüssierten, wenn sich zugewandte und einflussreiche Männer zum Notar und Promotor ihrer Visionen und Stigmata machten. Gelang es diesen, die Deutungshoheit über die weiblichen Körperphänomene zu erringen, standen die Chancen gut, dass die Stigmata als echt anerkannt und die Frau(en) als Heilige verehrt wurde(n).[161]

---

156 Laqueur, *Auf den Leib geschrieben*, S. 50.

157 Wenn Teuber formuliert, dass die durch die Stigmatisierung entstandene «engelhafte Männlichkeit» des Franz von Assisi die «Grenze zwischen den Geschlechtern» überspiele, insofern er in diesem Geschehen die «passive[n] Züge einer geliebten Frau» trage, dann handelt es sich um einen Geschlechterdiskurs, der in der *Legenda maior* Bonaventuras seinen Anhalt und auch seine Grenze findet, insofern er von Franz als *vir angelicus* spricht und Christus in der Gestalt des Seraph die Initiative bei dieser körperlichen Liebesvereinigung ergreift. Teuber, «Sichtbare Wundmale», S. 171.

158 Teuber, «Sichtbare Wundmale», S. 171.

159 Siehe die Ausführungen des Zentralrats der Juden in Deutschland, www.zentralratderjuden.de/judentum/symbole.

160 Pahud de Mortanges, «Liebeswund(en)», dort Literatur S. 155–157.

161 Pahud de Mortanges, «Irre – Gauklerin – Heilige?».

Typisch ist der Fall der Anna Katharina von Emmerick (1774–1824), die die Wundmale Christi seit ihrer Vertreibung aus dem Kloster 1811 auf dem Leib trug (bis 1818) und die die letzten Jahre ihres Lebens ans Bett gefesselt war. Der Dichter Clemens von Brentano (1778–1842) sass von 1818 bis zu ihrem Tod im Jahr 1824 nahezu ununterbrochen an ihrem Bett und machte sich zum Notar ihrer inneren und äusseren Passionen. Minutiös notierte und kartografierte er die Wund(er)zeichen auf ihrem Körper, wie auch das, was sie in ihren mystischen Visionen sah. Anna Katharina von Emmerick sah und durchlebte darin die Kindheit Jesu, seine blutige Passion am Kreuz wie auch seine Himmelfahrt. Clemens von Brentano sortierte nach ihrem Tod Zettel und Manuskripte und veröffentlichte 1833 erstmals «*Das bittere Leiden unseres Herrn Jesu Christi*». Dieses Werk stand 2004 Pate für die blutige Inszenierung der Passionsgeschichte Jesu durch den amerikanischen Filmemacher Mel Gibson. Der zweite Protektor und Promotor der Anna Katharina von Emmerick, der Redemptoristenpater Karl Erhard Schmöger (1819–1883), war es dann, der die unveröffentlichten Werke der Emmerick bereinigte, sie zu einem Bestseller machte und die Deutungshoheit insgesamt an sich riss. Er machte Emmerick mitsamt den Stigmata zu einem Garanten und einer Ikone der Wahrheit der römisch-katholischen Kirche insgesamt.[162]

Nicht nur im 19. Jahrhundert und am Beispiel von Anna Katharina von Emmerick wird deutlich, dass und wie der Körper, welcher das Leiden Christi performt und repräsentiert, ein Ort des Kampfes um kirchliche Deutungshoheit, Einfluss und Macht, Orthodoxie und Heterodoxie war.[163] Dies war auch schon der Fall bei der stigmatisierten Katharina von Siena (1347–1380), die fünf Jahre vor ihrem Tod 1375 die Stigmata empfangen haben soll. Diese waren von ihr zwar gefühlt, aber für Dritte nicht sichtbar. Hatte 1475 Papst Sixtus IV. deshalb jegliche Darstellung der Katharina von Siena mit Stigmata verboten, anerkannte 1499 Papst Pius II. die Echtheit ihrer Stigmata. Erst 1630 wurde ihre Darstellung neuerlich erlaubt, was aber den

162 Schmöger war darüber hinaus noch mit anderen stigmatisierten Frauen in Kontakt. So mit der in Kaltern (Südtirol) lebenden Maria von Mörl, zu der mehr als 40 000 Menschen pilgerten. Auch war er Beichtvater und Seelenführer der ebenfalls stigmatisieren Louise Beck (1822–1879). Vgl. hierzu Piersching, *Maria von Mörl*; Weiss, *Die Macht der Seherin von Altötting*; Weiss, *Weisungen aus dem Jenseits?*.

163 1892 lief eine erste Seligsprechungsinitiative noch ins Leere und wurde 1928 abgebrochen. Der zweite Anlauf sollte dann erfolgreich sein. 1973 wurde das Verfahren eröffnet, 2004 erfolgte die Seligsprechung Anna Katharina von Emmericks. Vgl. dazu Pahud de Mortanges, «Liebeswund(en)».

Abb. 15
Franz von Assisi mit der Seitenwunde

Künstler Domenico di Giacomo di Pace Beccafumi nicht abhielt, bereits 1545 Katharina beim Empfang der Stigmata darzustellen.[164]

Auch im Fall der Körperzeichen des Franz von Assisi klagte man die Deutungshoheit über die Körperzeichen mittels Schrift, Text und bildlicher Darstellungen ein. Sein Biograf Bonaventura sah sich mit dem religiös-theologischen Problem konfrontiert, dass der stigmatisierte Franz nicht nur die Wundzeichen Jesu an Händen und Füssen trug, sondern dass er auch die fünfte Wunde Jesu auf seiner Brust zeigte. Da diese Seitenwunde im theologischen Diskurs der Zeit als die «Paradiestür» schlechthin galt, brachte ihre Existenz auf dem Leib des Franz diesen in eine «häresieverdächtige Nähe zu Christus» selber. Die Seitenwunde brachte den Biografen in solche Nöte, dass er «heimlich in seinem Herzen an der Seitenwunde des Heiligen» gezweifelt haben soll.[165] Bonaventura und andere Exegeten der Körperzeichen waren darum bemüht klarzustellen, dass Franz von Assisi nicht als ein neuer, Christus überbietender oder ihm gleichwertiger Christuskörper zu betrachten sei.

Franz von Assisi durfte mit seinem Leib und den Wundmalen *nur* und *bleibend* ver_körpernder und bezeugender Zeuge sein, ein *body of memory and grace*. Dieses Bemühen wurde Bild in einer Darstellung des *Liber de adventu*, wo Franz *in* die Seitenwunde Christi gesetzt wurde und damit, so

164 Riedl/Seidel, *Die Kirchen von Siena*, Bd. 2, S. 549.
165 Bösch, «Zwischen Orthodoxie und Häresie», S. 127.

Diagramm 4 Franz von Assisi und die Wunden Jesu
© Elke Pahud de Mortanges

Paul Bösch, seine Herkünftigkeit und bleibende Rückgebundenheit an *den* Passionsleib Jesu schlechthin markiert werden sollte.[166]

Diese Situierung des Franz von Assisi *in* der Seitenwunde Jesu lässt sich aber auch anders deuten; wir werden darauf weiter unten zu sprechen kommen, wenn wir den Aspekt des *doing gender* und die Frage nach dem Geschlecht des Körpers Jesu erörtern werden. Dort wird zu zeigen sein, dass die Seitenwunde Jesu als *Vulva*, Mutterschoss und Pars pro Toto für die gesamte Passion immer auch eine bergende Konnotation hatte, die den Aspekt des Wohnens und des Schutzes beinhaltete ebenso wie den Aspekt der Penetration.

Im 20. Jahrhundert gibt es nur einen einzigen Mann, der als Stigmatisierter kirchliche Anerkennung und Verehrung erfahren hat. Es handelt sich um den italienischen Kapuzinerpater Pio von Pietrelcina (1887–1968), bei dem ab dem Jahr 1918 die Wundmale Christi sichtbar wurden.[167] 1999 wurde er von Papst Johannes Paul II. zunächst selig und 2002 dann heiliggesprochen.[168] Wie bei Heinrich Seuse sammelten Freunde und Gefährten Taschentücher und andere Gegenstände, die mit den blutenden Wunden Pios in Berührung gekommen waren und benutzten sie zum Auflegen auf den eigenen Körper und/oder verehrten sie als Reliquien.[169] Interessant ist der Bilderzyklus und das Bildprogramm, das der slowenische Jesuit, Theologe und Künstler Marko Ivan Rupnik (*1954) für die Wallfahrtskirche San Pio de Pietrelcina de San Giovanni Rotondo entworfen hat. Für diese nach den Entwürfen des italienischen Architekten Renzo Piano von 1991 bis 2004 erbauten Kirche hat er einen Mosaikzyklus realisiert, in dem die Stig-

166 Bösch, «Zwischen Orthodoxie und Häresie», S. 134 Anm. 125.
167 Luzzatto, *Padre Pio;* Wie Luzatto nähert sich auch Guarino in seinen beiden Monografien dem Phänomen Padre Pio eher kritisch. Vgl. Guarino, *Santo impostore*; Guarino, *Beato impostore*.
168 Vgl. «Pio de Pietrelcina» sowie die Website www.padre-pio.de.
169 Luzzatto, *Padre Pio*, S. 27.

Abb. 16
Padre Pio schmiegt sich an den Gekreuzigten und trägt seine Gesichtszüge und seine Wunden
© Marco Iván Rubnik

matisierung des Franz von Assisi evoziert und die Stigmatisierung Padre Pios mit dieser parallelisiert wird. Padre Pio schmiegt sich an den Gekreuzigten und Christus und er hängen gleichgestaltet und synchronisiert in einer Art Pas de Deux zusammen am Kreuz. Klar erkennbar durch die braune Kutte des Karmeliterpaters ist die klaffende Seitenwunde, die er wie Christus auf der rechten Seite trägt.

Auch der österreichische Bildhauer und Maler Alfred Hrdlicka (1928–2009) hat im 20. Jahrhundert das Motiv der Seitenwunde Jesu in seinem künstlerischen Schaffen aufgegriffen. Hrdlicka, der kein identifikatorisches Verhältnis zum Christentum hatte, ihm in seinem Werk aber einen breiten Platz einräumte, hat einem anderen, berühmten Italiener des 20. Jahrhunderts die Seitenwunde auf den Leib gemeisselt. Die Rede ist von dem gewaltsam zu Tode gekommenen italienischen Dichter und Regisseur Pier Paolo Pasolini (1922–1975). Dessen schauerliches Ende parallelisiert der österreichische Bildhauer mit der Passion Jesu und stattet den Torso Pasolinis mit Dornenkrone und Seitenwunde aus. Diese Transposition des christlichen Bildmotivs wird unten zu erörtern sein, wo es um die Seitenwunde und ihre ikonografischen Repräsentationen und Transpositionen geht.[170]

5. Künstlerische Transposition in den Performances der Marina Abramović (*1946)

> «Der Schmerz ist eine Tür. Eine geheime Tür zu einem anderen Zustand. Ohne diese Türe kommt man nicht dorthin. Danach hast du keine Angst mehr vor dem Schmerz. Der Schmerz verschwindet. Um an diesen Punkt zu kommen, gehst du durch die Hölle.»[171]
> *Marina Abramović*

170 Vgl. dazu unten ausführlich S. 176–178.

171 Fischer, *Psychoanalytikerin trifft Marina Abramović*, S. 60.

Dass der Körper und sein Fleisch der Ort sind, wo «die Tiefen der Menschlichkeit»[172] und des Menschseins im Allgemeinen und die des Menschseins Jesu Christi zu verhandeln sind, diese Überzeugung hat sich im westlichen Abendland im 13. Jahrhundert machtvoll in verschiedenen Bewegungen Bahn gebrochen. In der Vermessung der Tiefen der eigenen, menschlichen Körperlichkeit wurde denn auch in der Folge die *imitatio Christi* und die *memoria passionis* gesucht.[173]

Dabei wurden, wie wir gesehen haben, ganz unterschiedliche Köper-Techniken und Körperpraktiken geübt, welche oftmals als Ausdruck und Inbegriff christlicher Lust- und Leibfeindlichkeit betrachtet wurden. Diejenigen, welche sie praktizier(t)en, wurden entsprechend als christliche Spinner, Masochisten oder allenfalls Kranke und Magersüchtige (*Holy Anorexia*) disqualifiziert. Solche (Ab-)Wertungen verkennen den Skopus dieser Praktiken, die auf eine Intensivierung und Steigerung des Körperempfindens durch strenges Fasten, durch Schlafentzug, durch Wundmachen des Körpers mittels beengender Kleidung oder scheuernden groben Stoffen abzielten. Man suchte ganz und gar, mit Haut und Haar in das Passionsgeschehen einzutauchen und im buchstäblichen Sinn wund zu werden, anstatt dieses nur imaginativ und voyeuristisch als «Kopfkino» zu betrachten.[174] Anders gesagt: die Praktiken markieren den Übergang von der Passion Jesu hin zur Com_Passion.

Dass uns das heute im 21. Jahrhundert weniger fremd ist als wir vielleicht auf den ersten Blick meinen, das soll der nachfolgende Rekurs auf die in Belgrad geborene «Grande Dame der Performance Kunst»[175], Marina Abramović (*1946), und ihre dramatischen und kompromisslosen Performances seit den siebziger Jahren des 20. Jahrhunderts zeigen. In ihrer Kunst, in der Angst, Einsamkeit, Schmerz und Verwundungen eine zentrale Rolle spielen, lotet sie konsequent Gestalt und Grenzen ihres Körpers aus und geht dabei in den Performances, die nachfolgend vorgestellt werden, den Weg von der Passion zur Com_Passion.

---

172 Walker Bynum, *Fragmentierung*, S. 118.

173 Walker Bynum, *Fragmentierung*, S. 119.

174 Für das 10. und 11. Jahrhundert ist die Passionsbetrachtung «vor allem im Schriftgut der Abtei von Cluny überliefert». Sie hat in Bernhard von Clairvaux ihren «wirkungsmächtigsten Exponenten» gefunden. Er ist es, der eine ganz eigene «Ästhetik der Passionsbetrachtung» entwickelte. «Erstmals wird das betrachtende und so metonymisch auch das schreibende Ich dessen, der sich kontemplativ in die Passionsgeschichte versenkt, zum entscheidenden Faktor in der Vermittlung zwischen göttlicher Offenbarung und menschlicher Existenz». Landfester, *Stichworte*, S. 122.

175 Trommer, «Wie viel Fiktion steckt in ihrer Biografie?».

Marina Abramović bietet sich nackt und komplett wehrlos ihrem Publikum dar und gibt ihm in den Performances Werkzeuge – den *arma Christi* gleich – an die Hand, mit denen es sie nach freiem Gutdünken verletzten darf. Sie hält hin, lässt es geschehen und riskiert alles. Und macht, dass Kunst und Leben sich untrennbar vermischen: «In der Performance *Rhytm 0* riskierte ich, getötet zu werden. Ich habe das Schicksal herausgefordert.»[176] Und so ist Abramovićs Vermessung der Grenzen und Begrenzungen ihres Körpers als Oberfläche und Objekt immer auch eine Vermessung der Grenzen des Menschseins in seiner Vulnerabilität schlechthin und seiner potenziellen Vulneranz.[177]

Um auf der Oberfläche und Bühne ihres Körpers diese «prinzipielle und rückhaltlose Empfänglichkeit dafür, von Anderen und Anderem affiziert zu werden»[178] zu inszenieren, greift sie auf Elemente zurück, die als Zeichen und Codes in die christliche Erinnerungskultur verweisen. Das Leiden und Sterben Jesu, die Geisselung, die Marterwerkzeuge, das Kreuz, die Nägel, die Wunden, der Schmerz, die Wehrlosigkeit – sie alle sind Elemente ihrer Performances, die sie in ihr eigenes, künstlerisches Werk und Selbst-Narrativ integriert; zugleich verleiht sie dabei «dem» christlichen Passionsnarrativ eine ikonische Tiefenschärfe und eröffnet in der Internarrativität auch seine Relecture.

a. *Rhytm 0.* Oder: Wehrlos bis zum potenziellen Tod

In der Performance *Rhytm 0* (1974 Neapel), welche Abramovićs erster Schaffensperiode zuzuordnen ist, ging es buchstäblich um Leben und Tod.[179] Die Künstlerin machte sich durch die Versuchsanordnung der Performance zum reinen Objekt des Willens ihres Publikums. Dies, um auszuloten, wie weit dieses zu gehen bereit wäre, wenn sie selber in totaler Passivität verharre.[180]

---

176 Fischer, *Psychoanalytikerin trifft Marina Abramović*, S. 14.

177 Pristrol, «Vulnerabilität», S. 239–240.

178 Pristrol, «Vulnerabilität», S. 239.

179 Fischer, *Psychoanalytikerin trifft Marina Abramović*, S. 17–27 (mit Bildern einzelner Szenen der Performance). Fotos der Performance finden sich auch in Abramović, *Durch Mauern gehen*, S. 96–98. Siehe auch Word, *No Innocent Bystanders*.

180 Abramović versagte sich nicht nur, sich vor der (potenziellen) Gewalt des Publikums zu schützen oder gar sich zur Wehr zu setzen. Sondern sie war darüber hinaus auch bereit, selber und alleinig die volle Verantwortung zu übernehmen für alles, was man ihr zufügen würde. Fischer, *Psychoanalytikerin trifft Marina Abramović*, S. 63–66.69–71.

Abb. 17
Marina Abramović, Rhytm 0. Performance 1975 (published 1994)
Solomon R. Guggenheim Museum – New York

Zu diesem Zweck legte sie 72 sehr verschiedene Gegenstände aus. Während der Dauer von sechs Stunden konnte eine jede und ein jeder der Anwesenden nach eigenem Gutdünken diese an ihr «gebrauchen». Unter den Gegenständen waren nicht nur Brot, Honig und Wein, Trauben, Apfel und eine Rose, sondern auch Nägel, Peitsche, Skalpell, Axt und eine funktionsfähige Pistole mit dazugehöriger, danebenliegender Patrone.[181]

181 Unter dem Foto, welches sich im Guggenheim-Museum in New York befindet, werden die 72 Objekte einzeln aufgeführt. Die vollständige Liste auch bei Fischer, *Psychoanalytikerin trifft Marina Abramović*, S. 18–19: Pistole, Patrone, blaue Farbe, Kamm, Glo-

Zu Beginn der Performance war Abramović mit einer schwarzen Hose und einem schwarzen T-Shirt bekleidet. Während der ersten drei Stunden geschah nicht viel, doch dann wurde die Stimmung, so Abramović im Rückblick, zusehends «animalischer» und «sexuell aufgeladener». Man riss ihr das T-Shirt weg. «Ein paar Leute hoben mich hoch und trugen mich umher. Sie setzten mich auf den Tisch, spreizten mir die Beine und trieben dicht an meinem Schritt das Messer in die Tischplatte.»[182] Man(n) begann sie zu traktieren, stach ihr Nadeln in die Haut, ritzte ihr mit dem Messer in die Haut am Hals. Als schliesslich ein kleiner Mann die Pistole mit der Patrone lud und sie ihr in die rechte Hand legte und zu ihrem Hals führte, wurde dieser durch Menschen aus dem Publikum aus der Galerie geschubst.[183] Abramović berichtet, sie habe während der Performance selber keinen Schmerz empfunden. Aber die ganze Nacht darauf habe sie vor diesem Mann, der mit der Pistole hantierte, Angst gehabt. Beim Blick in den Spiegel am nächsten Morgen habe sie eine über Nacht ergraute Strähne entdeckt und in diesem Moment begriffen, «dass das Publikum einen töten kann».[184]

b. *Thomas Lips*. Oder: Honig – Wein – Pentagramm – Kreuz – Blut

Auch in der erstmals 1975 in der Galerie Krinzinger (Innsbruck) aufgeführten Performance *Thomas Lips*[185] ist das christliche Passionsnarrativ in Form der Ingredienzien von Honig, Wein, Pentagramm, Kreuz und Blut präsent. In dieser nach ihrem damaligen Liebhaber Thomas Lips benannten Performance ist Abramović von Beginn an nackt und ungeschützt vor den Blicken des Publikums.[186] Doch das, was geschieht, ist im Gegensatz zu *Rhytm 0* ein aktives Tun der Künstlerin selbst und nicht ein selbstgewähltes Ausgeliefertsein an den Willen der Zuschauenden. Diese Abkehr von der Passivität

---

cke, Peitsche, Lippenstift, Taschenmesser, Gabel, Parfüm, Löffel, Watte, Blumen, Streichhölzer, Rose, Kerze, Wasser, Schal, Spiegel, Glas, Polaroidkamera, Feder, Ketten, Nägel, Nadel, Sicherheitsnadel, Haarnadel, Bürste, Bandage, rote Farbe, weisse Farbe, Schere, Kugelschreiber, Buch, Hut, Taschenbuch, weisses Blatt Papier, Küchenmesser, Hammer, Säge, Stück Holz, Axt, Stock, Lammknochen, Zeitung, Brot, Wein, Honig, Salz, Zucker, Seife, Kuchen, Metallrohr, Skalpell, Metallspeer, Glocke, Teller, Flöte, Pflaster, Alkohol, Medaille, Mantel, Schuhe, Stuhl, Lederbänder, Garn, Draht, Schwefel, Trauben, Olivenöl, Rosmarinzweige, Apfel.

182 Abramović, *Durch Mauern gehen*, S. 95.

183 Die Beschreibung der Performance stützt sich auf Abramović, *Durch Mauern gehen*, S. 94–98.

184 Abramović, *Durch Mauern gehe*n, S. 97.

185 Auch *Lips of Thomas*. Abramović, *Durch Mauern gehen* S. 101–102 (mit Foto der Inszenierung in Innsbruck).

186 Abramović, *Durch Mauern gehen*, S. 101.

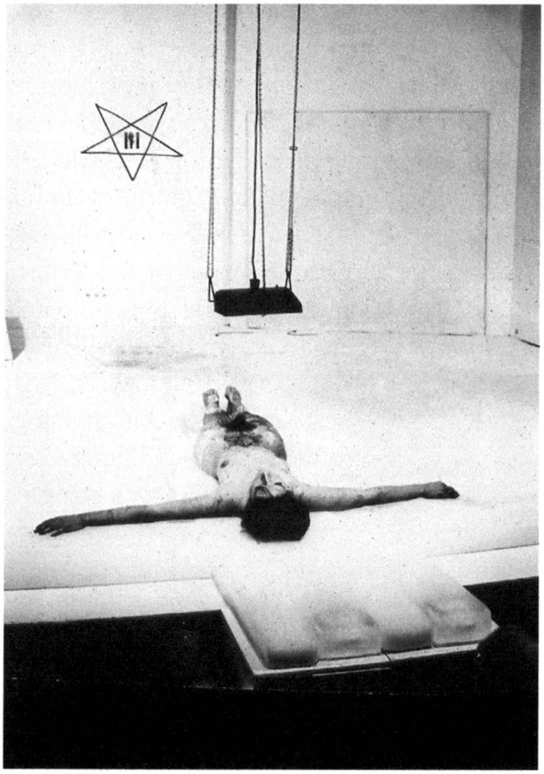

Abb. 18
Marina Abramović, Lips of Thomas, Performance,
2 hours, Krinzinger Gallery, Innsbruck 1975

und dem blossen Erleiden hin zur aktiven Selbstverletzung hat vielleicht auch mit der Performance Nr. 50 des österreichischen Aktionskünstlers Hermann Nitsch (*1938)[187] auf Schloss Prinzendorf zu tun, an der sie mitwirkte und die sie nachhaltig verstört zurückliess.[188]

Zu Beginn der Performance *Thomas Lips* unternimmt Abramović eine quasiliturgisch-sakrale Zurüstung ihres Körpers durch das Essen von

---

187 Zu Biografie und Werk des Künstlers siehe seine Homepage www.nitsch.org sowie Karrer (Hg.), *Hermann Nitsch*; Nitsch/Alf Lechner Stiftung (Hg.), *Hermann Nitsch*; Koch, *Finding Hermann Nitsch*. In der Aktionskunst Hermann Nitschs sind Tier- und Menschenblut, Fleisch und Kreuz zentrale, wiederkehrende Elemente, die in quasirituellen, dionysischen Mysterienspielen inszeniert werden. Nitsch selber nennt seine Aktionskunst auch «*Das Orgien Mysterien Theater*».

188 Diese Aktion fand am 26. Juli 1975 statt und ist dokumentiert auf der Homepage des Aktionskünstler www.nitsch.org/actions/50. In der sich über 24 Stunden hinziehenden blutigen Performance mit sechzig mitwirkenden Personen hatte Abramović (wie in *Rhytm 0*) eine rein passive Rolle gehabt. Sie war nackt auf eine Trage gelegt worden und von den zumeist weiss gekleideten Mitperformern am Bauch und zwischen den Beinen mit Schafsblut und Schafsinnereien beschmiert worden. Abramović, *Durch Mauern gehen*, S. 100.

1 Kilogramm Honig und das Trinken von 1 Liter rotem Wein vor.[189] Das leere Glas zerbricht sie anschliessend mit ihrer Hand und ritzt sich «mit einer Rasierklinge einen fünfzackigen Stern» in den Bauch und peitscht sich daraufhin selbst heftig aus. Sodann legt sie sich auf ein horizontal angeordnetes Kreuz aus mehreren Eisblöcken. Ein über ihrem Bauch aufgehängtes Heizgerät verursacht durch seine Wärme «ein ständiges Bluten der sternförmigen Schnittwunde»[190], währenddessen ihre Haut am Eis festzufrieren beginnt. Blutend und festgefroren verharrt Abramović während gut einer halben Stunde, bevor man sie wegzieht, mit Jacken bedeckt und sie schliesslich zum Nähen der Schnittwunden an den Händen ins Krankenhaus bringt.[191]

Die ikonischen Motive und Elemente dieser Performance – Honig, Wein, Kreuz, Pentagramm – haben je für sich Gewicht und verweisen sowohl erinnerungskulturell in die Welt des Christlichen wie auch der zeitgenössischen Kunst. Auf den Rückbezug zur blutigen Performance Hermann Nitschs sowie die Absetzung von selbiger war bereits hinzuweisen. Der Bezug zum Christentum ist vielfältig und keineswegs nur durch das ikonische Kreuz gegeben.[192] Bereits die Zurüstung mit dem energetisch und symbolisch aufgeladenen Honig und Wein schliesst an den christlichen Bedeutungsraum des letzten Abendmahles Christi mit seinen Jüngern an, ohne die Verbindung mit der Fluxus-Bewegung und Joseph Beuys zu verdecken.[193] Auch das Pentagramm, das sie sich in den Bauch ritzt, ist in mehrere Richtungen hin rückbezüglich.[194]

---

189 Diese Szene, wo sie vor Wein und Honig sitzt und zu essen und trinken beginnt, ist im Film von Lund, «The story of Marina Abramović and Ulay», eingefangen (Minute 4'05).

190 Abramović, *Durch Mauern gehen*, S. 102.

191 Abramović, *Durch Mauern gehen*, S. 103.

192 Andere weisen jegliche Interferenz zur und mit der christlichen Passionsgeschichte unter Rekurs auf die Namensgebung der Performance ab, so Richards, *Marina Abramović*.

193 Joseph Beuys war eines der prominentesten Mitglieder dieser Aktionskunst der sechziger Jahre des 20. Jahrhunderts. Er integrierte alltägliche Materialien wie Honig, Fett, Filz, Wachs, aber auch anorganische Stoffe wie Pumpen, Kupfer und Glühbirnen in seine Performances, um anhand ihrer die künstlerische Umwandlung von Energie in Materie zu versinnbildlichen. Pahud de Mortanges, «Be a somebody with a body», S. 238–239. Zu Beuys allgemein siehe Staeck (Hg.), *Joseph Beuys*; Sünner, *Zeige deine Wunde*; Harlan, *Was ist Kunst?*.

194 Das Motiv des Pentagramms war auch in anderen Performances präsent, so in der Inszenierung *Rhythm 5*, die schon im Titel auf den fünfstrahligen Stern verweist. Ein solcher war aus Holz am Boden aufgebaut. In seine ausgesparte Mitte legte sich die

Abramović ist sich der Offenheit und Verschmelzung der Motive bewusst, das macht sie explizit deutlich. Das Pentagramm oszilliere vom kommunistischen Jugoslawien, wo es als «Symbol des Kommunismus» das «repressive System» repräsentiert, in dem sie selber aufgewachsen sei; es reiche aber auch hinein in das weite Feld der Religionen, wo es grosse «symbolische Kraft» besitze.[195] Im Feld der christlichen Religion verweist es auf die fünf Wunden Christi, die Jesus beim gewaltsamen Tod durch die Kreuzigung auf dem Berg Golgota an beiden Händen, beiden Füssen und an der rechten Seite zugefügt wurden. Abramović selbst ritzt sich diese fünf Wunden am Solarplexus ein und kennzeichnet damit nicht nur ihre Körpermitte, sondern die Mitte ihrer Existenz schlechthin mit diesem Zeichen der bleibenden Vulnerabilität.

Im November 2005, und damit fast dreissig Jahre nach der erstmaligen Performance, zeigte Abramović *Thomas Lips* erneut, diesmal als Bestandteil der im Guggenheim Museum (New York) stattfindenden Retrospektive mit dem Titel *Seven Easy Pieces*, wo sie neben sechs wichtigen Arbeiten anderer Performancekünstler der sechziger und siebziger Jahre – darunter Joseph Beuys *Wie man dem toten Hasen die Bilder erklärt* – auch eine Arbeit von sich zeigte.[196]

Diesmal dauerte *Thomas Lips* ganze sieben Stunden, während derer sie auf den Eisblöcken lag. Und jede Stunde ritzte sie sich erneut einen Stern in den Bauch. Durch die von ihr neu hinzugenommenen Elemente mit biografischem Gewicht erhielt das Stück den Charakter eines autobiografischen *tableau vivant*. Das Gewicht von *Thomas Lips* hatte sich damit signifikant von der christlichen Erzählung der Passion hin auf die künstlerische Selbsterzählung und Selbstvergewisserung hin verschoben.[197]

Künstlerin. Eigentlich waren es zwei Sterne, deren Zwischenraum durch in Benzin getränkte Holzspäne aufgefüllt war und die während der 1974 im Studentischen Kulturzentrum Belgrad aufgeführten Performance angezündet wurden. Joseph Beuys war anwesend bei dieser Performance, was Abramović dankbar vermerkt. Abramović, *Durch Mauern gehen*, S. 89–91.

195 Abramović, *Durch Mauern gehen*, S. 90.

196 Abramović, *Durch Mauern gehen*, S. 356–360. Siehe dazu den Film von Mangolte, «Seven Easy Pieces by Marina Abramović» (ab Minute 55'58).

197 Hinzu kamen Schuhe, die sie bei ihrem Marsch auf der Chinesischen Mauer (*The Lovers*) getragen hatte; die Partisanenmütze mit rotem Kommunistenstern, die ihre Mutter im Zweiten Weltkrieg getragen hatte; die weisse Fahne aus ihrem Stück *The Hero* sowie das Lied *Erotic Epic*. Vgl. Abramović, *Durch Mauern gehen*, S. 360.

c. *Nightsea Crossing* und *The Artist is present*. Oder: Vereint im Schmerz mit jedem Du

Die Performance *The Artist is present* (2010) hat mehrere Vorgeschichten und viele Bezüge, auf die hier nicht eingegangen werden kann.[198] Unabdingbar aber ist die Kenntnis der in die zweite Schaffensperiode gehörenden Performance von Ulay und Abramović mit dem Titel *Nightsea Crossing*.[199] Sie zeigt, dass das, woran das Künstlerpaar als Paar gescheitert ist, Abramović 2010 mit ihrer Einzel-Performance *The Artist is present* gelingen sollte.

Ulay ist der Künstlername von Frank Uwe Laysiepen[200] (1943–2020), den Abramović anlässlich der Re-Performance von *Thomas Lips* am 30. November 1976 in der Galerie de Appel in Amsterdam kennengelernt hatte. Die darauf folgenden zwölf Jahre lebten und arbeiteten die beiden als Paar. «Einsamkeit, Schmerz, Grenzüberschreitung» hatten bis dahin in beider künstlerischer Entwicklung eine wichtige Rolle gespielt.[201] In ihrer gemeinsamen künstlerischen Arbeit loteten sie den Grund und Abgrund ihrer Beziehung künstlerisch aus unter so sprechenden Titeln wie *Relation in Space* (1976), *Relation in Movement* (1977), *Relation in Time* (1977).[202]

---

198 Eine allerdings soll vermerkt werden, da sie gemeinhin vergessen wird. Die Schweizer Performance Künstlerin MANON (*1940, geboren als Rosmarie Küng) hatte bereits am 22. Juli 1977 eine Performance mit dem Titel *The Artist is present* aufgeführt. Der Skopus derselben jedoch ging in eine andere Richtung. 17 Statisten vervielfältigten die Künstlerin, standen an einem Gitterzaun und standen dem (zur Performance gehörenden) Publikum wehrlos gegenüber. Siehe *MANON – A Person*.

199 Ursprünglich hatten sie dieser Performance den Arbeitstitel *Gold Found by the Artists* gegeben und dann in *Nightsea Crossing* umgetauft. Siehe Abramović, *Durch Mauern gehen*, S. 186.

200 Frank Uwe Laysiepen (*1943 in Solingen). Nach einer Lehre als Maschinenbauer studierte er Fotografie (1962–1968). In den frühen siebziger Jahren widmete er sich der experimentellen Fotografie, in der er – gleichsam *avant la lettre* – mit Gender und Geschlechtsidentitäten spielte (u. a. *S'he* 1970). Von 1975 bis 1988 bildeten Ulay und Abramović eine Lebens- und Schaffensgemeinschaft. Von 1999 bis 2004 war er Professor für Performance an der Staatlichen Hochschule für Gestaltung Karlsruhe. Er lebte und arbeitete in Amsterdam und Ljubljana. 2011 erkrankte er an Krebs. Am 2. März 2020 verstarb er in Ljubljana. Vgl. «Ulay (Frank Uwe Laysiepen)»; Bojan/Cassin, «*Whispers*»; Padtberg, «*Performance-Legende Ulay*».

201 Abramović, *Durch Mauern gehen*, S. 116.

202 Abramović, *The Artist is present*, S. 90–151. Siehe auch das Filmporträt von Lund, «The story of Marina Abramović and Ulay». Ein Foto der Performance *Relation in Space* bei der Biennale in Venedig 1976 findet sich im Band: *The Lovers. The Great Wall Walk*, S. 8. Mignot, «Two times an individual experience», S. 175: «[...] *Relation in Space* was their first joint performance. A series of performances followed in which they constantly ‹pushed to the limit› their ability to sustain pain, their endurance and powers of concentration.»

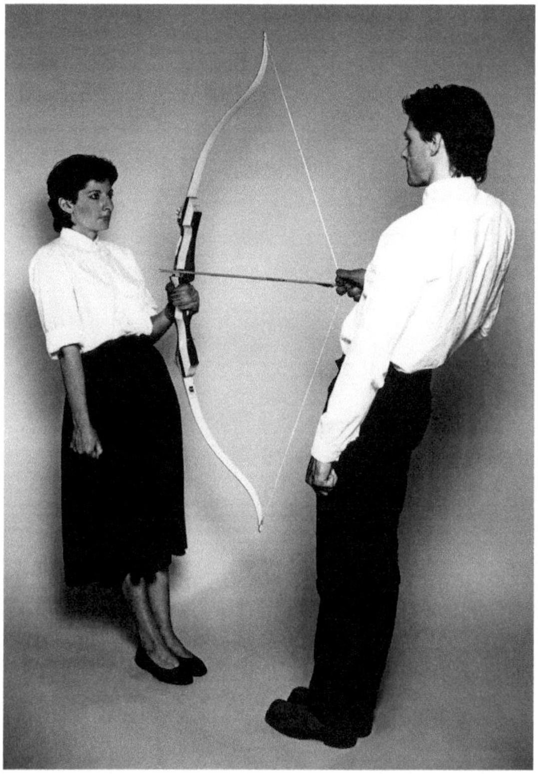

Abb. 19
Ulay / Marina Abramović, Rest Energy
Performance for Video, 4 minutes ROSC' 80,
Dublin 1980

Den stillen und meditativen Performances der Endphase ihrer Paarbeziehung stehen die lauten und von körperlicher Gewalt gezeichneten Performances der Frühzeit gegenüber. Den Kulminations- und Wendepunkt in ihrer Beziehung repräsentiert in gewisser Weise die Performance *Rest Energy* aus dem Jahr 1980, in welcher Marina einen Bogen mit ihrem Körpergewicht spannt und Ulay den Pfeil mit seinem Körpergewicht hält, der direkt auf die Brust respektive das Herz Marinas zielt.[203] Zuvor hatten sich die beiden in ihren Performances «lediglich» geohrfeigt, angeschrien oder waren mit dem Körper gegeneinander angerannt.[204]

---

203 Ohne dass das hier weiterverfolgt werden kann, sei auf den internarrativen, motivischen Bezug zur Herzverwundung bei Teresa von Avila und zur Transposition des Motivs bei Frida Kahlo verwiesen, den weiter zu verfolgen sich lohnen würde. Um der Stringenz der Argumentationsführung und um nicht zu sehr an den Rändern auszufransen, muss dies jedoch vorerst unterbleiben und wird erst in einer Folgepublikation ausgeführt werden können.

204 Vgl. dazu Mignot, «Two times an individual experience»; Abramović, *Durch Mauern gehen*, S. 153–154 mit Abbildung der Performance *Rest Energy* 1980.

Die Performance *Nightsea Crossing* begann bereits 1981 unter dem Namen *Gold Found by the Artists* in Sydney.[205] Vorgesehen war, sie während neunzig Tagen an verschiedenen Orten auf der Welt in verschiedenen Galerien und Museen aufzuführen. Sie bestand darin, dass Ulay und Marina sich jeweils während acht Stunden schweigend und regungslos und ohne zu essen gegenübersitzen würden.[206] Während Abramović in diesem Sitzen die Erfahrung der Abwesenheit von Schmerz – «Er war da und auch nicht da» – und das Gefühl, «alles und alle zu lieben», findet, bedeutet für Ulay die Sitzerei eine endlose körperliche Qual.[207]

Er bricht erstmals 1981 in Sydney die Performance ab und erwartet, dass Marina aus Solidarität mit ihm aufsteht.[208] Sie tut es nicht. Als er 1987 in Lyon erneut aufsteht und abbricht wird klar: Ulays Grenzen sind nicht Marinas Grenzen. Sie bleibt erneut sitzen. Ein Jahr später erfolgte der definitive Bruch zwischen beiden in der Kunst wie im Leben, den sie als dreimonatige Performance inszenieren. Während dreier Monate gingen sie, Marina von Westen her, Ulay von Osten her auf der Chinesischen Mauer je 2500 Kilometer aufeinander zu – und von da an für immer getrennte Wege.[209]

Dreizehn Jahre später, in ihrer dritten Schaffensperiode gelang Abramović mit der vom 14. März bis zum 31. Mai 2010 dauernden Performance *The Artist is present* im MoMA in New York das, woran sie in ihren eigenen Augen durch Ulay gescheitert war. Mehr noch: Sie weitete das Konzept der Performance, insofern sie nun während drei Monaten am Stück täglich sieben Stunden dasitzen würde im Lichthof des MoMA – ohne zu essen, zu trinken, zu reden. Jeder und jede aus dem Publikum konnte sich ihr gegenübersetzen. Anfangs trennte sie noch ein Tisch vom Gegenüber, später entfernte man diesen auf ihren eigenen Wunsch. Das Sitzen und Verharren beschreibt Abramović als einen *in extremis* körperlich schmerzhaf-

---

205 Vgl. dazu Abramović, *Durch Mauern gehen*, S. 177–186.

206 Bei dem ursprünglichen Performance-Titel und -Konzept *Gold Found by the Artists* waren weitere Ingredienzien vorgesehen: ein vergoldeter Bumerang und Goldnuggets sollten auf dem Tisch liegen wie auch eine lebende Schlange. Abramović, *Durch Mauern gehen*, S. 177.

207 Abramović, *Durch Mauern gehen*, S. 179.

208 Am 14. Juli 1981 stand Ulay erstmals wegen unerträglicher Schmerzen im Bauch während der Performance auf und ging. Er liess Abramović einen Zettel bringen mit der Nachricht, sie müsse selber entscheiden, ob sie weitermachen wolle oder nicht. Sie entschied sich, sitzen zu bleiben. Tags darauf wurde im Krankenhaus festgestellt, dass Ulays Milz stark angeschwollen war. Abramović, *Durch Mauern gehen*, S. 184.

209 Dies ist dokumentiert in dem reich bebilderten und mit Texten versehenen Katalogband des Amsterdamer Stedelijk Museums *The Lovers. The Great Wall Walk*.

Abb. 20 Installation view of the exhibition «Marina Abramović, The Artist is present» MoMA, NY 14, 2010 through May 31, 2010. Photo: Jonathan Muzikar

ten Prozess, der aber gleichzeitig mit einem Höchstmass an intimer Nähe und Com_Passion einherging.[210] In ihrem eigenen Schmerz erlebt sie sich als geöffnet hin auf jedes Du, das sich ihr gegenübersetzt.[211] Diese Menschen, so schreibt sie, «öffneten mir ihr Herz, und im Gegenzug öffnete ich Ihnen mein Herz, ein ums andere Mal. Ich öffnete jedem Einzelnen mein Herz, dann schloss ich die Augen – und dann sass jemand anders da. Meine körperlichen Schmerzen waren eine Sache. Aber der Schmerz in meinem Herzen, der Schmerz der reinen Liebe, war viel grösser.»[212]

210 Abramović, *The Artist is present*; Abramović, *Durch Mauern gehen*, S. 394–412.

211 «Ich war da für jeden, der da war.» Abramović, *Durch Mauern gehen*, S. 407.

212 Abramović, *Durch Mauern gehen*, S. 407.

Bodies in E_motion doing public Memory of Passion

Wem beim Lesen der Überschrift dieses Kapitels der Song *San Francisco* von Scott McKenzie in den Sinn kommt, den er im Sommer 1967 beim berühmten Musikfestival in Monterey[1] vor mehr als 50 000 Menschen intonierte, der liegt so falsch nicht. Denn in der Tat habe ich den Titel in der Spur jener Liedzeile formuliert, die das Lebensgefühl der *Flower_Power* Generation im *summer of love* besang, wo man sich Blumen ins Haar steckte und sich im Zeichen von Liebe und Frieden fand und verband: *All across the nation/such a strange vibration/people in motion.*

1. Such a strange vibration – People in motion

In der Spur dieses Liedes den Titel für dieses Kapitel formuliert zu haben heisst freilich nicht, dass es nachfolgend inhaltlich um die 68er Generation, ihr Lebensgefühl und ihre Musik gehen wird. Wohl aber kommt etwas in den Blick, das strukturell besehen mit der 68er Bewegung einige Gemeinsamkeiten aufweist. Geht es doch nachfolgend um Menschen, die mit jenen *people in motion* nicht nur das In-Bewegung-Sein (*motion*), sondern auch das Bewegtsein (*e_motion*) durch eine sie verbindende Vision von Mensch und Welt teilen. Die Rede ist von jenen Formen erinnerungskultureller Interaktion im öffentlichen Raum, mittels derer Mitglieder und Gruppen christlicher Gemeinschaften sich der Gründungsereignisse ihrer Religion ad hoc oder aber jährlich wiederkehrend rituell vergewissern und sie so erinnernd präsent halten und inszenieren.

Im erinnerungskulturellen Handeln sowohl der abendländischen als auch der orthodoxen christlichen Religionsgemeinschaften haben öffentliche Formen religiös-kollektiven Glaubenshandeln nach anfänglichem

1 Das Monterey Pop Festival (16.–18. Juni 1967) wurde im Nachgang zu *dem* ikonischen Auftakt der Flower-Power-Love-and-Peace-Generation vor Woodstock (1969). Vgl. «Monterey Pop Festival».

Zögern aufgrund der paganen Textur und Herkunft solchen Tuns einen festen Platz gefunden.[2] Die Formen dieses Handelns sind sehr unterschiedlich und historisch wie geografisch ausdifferenziert. Während sich bei Wallfahrten Gläubige – individuell oder in Gruppen – auf ein gemeinsames Ziel hinbewegen, bewegen sich bei Prozessionen Gruppen in klar strukturierter Weise nach einem vorgegebenen Drehbuch. Dies kann während liturgischer Feiern in den Kirchenräumen selber geschehen, so bei der Tauferinnerung, bei der Klerikerprozession oder der Kommunionprozession. Ausserhalb des kirchlich umzirkelten Bereichs geschieht das bei Fronleichnamsprozessionen, Bitt- und Flurprozessionen, Osterprozessionen, Lichterprozessionen oder Kreuzwegprozessionen. Die *anamnetischen* Prozessionen, zu denen die Prozessionen der *Semana Santa* gehören, gehen zurück auf die bereits oben erwähnte Stadtliturgie in Jerusalem selber.[3]

In den jährlich wiederkehrenden Umzügen in der *Semana Santa* – der Karwoche – wie auch bei punktuell und ad hoc stattfindenden Geisslerzügen des späten Mittelalters sehen wir *people and bodies in e_motion*, die sich nicht Blumen ins Haar stecken, sondern sich einzeln und im kollektiven Zusammenspiel das Leid und das Kreuz Christi auf ihren Leib schreiben. Ihre erinnerungskulturellen Praktiken zur Performanz der *memoria passionis* Jesu finden nicht wie bei einem Heinrich Seuse im stillen Kämmerlein statt, sondern im öffentlichen Raum. Sie bilden ein überaus komplexes Gewebe kollektiver Interaktion, dem ein klar strukturiertes Regelwerk zugrunde liegt.

Judith Butler hat das Zusammenkommen und die Interaktion von Körpern im öffentlichen Raum als Prozess der Selbstkonstituierung und Manifestation treffend so beschrieben:

> «[B]odies congregate, they move and speak together, and they lay claim to a certain space as public space. […] For politics to take place, the body must appear. I appear to others, and they appear to me, which means that some space between us allows each to appear. We are not simply visual phenomena for each other – our voices must be registered, and so we must be heard; rather, who we are, bodily, is already a way of being ‹for› the other […]. This happens most clearly when we think about bodies that act together. No one body establishes the space

2 Brückner, *Kulturtechniken*; Felbecker, *Die Prozession*; Gengnagel/Horstmann/Schwedler (Hg.), *Prozessionen, Wallfahrten, Aufmärsche*; Gerhards, «Art. Prozession II».

3 Siehe oben S. 62 sowie Gerhards, «Art. Prozession II», S. 595.

of appearance, but this action, this performative exercise happens only ‹between› bodies, in a space that constitutes the gap between my own body and another's. In this way, my body does not act alone, when it acts politically. Indeed, the action emerged from the ‹between›.»[4]

Auch wenn Butler hier nicht über religiös konnotiertes oder gar kirchlich orchestriertes Zusammenkommen spricht, gilt das, was sie sagt, *cum grano salis* doch auch für das Agieren und Zusammenkommen von Körpern im öffentlichen Raum zur Performanz der Passion Jesu. Dies insofern sie *im* und *durch* das Da_zwischen der einzelnen menschlichen Körper und in der Interaktion miteinander, ihr individuelles wie ihr kollektives religiös-christliches Selbst konstituieren.

Der Unterschied zur Ermächtigung bei den *Gay-Pride-Transgender*-Paraden, die Butler im Blick hat, bleibt selbstredend bestehen. Letztere sind gerade *nicht* wie die christliche(n) Performanzen der *Semana Santa* eine Inszenierung der religiösen und politischen hegemonialen Ordnung(en). Im Gegenteil: Sie müssen sich ihre Sichtbarkeit und Wahrnehmbarkeit im öffentlichen Raum allererst erkämpfen und erobern. Wie eine solche Selbstermächtigung konkret aussehen kann und inwiefern dabei auch das erinnerungskulturelle Repertoire des Christlichen ins Spiel kommt, das werde ich unten im dritten Teil näher ausfalten dort, wo über *Gaby und die Dornenkrone (III)* als erinnerungskulturellem Lehrstück, die Transgender-Bewegung in Lima im 20. Jahrhundert und die LGTB-Bewegung in Polen im 21. Jahrhundert zu handeln sein wird.

2. Kollektive Performanz der Passion Jesu durch die Geissler des 13. und 14. Jahrhunderts

Die Geisslerzüge des späten Mittelalters sind irgendwo zwischen diesen jüngsten Prozessen christlicher Selbstermächtigung und den hegemonialen Inszenierungen der Passion Jesu in den Festlichkeiten der *Semana Santa* anzusiedeln. Wie bei den 68ern des 20. Jahrhunderts in Kalifornien ging im 13. und 14. Jahrhundert eine *strange vibration* durch die Länder des heutigen Europa, die dieses nachhaltig veränderte. Dieses Lebensgefühl des Elek-

---

4 Butler, «Bodies in Alliance»; Gumbrecht, «Die Mutter aller Geschlechter».

trisiertseins hatte eine äusserst dunkle Textur und schlug sich blutig nieder in den somatischen Praktiken der Geissler, auch Flagellanten genannt.[5]

Die Menschen waren in grosser Aufruhr und in noch grösserer Sorge ob der epidemiologischen Lage. Denn es grassierte die Pest, auch Schwarzer Tod genannt, die innert kurzer Zeit mehr als 20 Millionen Menschen dahinraffte.

Bereits 1260/61 waren die Geissler in Italien aufgetaucht; «wild und ekstatisch» traten sie unstrukturiert und unorganisiert auf. Von dort breiteten sie sich über das Friaul nach Kärnten, Steiermark, Ungarn, Böhmen, Mähren, Schlesien, Polen, Franken, Bayern und Schwaben bis nach Strassburg aus.[6] Während der grossen Pestwelle 1348/49 wurden sie zum eigentlichen Massenphänomen. So jäh und abrupt wie die Bewegung der Geissler aufgekommen war, so rasch verebbte sie auch wieder. Ihr Ende wird nicht allein dem Abebben der Pest, sondern auch dem Verbot der Selbstgeisselung und Selbststigmatisierung durch Papst Clemens VI. vom Oktober 1349 zugeschrieben.[7]

Die nackte Angst vor dem schwarzen Gevatter Tod war es, die die europaweite «Volksbewegung»[8] der Geissler auslöste, die sich jeweils für die Dauer des Zuges ad hoc jenseits der kirchlich-hierarchischen Strukturen als eine Art Laienbruderschaft formierte. Diese Formation war eine religiöse Bewältigungs- und Handlungsstrategie, um einerseits der Geissel Pest die Stirn zu bieten und andrerseits ihren christlichen Gott gnädig zu stimmen.[9]

In religiöser, binnenchristlicher Perspektive wird diese Handlungs- respektive Bewältigungsstrategie als öffentliches Busse-Tun bezeichnet. Da die Gründe für die Entstehung der Epidemie unbekannt waren, suchte man diese u. a. dadurch zu bewältigen, dass man eigene religiöse und moralische Verfehlungen zu ihrer Ursache erklärte. Gemäss dieser Logik war auch

---

5 Reinhardt, *Die Macht der Seuche*; Graus, *Pest – Geissler – Judenmorde*; Würth, *Geissler in Thüringen*; Bergdolt, *Der schwarze Tod in Europa*, S. 107–118; Segl, «Art. Geissler», S. 162–169; Runge, *Die Geissler des Jahres 1349*; Würth, «Geißlerzüge».

6 «Flagellanten»; Largier, *Lob der Peitsche*, S. 86–87.92; Hübner, *Die deutschen Geißlerlieder* S. 8–13.

7 Würth, «Geißlerzüge»; Graus, *Pest – Geissler – Judenmorde*, S. 59.

8 Largier, *Lob der Peitsche*, S. 88.

9 Die Gemeinschaft eines Zuges fand sich lediglich für die Dauer von 33½ Tagen zusammen und löste sich sodann wieder auf. Der Wunsch, diese Ad-hoc-Zusammenschlüsse auf Dauer anzulegen und mit Bussübungen und Exerzitien fortzufahren, wird in den Niederlanden greifbar, wurde aber auch von Basler und Strassburger Bürgern beim Papst beantragt; jedoch drang man mit diesem Wunsch nicht durch. Hübner, *Die deutschen Geißlerlieder*, S. 16–17.

Abb. 21
Geisslerzug und Selbstgeisselung

davon auszugehen, dass eine öffentliche Bussleistung Gott gnädig stimmen würde und man so dem epidemiologischen Geschehen Einhalt gebieten konnte. Andere Erklärungsversuche wie die, dass der Schwarze Tod durch die Vergiftung der Brunnen durch die jüdische Bevölkerung verursacht worden sei, führten zur Verfolgung und partiellen Auslöschung der europäischen Juden in den Pest-Progromen des 14. Jahrhunderts.

Die religiöse Buss- und Bewältigungsstrategie der Geissler spielte sich wie folgt ab: In Analogie zu den mutmasslichen 33½ Lebensjahren Jesu richteten die Geissler während 33½ Tagen ihren eigenen Leib übel zu.[10] Im Gegensatz zur schmerzhaften, aber privaten und intimen Zurichtung des eigenen Körpers etwa durch Heinrich Seuse vollzogen sie diese Zurichtung öffentlich und kollektiv auf den Strassen vor den Augen der Gläubigen, die sich am Strassenrand versammelten und ihrem Tun zuschauten. Da sie alle gleich gekleidet waren und an ihre Mäntel, Kapuzen und Hüte rote, an das Blut und die Passion Christi gemahnende Kreuze geheftet hatten, waren sie auf den ersten Blick als Geissler und Büsser erkennbar.[11] Bei der öffentlichen Selbstgeisselung legten sie ihre Kleidung bis auf den (meist) bodenlangen weissen Schurz ab und geisselten sich den nackten Oberkörper blutig.

---

10 Die Strukturierung anhand der 33½ Lebensjahre Jesu trifft wohl auf die Geisslerzüge nördlich der Alpen um 1349 zu, nicht aber schon auf die Bewegung im 13. Jahrhundert in Italien. Hübner, *Die deutschen Geißlerlieder*, S. 11–13.

11 Würth, «Geißlerzüge» mit Abbildung eines Geisslerzuges in der Konstanzer Weltchronik bis 1370.

Ein Geisslerzug konnte aus fünfzig oder gar aus bis zu tausend Männern bestehen. Er verblieb nicht in einer Stadt, sondern war konstant in Bewegung, zog von Ort zu Ort, um ein ums andere Mal das Ritual der Selbstgeisselung zu praktizieren.[12] Das Kollektiv eines Zuges war sozial und religiös äusserst heterogen und versammelte, standesübergreifend und Standesgrenzen durchbrechend, Priester, Mönche und Laien. Unter den Laien fanden sich Grafen, Ritter, Bürger und Knechte, Studenten und Bauern.[13] Zwar formte sich das Kollektiv ad hoc, kannte aber in Deutschland um 1349 – im Gegensatz zu den Anfängen in Italien um 1260 – genaue Bedingungen für die zeitlich begrenzte Aufnahme in die Laienbruderschaft und regelte auch den Tagesablauf während des 33-tägigen Zuges bis ins Detail.[14] Der Akt der öffentlichen Bussleistung samt Absolution sowie der Geisselung folgte mehr oder weniger einem eigenen Drehbuch.[15]

> «Die Busshandlung begann mit einer theatralischen Absolutionszeremonie: den Oberkörper nackt, den Unterkörper bis auf die Füsse mit einem weissen Kittel oder Tuch umkleidet, legten sich die Geissler in einem weiten Kreis zur Erde; ein Meineidiger reckte drei Finger in die Höhe, ein Ehebrecher legte sich auf den Bauch, so zeigten sie durch Gebärden die Sünden an, die sie büssen wollten. Alsdann schritt der Meister über den ersten und absolvierte ihn durch einen Spruch und eine Berührung mit der Geissel. [...] Der erste erhob sich und schritt mit dem Meister zusammen über den zweiten. So ging es fort bis alle aufgestanden und übereinander geschritten waren. Dann erst begann die von Gesang begleitete Handlung der Selbstgeisselung. Sie vollzog sich in drei prozessionsartigen Umgängen, die jeweilig durch einen gestenreichen Bittruf beschlossen wurden: nachdem sich die Geissler

12 «Sie peitschen sich ihre Leiber mit grausamen Peitschen, deren Wirkung dadurch geschärft war, dass sie Knoten in die Riemen gemacht hatten. Jeder Riemen hatte drei Knoten. Wer mit ihnen ging, stellte sich unter das Zeichen des Kreuzes». Largier, *Lob der Peitsche*, S. 83.

13 Largier, *Lob der Peitsche*, S. 84. Zur Frage der Repräsentanz verschiedener sozialer Schichten bei den italienischen und den deutschen Geisslern siehe Hübner, *Die deutschen Geißlerlieder*, S. 19.

14 Hübner, *Die deutschen Geißlerlieder*, S. 13.

15 Hübner, *Die deutschen Geißlerlieder*, S. 68. «Für das Jahr 1349 stehen uns bei Hugo von Reutlingen, in Closeners Strassburger Chronik und in der Limburger Chronik die umfänglichen Berichte über die Geisselungszeremonie zur Verfügung, denen mehr oder weniger vollständig auch Liedertexte beigegeben sind.» Zur Chronik Hugo von Reutlingens und ihrer handschriftlichen Überlieferung vgl. ebd. S. 93–97; zur Strassburger Chronik von Fritsche Closener vgl. ebd. S. 97–98.

in die Knie gelassen, warfen sie sich in Kreuzgestalt zur Erde, um sich dann wieder auf die Knie zu erheben und mit erhobenen Händen um Bewahrung vor dem ‹jähen Tod› zu bitten.»[16]

Nach dem Akt der Selbstgeisselung «trat regelmässig einer auf [...], um eine Predigt zu halten». Den Kern der Predigt bildete «die Mitteilung eines Himmelsbriefes, der die Geisselfahrt von 33½ Tagen forderte und beglaubigte».[17] Begleitet wurde das ganze Geschehen durch das Singen spezifischer geistlicher Lieder (Geisslerlieder) in den jeweiligen Landessprachen.[18] In einem «Kernstück der deutschen Geisslerliturgie» werden der «Wunsch, die Leiden des Gekreuzigten mitzuleiden» – und zwar im Sinn eines «sinnliche[n] Mit- und Nachleiden[s]» – formuliert; zugleich werden der Schmerz und die Com_Passion Mariens memoriert, etwa unter volkstümlicher Adaption des liturgisch etablierten *Stabat Mater.*[19]

Die zum Zug verbundenen Geissler bildeten nicht nur einen bewegten, die Passion Jesu performierenden visuellen Memorialkörper, sondern auch einen hör- und vernehmbaren Klang_körper, der sie zudem mit den Gläubigen am Strassenrand verband und diese singend ins Geschehen einband. So wurde ein kollektiver Emotionenkörper generiert. Diese Einbindung verband und erweiterte sich mit der dialogischen Struktur und dem dialogischen Aufbau der Liedtexte[20] selber, in denen Christus am Kreuz wie auch seine Mutter die anderen Gläubigen direkt ansprachen und zum Mitleiden aufforderten.[21]

---

16 Hübner, *Die deutschen Geißlerlieder*, S. 13–14. Hübner zeigt, dass dieses Zeremoniell Parallelen zu den Bussübungen der in Italien beheimateten *Disciplinaten* aufweist, namentlich was die Dreiteilung, die Bittgesänge und die Zitation der Passion Jesu und der Schmerzen Mariens anbelangt. Er lässt aber bewusst offen, was daraus zu schliessen sei. Ebd. S. 42–43.

17 Hübner, *Die deutschen Geißlerlieder*, S. 46.

18 Runge, *Die Lieder und Melodien der Geißler*; Hübner, *Die deutschen Geißlerlieder*, S. 70–71. «Alle Formen der Geisslerbewegung besassen ihre Lieder; aber wir kennen sie für Italien nur aus dem Stadium der späteren fest geformten Disciplinatenbruderschaften, für Deutschland aus der Hauptepoche der genetisch älteren Entwicklungsstufe der herumziehenden Bruderschaften.» (Ebd. S. 77–78). Die deutschen Lieder, so Hübner, «sind wirklich Volkslieder im strengsten Sinn des Wortes.» (Ebd. S. 80.) Sie sind abgedruckt ebd. S. 106–118. Runge, *Die Lieder und Melodien der Geissler*.

19 «Maria stuend in swindem smerczen / pey dem kreuz und waint von herzen / da ir werder sun an hieng / ir geadelte czarte sele / ser betruebt in jamers quele / scharf ein seyduncz swert durchgieng». Hübner, *Die deutschen Geißlerlieder*, S. 81–82.

20 Hübner, *Die deutschen Geißlerlieder*, S. 62.68.

21 Diesem Moment der direkten Kommunikation und Anrede der Gläubigen im Hier und Jetzt durch Christus am Kreuz werden wir weiter unten wieder begegnen, und zwar

Das Mitleiden war bei den Geisslern kein bloss symbolisch-inszenierender, sondern ein sehr konkreter realer körperlicher Vollzug der Passion,[22] welcher alle emotional berührte und bewegte, die diesem öffentlichen Geschehen beiwohnten. Das Geschehen war jenseits des kirchlich-strukturierten, rituell-liturgischen Raumes angesiedelt und lief, wie erwähnt, quer zu den sozialen und geistlichen Hierarchien.

Dem Soziologen Niklaus Largier ist zuzustimmen, dass das Korpus der Geissler letztlich eine heterotopische[23] und egalitäre Verkörperung und Performanz der Passion Jesu war.[24] Es war dies eine Performanz, die sich nicht in die kirchlich-klerikal verwaltete Buss- und Beichtpraxis und auch nicht in ihre Praxis der *memoria passionis* einbinden liess. Im Sinn einer Selbstermächtigung machte sie den individuellen Leib und das Interagieren im *Ad-hoc*-Kollektiv zum Ort des Glaubensvollzuges. Aus binnenchristlicher, kirchlich-hierarchischer Perspektive war diese Selbstermächtigung unter Umgehung der kirchlich-ständischen Verwaltung der Sakramente der Busse suspekt. Das brachte der Geisslerbewegung den Vorwurf der Häresie und Abweichung ein und mündete schliesslich in ihr päpstliches Verbot.[25]

---

im Psalter und Gebetbuch der Bonne von Luxemburg. Dort findet sich eine Miniatur, in der der am Kreuz hängende Christus mit Bonne und ihrem Ehemann Jean im Dialog ist und seinen rechten Arm vom Kreuzbalken löst und mit dem Finger auf seine Seitenwunde zeigt. Diese Szene wird begleitet durch eine in gotischen Minuskeln gesetzte, direkte Anrede: *Ha, Mann und Frau, sieh, dass ich/wie ich für Dich leide. Sieh meinen Schmerz, meinen qualvollen Zustand*. Vgl. unten S. 156.

22 Largier, *Lob der Peitsche*, S. 92.

23 Der Begriff der *Heterotopie* wurde durch Michel Foucault (*Die Heterotopien*) geprägt. Ihm zufolge zeichnen sich Heterotopien dadurch aus, dass sie an ein und demselben Ort das zusammenzubringen vermögen, was eigentlich unvereinbar zu sein scheint. «Heterotopien sind Orte, an denen die zu einer bestimmten Zeit herrschenden Normen nicht völlig durchgesetzt sind; Orte, die nach eigenen Regeln funktionieren und somit die Reflexion auf die Bedingung scheinbar unverrückbarer Normen ermöglichen, bisweilen auch herrschenden Normen explizit widersprechen.» Valentin, «Spiegel, Reisen, Klänge», S. 137.

24 Largier, *Lob der Peitsche*, S. 90. Largier spricht nicht nur von heterotopischen Zügen, sondern auch von der «sozialutopischen Katharsis», die sich hier vollziehe. Habe doch die Bewegung der Geissler Züge einer Sozialutopie gehabt, in der es zur Versöhnung zwischen Familien und Feinden gekommen sei und Sklaven und Häftlinge befreit worden seien; weshalb sie gar «als Friedensbewegung im Angesicht der Angst vor dem *Dies irae* und dem letzten Gericht» gelten könne. Siehe auch Erbstösser, «Sozialreligiöse Strömungen im späten Mittelalter».

25 Würth, «Geißlerzüge».

3. Die Feier der *Semana Santa* als *memoria passionis*

Komplexe Interaktion von bewegten Körpern und Verkörperungen

Die Prozessionen in der *Semana Santa* sind im südlichen Europa, allen voran im Süden Spaniens, bis heute Embleme einer kollektiven Erinnerungskultur römisch-katholischer Prägung, die sich im öffentlichen Raum vollzieht. Dass sie heute vor allem als touristische Attraktionen und folkloristische Inszenierungen wahrgenommen werden, ist ein Indikator dafür, dass Textur, Aufbau und Anliegen dieser rituellen und somatischen Performanz von Passion, Tod und Auferstehung Jesu nicht mehr unmittelbar einleuchten und dechiffrierbar sind.[26]

a. Die Anfänge

Das war im 16. Jahrhundert, als das Fundament für diese Art, die Karwoche zu begehen, gelegt wurde, anders. Der Gedanke, der den Beginn dieser Praxis initiierte und motivierte, war: Da es den meisten Gläubigen nie möglich sein würde, an den Ort zu reisen, wo sich die Passion Jesu einst ereignet hatte, sollte ihnen dort, wo sie lebten, die Möglichkeit gegeben werden, den Leidensweg Jesu gleichwohl zu gehen und nachzuempfinden.[27]

Bezeichnenderweise war es ein Jerusalem-Reisender, der nach seiner Rückkehr aus dem Heiligen Land 1521 die Prozessionen in der spanischen Stadt Sevilla initiierte.[28] Bis heute folgen die sich über eine Woche ausdehnenden Prozessionen und Feierlichkeiten dem Takt, dem chronologischen Gang und den affektiven Markern des zu erinnernden «Ursprungsgeschehens» im Heiligen Land. Anders gesagt: Der Kreuzweg, den Jesus in Jerusalem zurückgelegt hat, wird nun an diesen konkreten geografischen Raum und Ort transponiert und dabei anthropologisch universalisiert. Im mimetischen Vollzug und in der Interaktion der Körper und Verkörperungen wird der Kreuz_Weg Jesu so vollzogen, dass Gestern, Heute und Morgen in ein

---

26 Shore, «Art. Rituale», S. 143–148.

27 Im Mittelalter waren Pilgerreisen nach Jerusalem sehr beliebt. Vgl. Chareyvon, *Pilgrims to Jerusalem*; Taylor (Hg.), *Encyclopedia of Medieval Pilgrimage*. Die Kreuzzüge der Kreuzritter zwischen dem 11. und 13. Jahrhundert hatten zum Ziel, die religiösen Stätten des Lebens und Wirkens Jesu, namentlich Jerusalem, das seit dem 7. Jahrhundert in islamischer Hand war, zurückzuerobern, was nicht gelang.

28 Dieser Jerusalem-Reisende war der Marquis von Tarifa, Fadrique Enríquez de Ribera. Er initiierte die Feierlichkeiten der *Semana Santa* in Sevilla, an der heute mehr als fünfzig Bruderschaften beteiligt sind. Sánchez Herrero, *La Semana Santa de Sevilla*.

Geschehen im *Jetzt* zusammenfallen und zur Performanz des christlichen Gedächtnisses werden.[29]

Akteure und Träger der Feierlichkeiten waren und sind Bruderschaften, welche wie die oben vorgestellte Bewegung der Geissler in der Passions- und Bussfrömmigkeit des Mittelalters verwurzelt sind.[30] Im Gegensatz zu den Laienbruderschaften der Geissler, die sich nur für die 33½ Tage des Zuges zum Kollektiv zusammenfanden, haben die die *Semana Santa* ausrichtenden *Hermandades* und *Cofradías* bis heute Bestand. Zunächst nahmen diese Bruderschaften vornehmlich religiös-karitative Aufgaben wahr.[31] Sie übten die Werke der Barmherzigkeit, kümmerten sich um Witwen und Waisen, betrieben Krankenhäuser und sorgten für die angemessene Bestattung der Toten.[32] Als es im 16. Jahrhundert im Süden Spaniens sowie in den spanischen Kolonialgebieten Lateinamerikas – also in Ecuador, Kolumbien, Guatemala, Mexiko, Peru – Brauch wurde, die Passion Christi in der *Semana Santa* im öffentlichen Raum durch Prozessionen zu inszenieren, übernahmen sie diese Aufgabe.[33] Stand anfangs in Spanien noch das letzte Abendmahl Jesu mit seinen Jüngern im Zentrum dieser Prozessionen, rückte seit dem 17. Jahrhundert mehr und mehr das Leiden Christi mitsamt Geisselung und Dornenkrönung ins Zentrum.[34]

Den bruderschaftlich verantworteten Prozessionen stand und steht bis heute jedes Jahr ein anderer *Mayordomo* vor, der durch weitere, ihm untergebene *Mayordomi* unterstützt wird. Er hat dafür zu sorgen, dass alles entlang dem ungeschriebenen Drehbuch vonstattengeht. Aber auch wenn,

---

29 Solche Transfers sind im erinnerungskulturellen Handeln der christlichen Gemeinschaften immer wieder und in je verschiedenen Kontexten praktiziert worden. So wurde beispielsweise im 19. Jahrhundert der «Orginalschauplatz», an dem Bernadette Soubrious die Jungfrau Maria als die Unbefleckte Empfängnis erschienen war, in alle Welt als nachgebildete Lourdesgrotte exportiert respektive transferiert und universalisiert. Lourdes war plötzlich überall. Vgl. Pahud de Mortanges, «Inszenierung und Instrumentalisierung».

30 Opitz, *Rituale und Traditionen*, S. 49.80–88.

31 «Hermandad»; Orta-Rivero, *Diálogo, fe y cultura.*

32 Zu den Bruderschaften und dem mittlerweile eingeebneten Unterschied zwischen *Hermandades* und *Codradías* vgl. Díaz Sampedro, «La investigación y jurídica de las cofradías»; Sánchez Herrero, *La Semana Santa de Sevilla*; Moreno Navarro, *Las hermandades Andaluzas.*

33 Brachetti-Tschohl, *La pasión de Cristo.* Während des Franco-Regimes im Spanien des 20. Jahrhunderts wurden die Bruderschaften im Sinn eines spanischen Nationalkatholizismus instrumentalisiert und militarisiert. Mancha Castro, «Cofradías y poderes políticos».

34 Opitz, *Rituale und Traditionen*, S. 48.

formal betrachtet, das der Fall ist, so wird doch jede Performanz durch den konkreten Moment des *Jetzt* in der Zeit bestimmt und somit jede *Semana Santa* anders als alle zuvor und alle, die danach kommen (werden).[35]

Zu beachten ist weiter: Die Performanz der Passion Jesu in den Feierlichkeiten der *Semana Santa* ist zwar einerseits von bildlichen[36] und szenisch-figuralen, in Stein gehauenen Darstellungen des Passionsgeschehens[37] wie auch von szenisch-theatralischen Inszenierungen in sogenannten Oster- oder Passionsfestspielen[38] zu unterscheiden. Andrerseits sind aber Elemente derselben integrale Bestandteile der komplexen Interaktion zwischen Körpern und Ver_körperungen in den Prozessionen der *Semana Santa*.[39] Auch ist bisweilen der Übergang von der einen Form in die andere fliessend und die Grenzen zwischen theatralischer Inszenierung und körperlicher Performanz verschwimmen.[40]

---

35 Pereyra Chávez, «Historia, memoria, identidad y *performance*», S. 226.

36 So evoziert das Passionspanorama am schweizerischen Thunersee den Heilsort Jerusalem als *lieux de mémoire* in der Kirche von Scherzligen (1496) mit einem grossen Bildprogramm in zwanzig Szenen; dieses geht, so wird gemutmasst, eventuell auf Adrian von Bubenberg zurück, der es nach seiner Rückkehr aus Jerusalem in Auftrag gegeben hat. Vgl. Heyden/Lissek (Hg.), *Jerusalem am Thunersee.*

37 Vgl. etwa die *Calvaires* in der Bretagne/Frankreich oben S. 58.

38 Passionsspiele sind weit verbreitet. Berühmt und stilbildend wurden die Passionsspiele im bayerischen Oberammergau. Dort hatte 1633/34 das ganze Dorf angesichts der grassierenden Pest das Gelübde abgelegt, bei Verschonung vor der Pest alle zehn Jahre die Passions- und Ostergeschehnisse aufzuführen. (Vgl. Mussner [Hg.], *Passion in Oberammergau*; Fink/Schwarzer, *Die ewige Passion*). Die Tradition der szenischen Aufführung des Lebens Jesu, seiner Passion und seines Todes durch Schauspieler in Peru in den Distrikten Lambayeque, Cuidad Eten und Reque durch Schauspieler ist relativ neu und existiert erst seit dem Ende des 20. Jahrhunderts. (Vgl. «Semana Santa. Reque vive la pasión y muerte de Jesucristo»). Auf den Philippinen werden die Oster- und Passionsspiele *Senákulo* genannt. Die Tradition des berühmtesten Passionsspiels *Pagtaltal* (Jordan/Guimaras) am Karfreitag wurde in der zweiten Hälfte des 20. Jahrhunderts begründet und ist dem von Oberammergau nachempfunden. Vgl. «Holy Week in the Philippine»; Mendoza, «Lenten Rites».

39 Díez Barroso, «Semana Santa».

40 Etwa, wenn bei den Prozessionen am Karfreitag in San Fernando/Pampanga auf den Philippinen männliche Jugendliche und erwachsene Männer sich den Rücken blutig schlagen und ihren Leib einem Heinrich Seuse oder den europäischen Geisslern des Mittelalters gleich zurichten. Oder wenn am Karfreitag einer von ihnen sich *als* Jesus real mit Nägeln an Händen und Füssen ans Kreuz nageln lässt. Eine solche «echte» Kreuzigung ist dort für 1962 erstmals bezeugt. Ruben Enaje hat sich 33 Jahre in Folge, analog zu den 33 Lebensjahren Jesu, am Karfreitag in Pampanga ans Kreuz nageln lassen. Kralj, «The Crucifixion in Pampanga».

b. Versuch einer Struktur- und Interaktionsanalyse der verschiedenen *Bodies in E_motion*

Wenn nachfolgend die Struktur der *Semana Santa* unter dem Aspekt Körper und Ver_körperungen vorgestellt und analysiert wird, dann geschieht das in einer idealtypischen Vereinfachung, die die verschiedenen geografischen und lokalen kulturellen Besonderheiten und Eigenheiten – etwa der lokalen Heiligenfiguren und der Integration lokaler Ereignisse – notgedrungen einebnen muss. Dies ist unumgänglich, um die Komplexität des Geschehens der Interaktion und Vernetzung der verschiedenen Körper und Ver_körperungen darstellbar zu machen. Gleichwohl sind es gerade die lokalen kulturellen Eigenheiten, welche allererst die narrative Verbindung des universellen Geschehens mit dem lokalen Jetzt leisten.

Darauf wird am Beispiel der Performanz der *Semana Santa* im peruanischen Ayacucho zurückzukommen sein, welche dort bis ins *Virreinato del Perú* (Vizekönigreich Peru) und damit bis ins 16. Jahrhundert zurückverfolgt werden kann.[41] Ihre heutige Gestalt, in der sich Elemente der durch die Spanier implantierten römisch-katholischen Religionskultur mit

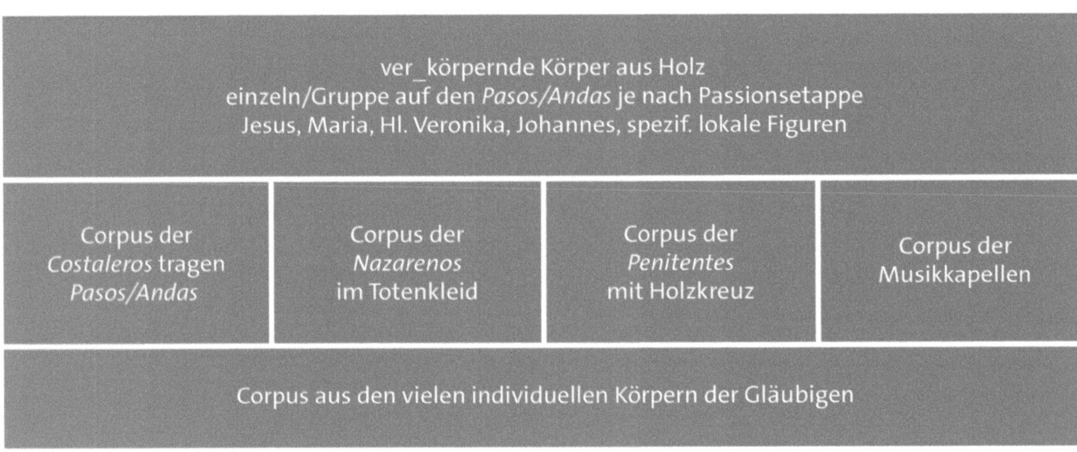

Diagramm 5
Bodies in e_motion. Die vielen Körper und Ver_körperungen (*Bodies/Embodiments*) bilden einen grossen innerlich und äusserlich interagierenden, bewegten Körper
© Elke Pahud de Mortanges

41 Das Vizekönigreich Peru verdankt seine Existenz dem erfolgreichen Eroberungszug der spanischen Konquistadores im Reich der Inkas. Es endete 1818 mit der Erklärung der Unabhängigkeit Chiles und 1821/24 der von Peru. Hemming, *The Conquest of the Incas*; Wood, *Auf den Spuren der Konquistadoren*.

Elementen der Festkultur der andinen Bevölkerung des Hochlandes im Süden verbinden, ist seit Mitte des 19. Jahrhunderts verbürgt.[42]

Träger und ausrichtende Akteure der *Semana Santa* sind die bereits erwähnten geistlichen Bruderschaften (*Hermandades* oder *Cofradías*). An sieben (Spanien) respektive zehn Tagen (Ayacucho/Peru)[43] der Feierlichkeiten zeichnet je eine andere Bruderschaft mit ihren spezifischen Christus-, Marien- und Heiligenfiguren verantwortlich für die Prozessionen durch das Dorf oder die Stadt.[44] Tag um Tag werden dabei die verschiedenen Stationen des Passionsweges Christi im öffentlichen Raum inszeniert. Während in Spanien der Passionsweg mit Jesu Einzug am Palmsonntag in Jerusalem eröffnet wird, beginnt die *Semana Santa* in Ayacucho/Peru bereits mit dem schmerzensreichen Freitag (*Viernes de Dolores*). Am Vorabend desselben werden die schmerzensreiche Jungfrau (*Virgen Dolorosa*) und der Schmerzensmann (*Señor de la Agonía*) von der Kirche Santa Magdalena aus durch die Strassen getragen.

Das Hauptelement jeder Prozession und jeden Tages bilden die sogenannten *Pasos* (Spanien) respektive *Andas* (Peru). In Spanien sind das meist rechteckige, tischartige Podeste (*Pasos*), wohingegen die *Andas* im südlichen Hochland von Peru, etwa in Ayacucho oder Ollantaytambo, auch eine pyramidal ansteigende Struktur aufweisen, so namentlich die des auferstandenen Christus am Ostersonntag.[45] Auf diesen befindet sich die die jeweilige Tagesstation der Passion verkörpernde, lebensgrosse bemalte Jesusfigur (meist) aus Holz, die mit ihrem Namen ihre Verortung im Geschehen der Passion signalisiert: *Señor de Ramas* (Einzug Jesu am Palmsonntag in Jerusalem), *Señor del Huerto* (Jesus im Garten Getsemani), *Señor de la Sentencia* (der verurteilte Jesus), *Señor de la Agonia* (Schmerzensmann), *Señor resucitado* (der Auferstandene).

Diesen hölzernen statualen Ver_körperungen Jesu werden weitere Figuren beigegeben oder auf einem eigenen *Paso* respektive *Anda* «zugeführt». Es handelt sich dabei um Figuren, die seinen Passionsweg mit Com_

42 Pereyra Chávez, «Historia, memoria, identidad y *performance*».

43 Siehe unten S. 132.

44 Pereyra Chávez, «Historia, memoria, identidad y *performance*».

45 Der auferstandene Christus am Ostersonntag wird auf einer steil aufsteigenden, pyramidalen *Anda* (bestehend aus einem hölzernen Unterbau), die ganz mit weissen Wachsbordüren und hunderten von weissen Kerzen verziert ist, durch die Stadt begleitet. Diese steil aufsteigende pyramidale Form könnte, so meine Vermutung, die terrassenförmig angelegten Aufgänge zu den Inkafestungen, so in Ollantaytambo im Valle Sagrado oder aber überhaupt die landwirtschaftliche Praxis des terrassierten Anbaus aufgreifen.

Abb. 22
Von links nach rechts: *Paso* am Palmsonntag (Las Palmas, Spanien); Unterbau für die *Anda* am Ostersonntag (Ayacucho, Peru); Prozession am Ostersonntag (Ayacucho/Peru).

Passion begleitet haben: So spielt in Bilbao/Spanien seine Mutter als *Maria (Virgen) Piedad, Soledad, Amargura* und *Dolorosa* eine wichtige Rolle. In Ayacucho/Peru kommen hinzu der Lieblingsjünger Johannes und die Heilige Veronika, die auf der *Via Dolorosa* dem kreuztragenden Jesu das Gesicht mit ihrem Tuch abwischte, welches der Legende nach das Gesicht des Dornengekrönten bleibend tragen sollte. Wichtig daran ist das interaktive Moment zwischen Passion und Com_Passion: Der Passion Jesu kann affektiv nicht neutral, gleichsam voyeuristisch beigewohnt werden; sie ist immer schon gespiegelt und «bewertet» in den tiefen Emotionen und namensgebenden Affekten seiner Mutter und anderer naher Menschen.[46]

46 «The role of the Virgin was passive, or, more appropriately, reactive. Where the sculptures of Christ enacted the events of the Passion, those of the Virgin literally and symbolically expressed her emotional response and ‹compassion›.» Opitz, *Rituale und Traditionen*, S. 165 mit Anm. 378.

Abb. 23
Costaleros
Von links oben nach rechts unten: Bei den Proben sowie während und nach der Prozession (mit Christus-Kopf auf dem Sacktuch der *Costaleros* sowie ein *Costalero* mit Christus-Tatoo auf dem Arm)

Fortbewegt werden die tonnenschweren *Pasos* samt Figuren, je nach Grösse und Dimension, von 40 bis 250 Männern. Diese *Costaleros*, die je nach Region und je nach Art des Tragens auf Schultern oder Nacken auch *Portadores*, *Cargadores*, *Banceros*, *Horquilleros* genannt werden, sind Mitglieder der Bruderschaften. Sie tragen als kollektiver *body in motion* während oftmals bis zu acht Stunden die *Pasos* auf ihren Schultern und/oder Nacken.[47] Dies ist körperlich äusserst fordernd und lässt sie Leid, Schmerz und Erschöpfung physisch ganz konkret erleben. Sie tragen nicht nur die ver_körperte Passion und die Com_Passion der Zeitgenossen Jesu eines

47 «The social body is the marching body of men.» Morgan, «Religion and Embodiment», S. 7.

Abb. 24
Nazarenos im Habit verschiedener *Hermandades*

Gestern und Damals auf den Schultern; sondern ihr kollektives Tragen und Vorangehen ist zugleich ein konkretes Selbsterleben der Passion als Com_Passion im Jetzt, weshalb sie auch als *bodies in e_motion* zu bezeichnen sind.

Hinter dem *Paso* her geht jeweils die Gruppe der sogenannten *Nazarenos*, wobei eigentlich alle am Prozessionszug teilnehmenden Mitglieder einer Bruderschaft «Nazarener» genannt werden.[48] Durch diese Namensgebung werden sie dem Schmerzensmann Jesu gleich. Sie gehen, so zu Nazarenern gemacht, nicht nur seinen Weg in den Tod nach. Zugleich sind sie auch auf dem Weg in ihren eigenen Tod. Dies wird ausgedrückt durch ihre Kleidung, den *Hábito*, der zugleich das Sterbekleid[49] jedes *Nazarenos* ist, in dem er dereinst begraben werden wird.[50] Dieser existenzielle Bezug zum eigenen Tod macht deutlich, dass es sich bei den Prozessionen keineswegs

---

48 Opitz weist daraufhin, dass die spanische Sprache den Ausdruck *estar hecho un nazareno* kennt und damit einen geschundenen, bemitleidenswerten Menschen meint. Der *varón de dolores* (Schmerzensmann), so Opitz, ist identisch mit einem *Nazareno*. Opitz, *Rituale und Traditionen*, S. 48 Anm. 99.

49 Opitz, *Rituale und Traditionen*, S. 77.

50 Opitz, *Rituale und Traditionen*. In Bilbao/Spanien, wo die «prozessionale Erzählung der Ereignisse der Karwoche» (Ebd., S. 47) auf das mittelalterliche Passionsspiel zurückgeht, besteht der *Hábito* der *Nazarenos* aus einem Spitzhut, einer Tunika und einer Verhüllung des Gesichtes, weshalb die Erscheinung manche an den Ku-Klux-Klan erinnere. (Ebd., S. 12).

um blosse «inszenierte Erinnerung»[51] eines Gestern handelt und dass es auch nicht nur ein frommes Schauspiel ist, das aufgeführt wird.

Den *Nazarenos* folgen *Penitentes* (Büsser), die zum Teil barfuss oder nur auf Socken laufen und ein Holzkreuz tragen (können) sowie Musikkapellen und Trommler, die lokale und speziell für die *Semana Santa* komponierte Trauermusik und Lieder spielen. Durch die Musik der Kapellen und das Singen der Gläubigen mitsamt der Bewegung ist der Prozessionszug – wie zuvor auch die Geisslerzüge – nicht nur visuell als ausdifferenzierter, kollektiver sozialer Körper wahrnehmbar, sondern auch als Klang_körper vernehmbar. Die Gläubigen, welche den Prozessionen vom Rand aus zuschauen, werden visuell und akustisch mit hineingenommen in ein emotionales und affektives Miterleben, bei dem alle Körpersinne – sehen, riechen, hören, tasten – beteiligt sind.[52] Hinzukommen verschiedenste andere Körperpraktiken: Singen, Gehen und Tanzen, sich Bekreuzigen, Berühren und Küssen der Heiligenstatuen bevor oder nachdem diese auf dem *Paso* oder den *Andas* durch das Dorf oder die Stadt geleitet werden.

Das nachfolgende Schaubild sucht die beschriebene, komplexe Interaktion und Performanz der verschiedenen Körper-Akteure zu visualisieren. In der linken Spalte werden die verschiedenen Raum- und Zeitebenen angezeigt, die durch den *Paso* und die begleitenden *Costaleros*, *Nazarenos*, *Penitentes* und Musikkapellen ver_körpert werden. Alle zusammen bilden einen grossen bewegten sozialen Körper, in dem Vergangenheit, Gegenwart und Zukunft der Passion und der Com_Passion im *Hier und Jetzt* zusammenfallen.

---

51 Opitz, *Rituale und Traditionen*, S. 180.

52 Opitz führt insgesamt fünfzehn rituell-somatische Praktiken an, die die *Cofrades* im Kontext der Prozessionen körperlich vollziehen: 1. Musik 2. Wiederholung 3. Selbstverwundung, Barfussgehen, schwer Tragen 4. Rituelle Objekte 5. Beten und Singen 6. Predigt 7. Rezitieren 8. Sich versammeln 9. Kleidung 10. Rituelles Nachgehen 11. Rituelle Opfer 12. Körperhaltung und Bewegung 13. Licht und Kerzen 14. Sich Waschen 15. Berühren und Küssen der Heiligenstatuen. Opitz, *Rituale und Traditionen*, S. 75–76.

Diagramm 6
Die vier Ebenen der *Bodies in E_motion* während der *Semana Santa*
© Elke Pahud de Mortanges

1 Oben Damals	*The embodied body of salvation* Jesus von Nazaret und Menschen seines Passionsweges einzelne Statue respektive Gruppe oben auf dem *Paso*/der *Anda*	Passion – Com_passion *Señor de Ramas, Señor del Huerto, Señor de la Sentencia, Señor de la Agonia, Señor resucitado* *Maria (Virgen) Piedad, Soledad, Amarguar, Dolorosa*
2 Unten Heute	*Collective bodily Bodies* Einzelpersonen (ca. 40–250 pro Wagen) bilden den Kollektiv_körper der *Costaleros/Portadores/Cargadores Banceros/Horquilleros* usw.	Passion_Com_Passion Erleben körperliches Leid/Schmerz/ Erschöpfung durch das Tragen der tonnenschweren Last während bis zu acht Stunden
3 Hinten Heute/ Morgen	*Collective bodily Bodies* hinter dem *Paso* hergehende Gruppen *Nazarenos* *Penitentes* Musikkapellen Trommler	Passion_Com_Passion analog Jesus von Nazaret sind sie auf dem (Lebens-) Weg in ihren je eigenen Tod *Hábito* ist ihr Sterbe- bzw. Todeskleid in dem sie einst begraben werden
4 Rundherum Damals/ Heute/ Morgen	*Body of the Faithful* Schauen zu und wohnen bei synthetisieren und umfangen alle drei Ebenen in einem *Jetzt* und *Immer*	Passion_Com_Passion Emotionales, affektives und be_rührendes Miterleben

4. Erinnerungskulturelle Pluriformität

Anmerkungen zur *Semana Santa* in Ayacucho/Peru

Bei der vorausgehenden Analyse haben wir eher beiläufig immer wieder einen Seitenblick auf die Feier der *Semana Santa* in Ayacucho/Peru geworfen und auf Besonderheiten respektive Unterschiede in den erinnerungskulturellen Praktiken hingewiesen. Nachfolgend wollen wir das Geschehen in Ayacucho, das von Europa aus gesehen am anderen geografischen Ende der Welt liegt, etwas genauer anschauen und dadurch das, was erinnerungskulturelle Pluriformität und Diversität meint, illustrieren.

a. Diskursive Strategie der Essenzialisierung

Es ist bereits angeklungen: die spanischen Kolonialherren, die im 16. Jahrhundert Mittel- und Südamerika eroberten, hatten das Christentum in seiner römisch-katholischen Prägung im Gepäck. Dieses oktroyierten sie auch dem 1542 begründeten Vizekönigtum Peru auf. Und so ist es möglich, dass in der 1539/40 von den spanischen Kolonisatoren in den südlichen Anden gegründeten Stadt Ayacucho, die bis 1825 den Namen Huamanga[53] trug, mit ihren 33 kolonialen Kirchen die Feier der *Semana Santa* das wichtigste Fest der Stadt ist. Zugleich ist die *Semana Santa* in Ayacucho die bedeutendste in ganz Peru.[54]

Dass die Art, die *Semana Santa* zu begehen, gerade *nicht* nachahmendes Abbild eines europäisch-kolonialen Vorbildes ist, ist mittlerweile Konsens der Forschung. Der vermeintlich koloniale Ursprung ihrer Ausgestaltung ist deshalb, so Pereyra Chávez, weniger als historische Aussage denn als diskursive Strategie zur Essenzialisierung des geschichtlich Gewordenen anzusehen. Anhalt und Anknüpfungspunkt für ihre Ausgestaltung sind die im andinen Hochland üblichen Viehabtriebe und Viehmärkte des 19. Jahrhunderts.[55]

Das wird noch heute in der Prozession am Palmsonntag greifbar, wo ein grosser bunter Zug aus Hunderten von Pferden mit Reitern, bunt geschmückten Lamas und Reisig tragenden Eseln Einzug hält.[56] Dass sich in

53 González Carré/Gutiérrez Gutiérrez/Urrutia Ceruti, *La cuidad de Huamanga*; González Carré/Carrasco Cavero, *Huamanga. Fiestas y Ceremonias*.

54 Auch in anderen Städten der südlichen Anden wird die *Semana Santa* feierlich begangen, etwa in Cuzco, in Ollantaytambo im Valle Sagrado und in Moquegua. Sie wird aber auch in städtischem Umfeld gefeiert, etwa in Lima und im Norden in Lambayeque und Trujillo. Sehr anschaulich und mit vielfältigem Bildmaterial zum Ablauf der *Semana Santa* in Ayacucho siehe der Blog von Guthrie, «Blog Mildura 2».

55 Im März/April endet auf der südlichen Erdhalbkugel der Sommer. Verbunden damit sind die wiederkehrenden, traditionsreichen Viehabtriebe und Märkte in den Anden. Im 19. Jahrhundert etablierten sich neue soziale Akteure (aus Landbesitz, Getreideanbau und Handel mit Guano), die sich zur alten Elite gesellten. Diese soziale Erweiterung respektive Durchlässigkeit spiegelte sich auch im Prozedere und in der Partizipation an der *Semana Santa*. Als im 20. Jahrhundert die Kirche die Reihen schloss und mit Politik und Militär eine nationalkatholische Allianz einging, suchte man mit exkludierenden Regelungen die (alten) Hierarchien zu zementieren. In den sechziger Jahren des 20. Jahrhunderts, nicht zuletzt in der Folge des Zweiten Vatikanischen Konzils (1962–1965,) wurde die Feier der *Semana Santa* neu geordnet und zuvor unterdrückte Prozessionen wurden wiederbelebt. Pereyra Chávez, «Historia, memoria, identidad y *performance*», S. 225.

56 Siehe Guthrie, «Blog Mildura 2». Den Nexus zu den andinen Viehmärkten zeigt auch der Brauch, am Ostersamstag Stiere durch die Stadt zu treiben (*Pascua Toro*) und Hahnenkämpfe auszurichten.

Abb. 25
Palmsonntag in Ayacucho
Fotos © Alberto Prado B.

der Feier der *Semana Santa* in Ayacucho liturgisch-rituelle Elemente christlicher Provenienz mit der lokalen andinen jahreszeitlichen Festkultur verbinden, das spiegelt die erinnerungskulturelle Besonderheit, dass sie nicht wie in Spanien nur sieben, sondern stattdessen zehn Tage dauert.[57] Die Feierlichkeiten beginnen nicht erst am Palmsonntag, sondern bereits zwei Tage davor. Am *Viernes de Dolores*, dem schmerzensreichen Freitag, werden der *Señor de la Agonía* und die *Virgen Maria Dolorosa* durch den Stadtteil La Magdalena getragen.[58] Am Tag darauf, dem *Sábado de Pasión* oder auch *Sábado de Parra* genannt, wird der *Señor de la Parra*, der so heisst, weil er Weintrauben in seinen Händen hält, von der Kirche von Pampa San Augustín in einer Prozession zur Plaza de Armas begleitet.

---

57 Anfang des 20. Jahrhunderts wurde zeitweise die 10-tägige Feier auf eine 7-tägige zurückgestutzt. Pereyra Chávez, «Historia, memoria, identidad y *performance*», S. 240.243.

58 Pereyra Chávez, «Historia, memoria, identidad y *performance*», S. 243.

Abb. 26
Señor de la Parra am Samstag vor Palmsonntag in Ayacucho
Foto © Alberto Prado B.

b. Affektive Interaktion am *Miércoles de Encuentro*

Besondere Signifikanz hat die Performanz des *Miércoles de Encuentro* (Mittwoch der Begegnung) in Ayacucho[59], werden doch hier die affektive Interaktion und das Dazwischen von Körpern auf Jesu Passionsweg sinnenfällig und raumgreifend inszeniert. Es rücken dabei die in den Blick, die dem kreuztragenden Schmerzensmann auf seinem Weg begegneten und zwar nicht als neutrale Beobachter, sondern als emotional und affektiv zutiefst Betroffene. Sodass der Passionsweg Jesu am *Miércoles de Encuentro* wesentlich und untrennbar zum Weg der Com_Passion wird.

Die Performanz dieses Weges der Com_Passion beginnt damit, dass zwei *Andas*, jene mit der Figur des *Jesús Nazareno*, die andere mit der Figur der *Virgen Dolorosa* unabhängig und gesondert voneinander von der Kirche

59 Die Struktur der *Semana Santa* in Ayacucho wird minutiös beschrieben in dem kundigen und detaillierten Artikel «Ayacucho en Semana Santa».

Abb. 27
Miércoles de Encuentro, Ayacucho
Fotos © Alberto Prado B.

des Klosters Santa Clara (de Asis), in dem sie während des Jahres beheimatet sind, aufbrechen. Der das grosse Kreuz auf der Schulter tragende, dornengekrönte *Jesús Nazareno* ist seit 1602 der Stadtpatron Huamangas/Ayacuchos.[60] Auf seinem Weg[61] trifft er zunächst auf die *Anda* mit der Statue der Heiligen *Verónica,* die ein Tuch mit dem Gesichtsabdruck des dornengekrönten Jesus trägt. Der seit dem 12. Jahrhundert greifbaren Legende zufolge hat sie dem kreuztragenden Jesus Blut und Schweiss vom Gesicht abgewischt.[62]

In der Folge wird die *Anda* der *Verónica* mit der *Anda* des Lieblingsjüngers Jesu, *San Juan,* zusammengeführt, damit diese ihm vom Zusammentreffen mit Jesus erzählt. Zusammen gehen dann die beiden *Andas* (*Verónica* und *San Juan*) weiter und treffen auf die *Anda* der *Virgen,* um ihr das Schweisstuch Jesu zu zeigen und ihr die traurige Nachricht vom Schmerz Jesu zu überbringen.[63] Den Abschluss und Höhepunkt dieses Umgangs bildet dann das Zusammentreffen der *Virgen Maria* mit ihrem Sohn, dem *Jesús Nazareno,* auf der Plaza de Armas, wo sie von Gläubigen

---

60 In Cuzco ist es der Stadtpatron *Jesús de los Temblores,* der diese prominente Rolle einnimmt.

61 Vgl. den detaillierten Bericht von Luke und Marian Guthrie (Australien), die im April 2011 das ganze Geschehen der *Semana Santa* miterlebten und mit reichem Bildmaterial dokumentiert haben. Guthrie, «Blog Mildura 2».

62 Hesemann, *Die stummen Zeugen von Golgotha*; Schindler, «Das Schweisstuch der Veronika», S. 555–557.

63 Vgl. die Figur der Verónica, http://mildura2ayacucho.blogspot.com/2011/04/semanasantathe-meeting-of-two-anders.htm.

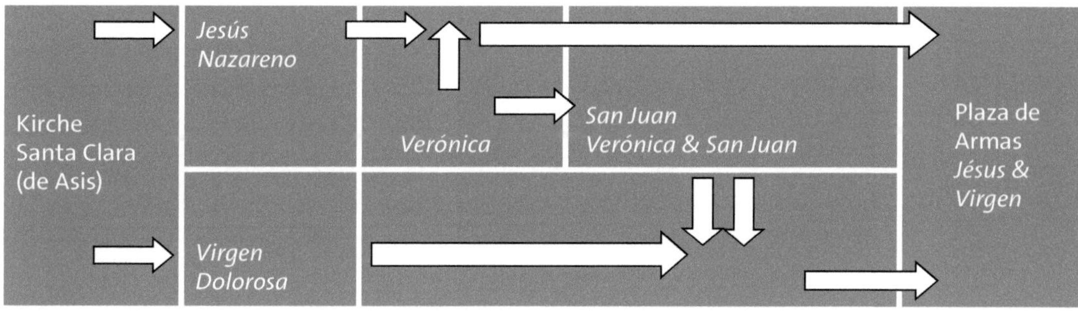

Diagramm 7
Die vier interagierenden *Andas* am *Miércoles de Encuentro* in Ayachucho/Peru
© Elke Pahud de Mortanges

bewegten Gemüts singend erwartet werden. Nicht zuletzt der Umstand, dass an diesem Tag die Predigt in Quechua, der Muttersprache der indigenen Campesinos, gehalten wird, führte dazu, dass man diesen Mittwoch als Prozession der Campesinos und des Volkes zu bezeichnen pflegte.[64] Den Abschluss des Tages bildet die Rückkehr des *Nazarenos* und der *Virgen* in die Klosterkirche Santa Clara (de Asis).

Es ist damit deutlich: Die *Via Dolorosa*, der Leidensweg Jesu wird in Ayacucho nicht durch Kirchenbauten in der Topografie der Stadt ausgedrückt, sondern durch eine fein abgestimmte und detailliert ausgearbeitete Choreografie der affektiven Interaktion und Com_Passion. Das, was wir weiter oben idealtypisch auf der ersten Ebene der *bodies in e_motion* gezeichnet haben, findet hier eine Vervielfachung. Alle weiteren Akteure der Raum- und Zeitebenen zwei, drei und vier – also diejenigen, die die *Andas* ziehen respektive tragen, die hinter ihnen hergehen und die, die am Strassenrand dem Geschehen beiwohnen – wären analog der obigen Illustration der vier Ebenen der *bodies in e_motion* (Diagramm 6) noch einzutragen.

c. Weitere Charakteristika

Am Gründonnerstag (*Jueves Santo*) kommt dann allerdings doch noch die Kirchentopografie der Stadt ins Spiel. An diesem Tag gibt es keinen geordneten Prozessionsablauf mit repräsentativen *Andas*. Stattdessen suchen die Gläubigen zu Fuss und individuell die 33 kolonialen Kirchen der Stadt auf.

64 Pereyra Chávez, «Historia, memoria, identidad y *performance*», S. 238.

Die Zahl 33 ist, auch wenn es mittlerweile mehr Kirchen in Ayacucho gibt, von symbolischer Bedeutung. So wie die Geisslerzüge des abendländischen Mittelalters pro Lebensjahr Jesu einen Tag unterwegs waren, so schreiten die Gläubigen im gleichsam zum Heiligen Land gewordenen Huamanga/Ayacucho den 33 Jahre währenden Lebensweg Jesu im Zeitraffer eines Tages entlang der Kirchentopografie ab. Während die Kirchen an diesem Tag mit Blumen und Früchten festlich geschmückt sind, so wie auch die *Andas* der vorhergehenden Tage Wachsbordüren, Baldachine, Kerzen und Früchte tragen, bleiben die beiden *Andas* am Karfreitag (*Santo Sepulcro* und *Virgen Dolorosa*) schmucklos.

Wer welche *Andas* wann tragen und begleiten darf und wie er dabei angezogen sein muss hängt ab von der Zugehörigkeit zu einer *Hermandad* oder *Cofradería* bzw. der religiösen, politischen oder militärischen Elite. Die Angehörigen der Bruderschaften tragen im Gegensatz zu Spanien kein einheitliches, sie zum wahrnehmbaren Corpus (über)formendes *Hábito*. Im Lauf des 20. Jahrhunderts versuchte die kirchliche Hierarchie mehrfach, sogenannte angemessene dunkle Kleidung als Dresscode durchzusetzen, was quer stand zu den vestimären Praktiken der Bevölkerung der Andenregion.

Signifikant ist die Reproduktion von Geschlechterzugehörigkeiten respektive Geschlechtertrennungen bei den Prozessionen. Die weiblichen Gläubigen folgen den *Andas* mit der *Virgen Maria*, die männlichen Gläubigen hingegen den *Andas* mit den Ver_körperungen Jesu. Am Ostersonntag aber werden all diese Regeln und Ordnungen in Ayacucho durchlässig: Spontan und ad hoc treten hunderte Menschen unter und neben die *Andas*, völlig unabhängig von ihrem sozialen Stand und religiösen Status, von ihrem Geschlecht und ihrer Kleidung.[65]

5. Ausblick auf *Gaby*, die Rainbow-Madonna und Gay- und LGTB-Pride

Hatten wir zu Beginn dieses Kapitels gesagt, dass es in diesem nicht um die 68er Generation und ihr Lebensgefühl gehen soll, so führt uns dieser Ausblick gleichwohl zu diesem zurück. Die Forderung nach *Love and Peace* der 68er klingt plötzlich auf seltsame Weise zusammen mit der Sozialutopie

65 Pereyra Chávez, «Historia, memoria, identidad y *performance*», S. 246/47 (Ostersonntag), S. 248–249 (Karfreitag).

und dem Bussruf der ältesten geistlichen Volkslieder der Geissler: *Pax et misericordia*[66] [Frieden und Erbarmen]. Die Figuren aus der *Semana Santa*, die in Com_Passion Jesus auf seinem Passionsweg begegnen und begleiten, allen voran seine Mutter Maria, werden ihrerseits zu Ikonen in der Transgender Community von Lima/Peru der siebziger und frühen achtziger Jahre des 20. Jahrhunderts, ebenso wie auch der LGTB-Community im Polen des 21. Jahrhunderts. Letztere trugen bei ihren Manifestationen im öffentlichen Raum, wo sie gegen kirchliche und gesellschaftliche Diskriminierung und Ausgrenzung und für rechtliche Gleichstellung kämpften, das Bild der schwarzen Madonna von Tschenstochau mit sich, die als die polnische Nationalheilige schlechthin zu gelten hat. Ihren sonst goldenen Heiligenschein – wie auch den ihres Sohnes – färbten sie dabei in den Farben des Regenbogens ein (Abb. 44).

Diese *bodies in e_motion* in der Spur und im Nachgang zur 68er Bewegung werden im übernächsten Kapitel *Gaby und die Dornenkrone (III)* ausführlich zur Darstellung kommen, wo die Geschichte Gabys als Kunstwerk und Person zu beleuchten sein wird. Wer jetzt (zu) neugierig geworden ist, der kann getrost das nächste Kapitel zunächst einmal überspringen und fürs Erste dort weiterlesen.

---

66 Hübner, *Die deutschen Geißlerlieder*, S. 8.

The memorial Body of Christ transgressing Gender Borders

1. *Memoria passionis* entlang und jenseits binärer Geschlechtergrenzen

Das Hauptaugenmerk des Buches galt bis hierher vornehmlich der Erhebung und Analyse des *bodily doing memory*. Gleichwohl waren an verschiedensten Stellen Phänomene zu notieren, die deutlich mach(t)en, dass die erinnerungskulturell diverse *memoria passionis* immer wieder Fragen des Geschlechts und der Geschlechtergrenzen berührt und immer schon ein *doing gender* impliziert.

a. *Memoria passionis* als *doing gender*

So sahen wir im vorausgehenden Kapitel *Bodies in e_motion*, welches sich unter anderem der Performanz der *Semana Santa* in Spanien widmete, dass es seit dem 16. Jahrhundert fast ausschliesslich Männer waren und sind, die diese inszenieren und repräsentieren. Auch wenn Frauen heute reguläre Mitglieder der *Hermandades* respektive *Cofradías* werden können, bleiben sie doch von bestimmten Formen der Aneignung und namentlich der Ver_körperung und körperlichen Repräsentation ausgeschlossen. In den Geisslerzügen des europäischen Abendlandes waren es ebenfalls nur Männer, die sich diesen Zügen inkorporierten, um ihren Körper während 33½ Tagen öffentlich und blutig zuzurichten. Bei den Feiern der *Semana Santa* auf den Philippinen seit den sechziger Jahren des 20. Jahrhunderts sind es ebenfalls nur männliche Jugendliche und erwachsene Männer, die sich in den Strassen öffentlich den blanken Oberkörper blutig schlagen. Bei der 1962 erstmals und seither immer wieder praktizierten, öffentlichen Kreuzigung eines neuen Jesus am Karfreitag ist es unausgesprochener Usus, dass dieser nur ein Mann sein kann.

Die Philippina Mary Jane Sazon, die sich 2018 zum wiederholten Mal ans Kreuz nageln liess, darf bezeichnenderweise nicht als offizielle Ver_körperung Christi in diesem zwischen Passionsspiel und realem Vollzug oszillierenden Geschehen figurieren. Das hindert sie aber nicht daran, sich Jahr

Abb. 28
Links: Die Heilige Kümmernis
Rechts: Mary Jane Sazon am Karfreitag
(2018, Philippinen)

um Jahr erneut ans Kreuz schlagen zu lassen.[67] Indessen waren Menschen des Mittelalters und der frühen Neuzeit in Europa den Anblick einer weiblichen, bärtigen Figur am Kreuz durchaus gewohnt. Als solche sahen und lasen sie die figuralen Präsentationen der Heiligen Wilgefortis, auch Heilige Kümmernis genannt.

Die Legende der Wilgefortis[68] existiert in verschiedenen Varianten und Variationen und unter je anderen Namen. Ihr Kult, der zunächst auf Portugal beschränkt war, verbreitete sich zwischen dem 13. und 15. Jahrhundert.[69] Dem Masternarrativ zufolge war Wilgefortis die siebte Tochter des

67 Kralj, «Cruxifixion in Papmpanga» berichtet 2019 davon, dass die 44-jährige Mary Jane Sazon sich bereits sechzehn Mal hat ans Kreuz schlagen lassen. Auf seine Nachfrage, warum zwar Männer, die doppelt so alt seien wie der historische Jesus bei seiner Kreuzigung, diesen verkörpern können, nicht aber eine Frau, musste er zur Kenntnis nehmen, dass die Herkunft aus dem Ort selber sowie die Frage des Geschlechts im Letzten unverhandelbar sind («the notion of residency or gender of the actor were not questionable; they were almost dogmatic»). Ebd.

68 Wir folgen hier den Ausführungen von Braun, *Versuch über den Schwindel*, S. 391–394; Thiemann, «Sex Trouble», S. 50–53; Friesen, *The Female Crucifix*; Schweizer-Vüllers, *Die Heilige am Kreuz*; Kurz, *Der Volto Santo von Lucca*; Schnürer/Ritz, *Sankt Kümmernis*.

69 Heilige Kümmernis (Deutschland/Österreich), St. Liberata oder Librada (Spanien), St. Ontkommena (Niederlande), St. Uncumber (England). Vgl. von Braun, *Versuch über den Schwindel*, S. 392 – 393.

Königs von Portugal. Dieser wollte sie mit einem sizilianischen Sarazenenfürsten verheiraten. Wilgefortis entzog sich dem väterlichen Willen und unterstrich ihre Weigerung durch strenges Fasten und die Gebetsbitte, Gott möge ihr doch einen Bart wachsen lassen. Die Bitte wurde erhört und ihr Bart schlug den heiratswilligen Fürsten in die Flucht, woraufhin ihr Vater sie ans Kreuz schlagen liess.[70]

Andere Varianten machen aus der Legende eine Bekehrungserzählung, sodass der Widerstand der zum Christentum bekehrten Wilgefortis gegen die Verheiratung mit einem Heiden als Glaubensmanifestation erscheint. Wieder andere erzählen, die junge Frau habe mangels eines Klosters für Frauen sich dazu entschieden, in ein Männerkloster einzutreten und sich deshalb an Gott gewandt mit der Bitte, ihr ein männliches Erscheinungsbild zu geben. Als das Kloster überfallen wurde, sei sie, wie alle anderen Mönche auch, den Kreuzestod gestorben.

In das Narrativ wurde die Figur des Geigers integriert, dem die am Kreuz hängende bärtige Kümmernis ihren linken goldenen Schuh als Dank für sein Spiel zuwirft.[71] Um die Heilige Kümmernis darzustellen, wurde nicht selten ein romanisches Kreuz mit einem Christuscorpus genommen und diesem ein Gewand aus Stoff übergezogen.[72] Wilgefortis fungierte in der Wahrnehmung der Gläubigen generell als Nothelferin und namentlich als Zuflucht für Frauen mit unerfülltem Kinderwunsch oder Unterleibserkrankungen. Die Frauen brachten Wilgefortis krötenförmige Verkörperungen ihrer Gebärmutter – sei es aus Wachs, Eisen oder Silber – mit, in der Hoffnung auf Linderung oder als Dank für erfolgte Erhörung.[73]

Nicht nur diese bärtige Frau am Kreuz hat Eingang in die private Frömmigkeit der Gläubigen gefunden. Auch bei der privaten Performanz der fünf Kreuzigungswunden Jesu auf dem Leib der Gläubigen wird im Kontext des Phänomens der Stigmatisierung(en) das Überschreiten vermeintlicher Geschlechtergrenzen greifbar. War es in einer Langzeitperspektive doch gerade nicht der männliche, sondern der weibliche Leib, dem sich vorzugsweise die Körperwunden Jesu einprägten, wodurch sie zum ver_körpernden Körper seines Leibes werden konnten. Dies im Gegensatz zum Beharren auf Grenzziehungen entlang binärer Geschlechtergrenzen bei der *memoria passionis* der *Semana Santa* im öffentlichen Raum.

---

70 Vgl. von Braun, *Versuch über den Schwindel*, S. 392.

71 Raab, «Die hl. Kümmernis», S. 69–78.

72 Schnürer, «Die Kümmernis».

73 Kriss, *Gebärmuttervotiv*, S. 36.

Wie ist dieser Befund zu deuten? Bedeutet er, dass bezüglich des privaten und intimen Selbstverhältnisses zum eigenen Körper die Transgression der Geschlechterordnungen möglich war, wohingegen bei der Performanz im öffentlichen Raum die Körper und Ver_körperungen die Geschlechterordnungen «notwendig» reproduzier(t)en? Ich setze hier ganz bewusst ein Fragezeichen, weil ich glaube, dass mit der Formulierung die Tiefenstruktur des zugrundliegenden Problems noch gar nicht freigelegt ist. Verbirgt sich doch dahinter respektive darunter die Frage nach dem *corps manquant*, dem bleibend entzogenen (Passions-)Leib Jesu, der auf körperliche Weise(n) ver_körpert wird. Was für ein Geschlecht hatte dieser überhaupt? Welche Rolle spielt eigentlich sein Geschlecht in der Passion und folglich auch in der *memoria passionis* durch die *bodies of memory and grace*? Und: was meinen wir, wenn wir von Geschlecht sprechen?

b. Was ist das – Geschlecht?

Wenn heute von Geschlecht die Rede ist, dann gibt es in der Medizin wie in der Genderforschung einen Konsens, dass folgende vier Elemente zusammenspielen bei der Ausprägung der je individuellen Geschlechtsidentität, auch *Gender* genannt. 1. Das Körper-Geschlecht in seiner genetischen, gonodalen und hormonellen Ausprägung 2. Die psychische Identität («ich fühle mich als ...») 3. Das soziale Geschlecht («ich lebe als ...») 4. Die sexuelle Orientierung («ich begehre ...»).[74]

Mit *Heteronormativität* bezeichnet man jenes Denkmodell, wonach es nur und ausschliesslich zwei Geschlechter gibt: ein männliches und ein weibliches. Diese beiden sind demzufolge biologisch eindeutig und erkennbar voneinander unterschieden. Sie lassen sich im Sinn eines Entweder -Oder ausschliessen. Zugleich sind nach diesem Denkmodell diese beiden Geschlechter sexuell verbindlich und ausschliesslich aufeinander bezogen. Entweder man ist Mann/männlich oder man ist Frau/weiblich. Mit dem Vorhandensein von Element 1 (Körpergeschlecht[75]) sind gemäss dem hete-

---

74 Vgl. Babka/Posselt, *«Gender und Dekonstruktion»*, S. 36–39.56–58; Siehe besonders das instruktive Schaubild: «Von der Zweigeschlechtlichkeit zur Vervielfältigung von Geschlecht», bei *Murat spielt Prinzessin*, S. 26–27; sowie Deutscher Ethikrat, *Intersexualität*, S. 27–35 (hier knapp und bündig die Grundlagen heutiger Wissenschaft zur Unterscheidung zwischen biologischem, psychischem und sozialem Geschlecht).

75 Oftmals wird das heteronormative Zwei-Geschlechter-Modell noch dahingehend pointiert, dass man das Körpergeschlecht auf die äusserlich wahrnehmbaren Genitalien als dem sogenannten *Hebammengeschlecht* reduziert. Das ist auch aus medizinischer Sicht falsch und reduktionistisch, denn anhand ihrer kann eben gerade nicht eindeutig auf die gonodale, hormonelle und genetische Verfasstheit des Körpers geschlossen

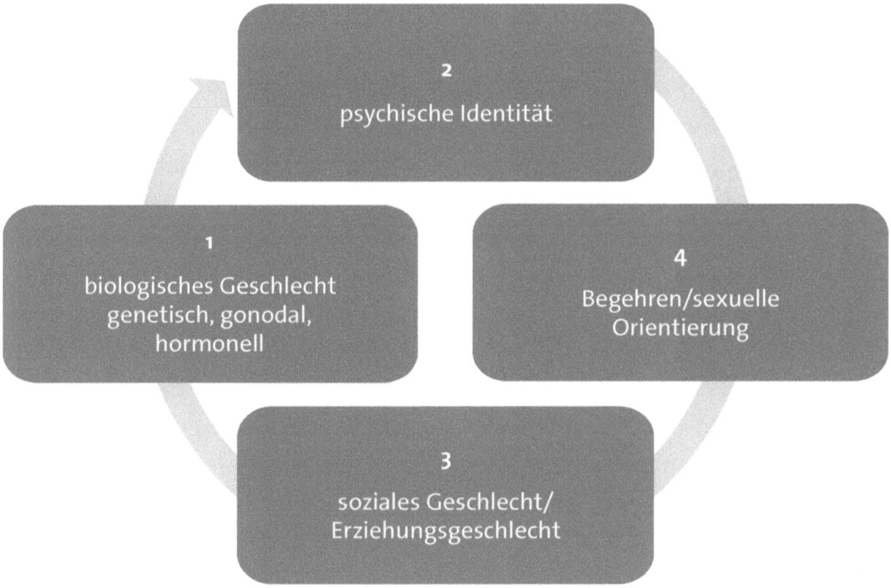

Diagramm 8 Geschlechtsidentität (Gender) – was ist das?

ronormativen Denkmodell zufolge automatisch 2 und 3 und 4 gegeben. Ein Mann (1) hat ein männliches Körpergeschlecht; (2) er fühlt sich als Mann; (3) er gibt sich und benimmt sich und zieht sich an wie ein Mann; (4) er begehrt das Gegengeschlecht, die Frau mit ihrem spezifischen Körpergeschlecht. Analog gilt für die Frau: sie hat (1) ein weibliches Körpergeschlecht; (2) sie fühlt sich als Frau; (3) sie zeigt sich und benimmt sich und zieht sich an wie eine Frau; (4) sie begehrt das Gegengeschlecht, den Mann mit seinem spezifischen Körpergeschlecht. Diesem Konzept der *Heteronormativität* inhärent ist auch das Konzept der normativen *Heterosexualität*, das alle Formen der «Abweichung» von dieser Zweigeschlechtlichkeit als ab-normal (im biologischen und ethischen Sinn) disqualifiziert.

Dieses Modell der heternormativen Zweigeschlechtlichkeit mit all seinen Implikationen ist Ende des 20. Jahrhunderts von der Genderforschung in der Spur des Ansatzes von Judith Butler dekonstruiert und hin auf eine Diversität des Geschlechts geöffnet worden. Das schlägt sich mittlerweile auch im gesellschaftlichen Umgang wie auch in den Rechtsordnungen Nordeuropas nieder (Entkriminalisierung von Homosexualität, «Ehe für

werden. Beispielsweise kann ein äusserlich weiblicher Phänotyp durchaus mit männlichen inneren Keimdrüsen, mit Varianten im Bereich der Chromosomen oder Hormone einhergehen. So etwa bei der kompletten Androgenresistenz (CAIS), wo einem weiblichen äusseren Erscheinungsbild mit Vulva und Brüsten ein männliches Chromosomenmuster (XY) und männliche innere Keimdrüsen entsprechen.

alle», Eintrag eines dritten Geschlechts). Einen Meilenstein bildet diesbezüglich die sogenannte Yogyakarta-Erklärung aus dem Jahr 2007, welche 29 Prinzipien formuliert, welche die allgemeinen Menschenrechte im Blick auf die sexuelle Orientierung sowie die Geschlechtsidentität anwenden und präzisieren. Sie darf deshalb als Magna Charta der Rechte der LGTB-Bewegung gelten.[76]

In römisch-katholischen sowie evangelikalen Kreisen geben die rechtlichen Verbesserungen jedoch zu Verstörung und nachhaltigen Protesten Anlass. Glaubt man doch das heteronormative Modell in der Heiligen Schrift, namentlich in den Texten des Alten Testamentes (Buch Genesis) über die Schöpfung von Mann und Frau präfiguriert. Das biologische, psychische Geschlecht samt des Begehrens/der sexuellen Orientierung sind ihrer Auslegung zufolge normativ und auf ontologische Weise der Schöpfungsordnung inhärent und nicht verhandelbar; lediglich die sozialen Geschlechterrollen gelten als kulturell bedingt und zumindest zum Teil als verhandelbar.[77]

Auch wenn es bisweilen so scheinen mag, die Diversität der Geschlechter ist keineswegs eine Erfindung des 20. Jahrhunderts, sondern von der Antike bis herauf ins 17. Jahrhundert *common sense*, wie Thomas Laqueur in seiner bereits eingangs dieses Buches vorgestellten Studie *Making sex* gezeigt hat.[78] Das heternormative Zwei-Geschlechter-Modell stellt der Sache nach einen relativ kurzen Einschub zwischen der langen Phase des Ein-Geschlechter-Modells von der Antike bis zum 17. Jh. und dem neuerlichen Diversitätsmodell der Geschlechter seit Ende des 20. Jahrhunderts dar. Letzteres lässt sich deshalb auch als *one sex model.02* oder *one sex model reloaded* bezeichnen.

c. Das diverse Kontinuum des Ein-Geschlechts-Leibes

Nach diesem Anweg ist das Fundament gelegt, um auf die Frage zurückzukommen: Wie ist das mit dem (Passions-)Leib Jesu, dem *corps manquant*? Welches Geschlecht hat(te) er respektive wie und in welcher Gestalt wird er erinnert? Welches Geschlecht wird ihm dabei auf den Leib geschrieben? Angesichts der heute oft radikal und äusserst konfrontativ vorgetragenen christlichen Kritik am Diversitätsmodell der Geschlechter, mag es einigermassen überraschen, auf welch diverse, Gendergrenzen sprengende Weise

76 Vgl. www.yogyakartaprinciples.org sowie O'Flaherty/Fisher, «Sexual Orientation, Gender Identity and International Human Rights Law».

77 Vgl. dazu auch unten die weiteren Ausführungen im Rahmen des Kapitels *Gaby und die Dornenkrone (III)*.

78 Laqueur, Making sex (dt. *Auf den Leib geschrieben*).

der Körper Jesu im Allgemeinen – und namentlich sein Passionsleib – in den christlichen Erinnerungskulturen des europäischen Mittelalters ikonografisch und literarisch beschrieben wurde. Ihm wird, das sei vorweggenommen, durch mittelalterliche Theologen und Theologinnen und durch bildende Künstler eine Geschlechts*semantik* und eine Geschlechts*anatomie* auf den Leib geschrieben, die sich einer exklusiven Zuordnung im Sinn des *entweder männlich oder weiblich* verweigert und die vermeintliche binäre Grenze zwischen den Geschlechtern aufhebt.[79]

Dies ist, das ist wichtig zu betonen, keineswegs ein Spezifikum des Körpers Jesu. Gemäss der im abendländischen Mittelalter allgemeingültigen Theorie der Geschlechter, die vom griechischen Arzt Galenus von Pergamon im 2. Jahrhundert n. Chr. grundgelegt worden war und bis weit ins 17. Jahrhundert Geltung[80] beanspruchte, hatten grundsätzlich alle menschlichen Körper als ein Sowohl-als-Auch zu gelten.[81] Sie alle waren auf der langen Skala des einen Ein-Geschlecht-Leibes angesiedelt, welche sich anhand der verschiedenen Hitzegrade und Verkochungszustände der identischen Körpersäfte untergliederte. Same, Menstruationsblut und Milch der Brüste sind gemäss Galen nicht gänzlich verschiedene Stoffe, sondern alle das Substrat aus verkochter Nahrung.[82] Man konnte deshalb in der Antike, im Mittelalter und selbst noch in der frühen Neuzeit von *menstruierenden Männern* sprechen, die wie Frauen monatliche Blutungen haben, die denselben Grund und Sinn haben wie die weibliche Menstruation: das Ausscheiden überflüssiger Stoffe aus dem Körper zum Zwecke der Reinigung desselben.[83]

---

79 Walker Bynum, *Fragmentierung und Erlösung*, S. 89.

80 Das Beharrungsvermögen dieser Vorstellungen bis ins Zeitalter der Renaissance hinein (namentlich der Vagina als nach innen gewendetem bzw. dort verbliebenem Penis) schildert sehr anschaulich und mit reichem Bildmaterial Laqueur, *Auf den Leib geschrieben*, Kapitel 3.

81 Laqueur, *Auf den Leib geschrieben*, Kapitel 2; Emmenegger, *Wie die Jungfrau zum Kind kam*, S. 70–72; Mayordomo, «Konstruktionen von Männlichkeit», S. 101–103.

82 Samen, Blut, Stuhlgang, Schweiss wurden allesamt als «Formen der Entlastung» angesehen, die dazu dienten, «das Freihandelssystem der Flüssigkeiten auf dem richtigen Niveau zu halten. [...] Das Menstruationsblut, ein Zuviel oder Rest an Nahrung, ist in dieser allgemeinen Körperökonomie der Flüssigkeiten und Organe eine sozusagen lokale Variante. Schwangere Frauen, die, wie man annahm, ansonsten überflüssige Nahrung in die Ernährung der Föten überführten, und Mütter, die nach der Entbindung stillten und dafür überflüssiges Blut in Milch umwandelten, hatten keinen Überfluss und menstruierten folglich auch nicht.» Laqueur, *Auf den Leib geschrieben*, S. 50. Vgl. auch Gebke, (Fremd)Körper, S. 139–140.

83 Gebke, *(Fremd)Körper* 129.139–140. Vgl. auch Pomata, «Menstruating Men», S. 109–152.

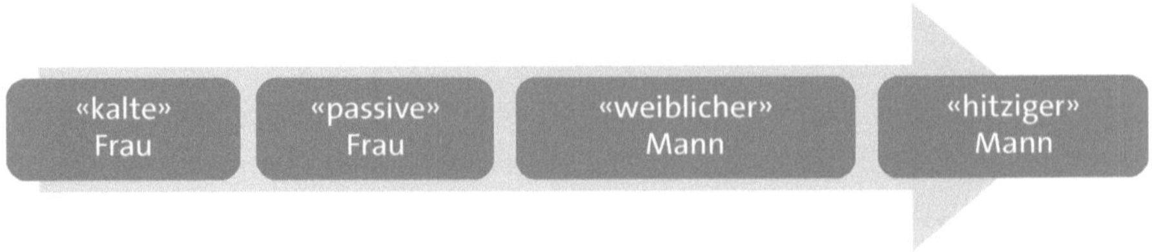

Diagramm 9
Das Kontinuum des Ein-Geschlecht-Leibes mit aufsteigendem Hitze- und Perfektionsgrad nach Galen

«Männliche und weibliche ‹Formen› von Sperma korrespondieren demnach weder mit der genitalen Konfiguration ihres Ursprungs noch mit der des neuen Lebens, das sie schaffen werden, sondern eher mit Gradationen auf einem Kontinuum von stark zu schwach».[84] Je mehr Hitze ein Mensch hatte, desto männlicher war er. Je weniger Hitze er hatte, desto weiblicher und kälter war er. So erklärte Galen auch die genitale Ausdifferenzierung des Ein-Geschlecht-Leibes bei dem es grundsätzlich eine «Art topografischer Parität»[85] gibt. Während bei den eher weiblich zu nennenden Körpern die Genitalien aufgrund mangelnder Hitze und Kraft im Innern des Körpers verblieben, wurden diese bei den eher männlichen Körpern durch grosse Hitze ins Aussen des Körpers gedrängt. Ihr Unterschied ist aber nicht ein Wesensunterschied, sondern lediglich einer von mangelnder Perfektion hier und vollkommener Ausformung da.[86]

2. Vulnerabel und verwundet

Der Gendergrenzen sprengende Passionsleib Jesu

Auf dieser Grundlage lassen sich nachfolgend die Geschlechtssemantiken und die Geschlechtsanatomien in den Blick nehmen, welche dem Passionsleib Jesu in den ikonografischen und narrativen Körperdiskursen im

84 Laqueur, *Auf den Leib geschrieben*, S. 64.

85 Laqueur, *Auf den Leib geschrieben*, S. 40.

86 Das «Mehr an Hitze» ist gemäss Galen «das einzige Unterscheidungsmerkmal zwischen Männern und Frauen. Die Geschlechtsorgane sind bei Frauen und Männern identisch. […]. Als Föten haben nach Galen nur die Männer genug Hitze, so dass sich im Körper ein Überdruck bildet. Der Körper wird an der schwächsten Stelle, dem Damm, deformiert, die Genitalien werden nach aussen gestülpt. Bei einer Frau reicht die Hitze jedoch nicht aus, es entsteht ein Unterdruck und die Genitalien werden nach innen gezogen.» Emmenegger, *Wie die Jungfrau zum Kind kam*, S. 70–71.

abendländischen Mittelalter auf den Leib geschrieben respektive gezeichnet werden.[87]

a. Die Wunden in fragmentierter Körperlichkeit

Die fünf Kreuzigungswunden Jesu wurden in den christlichen Erinnerungskulturen des Mittelalters zu *den* massgeblichen Kennzeichen und eindeutigen Merkmalen seines Passionsleibes.[88] Die Wunden an beiden Händen und beiden Füssen kamen davon, dass Jesus ans Kreuz geschlagen worden war.[89] Die fünfte Wunde wurde ihm gemäss dem Passionsnarrativ des Johannesevangeliums (Joh 19,33–37) durch die Lanze eines römischen

Abb. 29
Links: Durchbohrung der Seite des am Kreuz hängenden Jesus mit der Lanze
Rechts: Fünf-Wunden-Kreuz (Freiburg)

---

87 Vgl. dazu auch meine früheren Ausführungen Pahud de Mortanges, «Body@Performance» sowie Pahud de Mortanges, «The Sacred Heart as Memorial Body», an die ich hier anknüpfe und die ich weiter differenziere.

88 Classen, «Wounding the Body», S. 420–421; Williams, *The Five Wounds*.

89 Faber, «Wundmale Christi», Sp. 1321. Es war bereits oben darauf hinzuweisen, dass der historische Jesus wohl gar nicht mit Nägeln ans Kreuz geschlagen, sondern an dieses gebunden worden war. Gleichwohl setzt sich in der ikonografischen Darstellung der Kreuzigung und der sogenannten *arma Christi* das Motiv der Nägel und des Annagelns machtvoll durch.

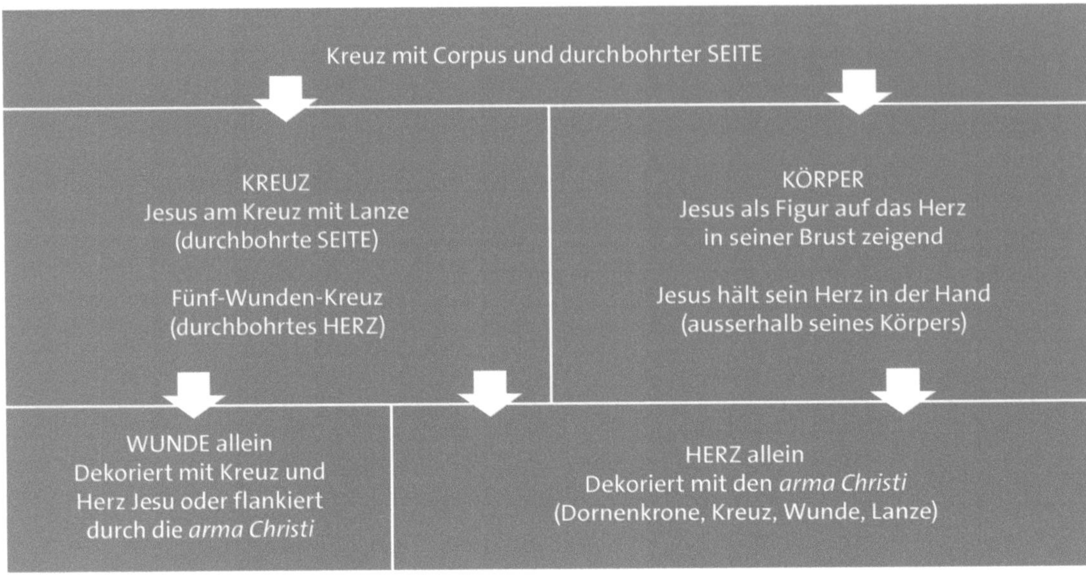

Diagramm 10
Herz Jesu und Seitenwunde Jesu werden zum Pars pro Toto und *memorial icon*
© Elke Pahud de Mortanges

Soldaten, der der Legende nach Longonius hiess, zugefügt. Aus dieser seitlichen Wunde flossen Blut und Wasser.

Dieses Geschehen reduziert der Bildtypus des sogenannten Fünf-Wunden-Kreuzes. Er eliminiert den Corpus des Gekreuzigten und platziert die fünf Wunden in Form *fragmentierter Körperteile* als *memorial icons* an den entsprechenden Stellen des Kreuzes. Der Typus des Jerusalemkreuzes, das aus einem grossen quadratischen Kreuz und vier kleinen Kreuzen in den jeweiligen kleinen Quadraten besteht, kann ebenfalls als Repräsentation dieser fünf Wunden Jesu gelesen werden.

Bei der ikonografischen Repräsentation der Wunden Jesu erfolgt, wie an anderer Stelle[90] gezeigt, eine erinnerungskulturell bemerkenswerte Transposition von der Seitenwunde zum Herzen Jesu. Die durchbohrte Seite des Leibes Jesu wird auf diesen Kreuzen und auch in anderen Kontexten durch die Darstellung des Herzen Jesu ersetzt respektive durch dieses ver_körpert.

---

90 Pahud de Mortanges, «The Sacred Heart as Memorial Body».

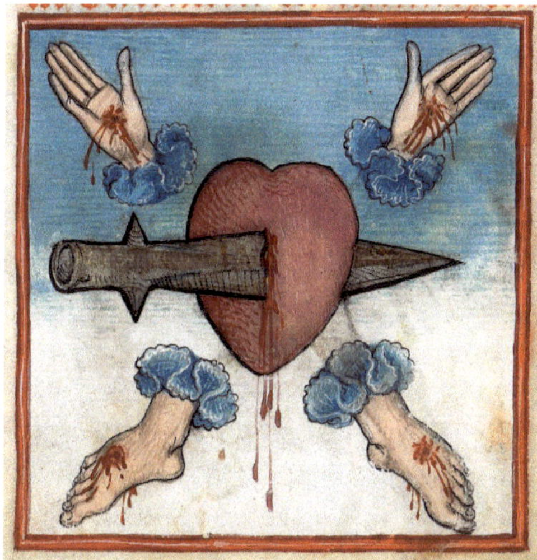

Abb. 30
Die Seitenwunde wird
zum durchbohrten Herzen, das
zum Pars pro Toto der Passion wird

In einer weiteren Phase der Abstraktion wird das Herz Jesu als Pars pro Toto für die ganze Passion mit der Dornenkrone geschmückt und mit oder ohne Lanze, aber immer mit der durch diese verursachten, klaffenden Wunde dargestellt. Interessant ist: Auch die Wunde Jesu avancierte, wie das Herz, zum *memorial icon* und Pars pro Toto der Passion Jesu. Dies wird unten anhand mehrerer mittelalterlicher Gebetsbücher und Psalter belegt und illustriert werden. Bemerkenswert ist, dass beim isoliert dargestellten Herzen Jesu die Wunde als eine horizontale gezeichnet wird, wohingegen dort, wo die Seitenwunde Jesu als Pars pro Toto dargestellt wird, sie allermeist eine vertikale Form hat.[91]

91 Eine Ausnahme findet sich im Stundenbuch von Bucicant, wo dieselbe horizontal im unteren Bildteil der *arma Christi* angeordnet ist. Siehe oben S. 52, Abb. 5. Hier ist wohl auch der Anknüpfungspunkt, der einige Autoren veranlasst, in der Seitenwunde einen Mund und nicht eine Vulva zu sehen. Vgl. dazu Steeves, «A Fundamental Stimulus», S. 282.

b. Der gebärende Christus am Kreuz

Dass die Seitenwunde Jesu der Ursprungs- und Geburtsort der Kirche und ihrer Sakramente ist, dieser Gedanke wurde prominent vom Kirchenvater Augustinus (354–430 n. Chr.) entwickelt, weshalb er auch als «Vater dieser Vorstellungen»[92] gelten darf.

Augustinus knüpfte hierbei an die bereits mehrfach zitierte Stelle des Johannesevangeliums (Joh 19,33–37) an. Seiner Interpretation zufolge sprach der Evangelist hier bewusst nicht vom Durchbohren oder von der Verwundung der Seite Jesu, sondern stattdessen von der durch den Lanzenstich eröffneten (engen) Pforte zum Leben und zur Seligkeit. Gleichzeitig parallelisierte Augustinus «fast stereotyp» diese Geburt der Kirche aus der Seitenwunde Christi mit der Geburt Evas aus der Seite Adams bei der Schöpfung. Während aus Adam der Tod und Eva geboren wurden, so die Logik des Vergleichs bei Augustinus, wurden aus dem neuen Adam Christus das Leben und die Kirche geboren.[93]

Das Motiv des sterbenden Jesus, der im Moment seines Todes am Kreuz ein Gebärender ist – und bei dem sich die Pforte seines Muttermundes öffnet, respektive diese gewaltsam eröffnet wird durch den Lanzenstich – ist in der christlichen Kunst und Ikonografie in mehreren Varianten und Variationen präsent. Das Blut, das aus der Wunde Christi herabrinnt, ergiesst sich entweder in einem grossen Bogen vom Körper weg auf den Boden. Oder aber dieses wird in einem Kelch, welchen die weibliche Gestalt der *Ecclesia* hält, aufgefangen und begründet so den zentralen Kult des Essens und Trinkens von Leib und Blut Jesu Christi.[94] Im Sinn der Abstraktion und Transposition der Seitenwunde konnte in der Folge auch das Herz Jesu als fünfte Wunde dargestellt werden, aus dem das Blut fliesst.[95]

Sehr plastisch und körperlich zeigen zwei Miniaturen aus dem 12. und 13. Jahrhundert diesen Vorgang der Geburt der Kirche aus der Seitenwunde Jesu. Beide Male ist es eine weibliche Gestalt, die aus der offenen Seite des

92 Geerlings, «Die Kirche aus der Seitenwunde Christi», S. 475.

93 Geerlings, «Die Kirche aus der Seitenwunde Christi», S. 473–474.

94 Geerlings, «Die Kirche aus der Seitenwunde Christi», S. 467.

95 Während in meiner Studie *The Sacred Heart as Memorial Body* das Herz Jesu als *memorial icon* und *memorial body* im Zentrum meines Interesses stand, soll im Rahmen dieses Kapitels der dort nicht weiterverfolgte Aspekt der Seitenwunde Jesu im Fokus stehen. Nimmt man beide zusammen, ergibt sich ein Gesamtpanorama, das hier an dieser Stelle nicht eigens expliziert werden kann und soll (auch um unnötige Doppelungen zu vermeiden).

Abb. 31
Geburt der Kirche aus der Seitenwunde Jesu in zwei illustrierten mittelalterlichen Bibelausgaben

am Kreuz hängenden Jesus entbunden wird. Ihre obere Körperhälfte ist bereits herausgetreten, wohingegen ihr Unterleib noch im jesuanischen Geburtskanal steckt. Es handelt sich bei dieser weiblichen Gestalt um die Ver_körperung des Kollektiv_körpers Kirche (*Ecclesia*), die in Analogie zum Kollektiv_körper der jüdischen Synagoge in der christlichen Ikonografie immer als Frau dargestellt zu werden pflegt.[96] «The idea of Jesus's side wound being like a womb led to artists showing a female – either baby or adult – being birthed from that wound. The birthed human is the Church, born through the life giving blood of the Don of God [...] delivered through Jesus's vagina.»[97]

96 Während bei den Doppeldarstellungen die weibliche Figur der *Ecclesia* jung und schön ist, wird die die *Synagoge* repräsentierende Frau immer alt und mit verwelkten, leeren Brüsten dargestellt. Geschuldet sind solche abwertenden Darstellungen dem christlichen Suprematie- und Überbietungsanspruch gegenüber dem Judentum. Vgl. dazu Dörner, «Ecclesia und Synagoge», S. 85–87.

97 «Jesus, then becomes gender non-binary, bearing both male and female sexual organs. [...] We can see Jesus as gender non-binary. If we weren't so homophobic as a culture, we could even name the queerness of God without some people feeling like they've spoken heretically. There's nothing heretical about this idea; it's been alive and well since the psalmist imagined God as a nursing mother.» Swan, *Jesus's Vagina*.

c. Christus als Mutter mit nährender Brust

Christus erscheint aber nicht nur als gebärende Mutter des Kollektiv_körpers Kirche. Mystikerinnen wie die französische Kartäuserin Marguerite d'Oingt (ca.1240–1310) bezeichnen ihn auch als Mutter, aus der sie selbst als Individuen wie auch die ganze Welt geboren wurden. «For Margret, the blood pouring from Christ's wound on the cross equates to the sweat pouring from a mother's body during labor. As sweat becomes blood, and Christ becomes mother, a positive form of female bloody discharge saves all of humanity.»[98]

In ihrem Buch *Die Offenbarungen der göttlichen Liebe* bezeichnet die Reklusin Juliana von Norwich (1342–1413) Jesus als «Mutter des neuen Menschen». «So ist Jesus unsere wahre Mutter in unserer Erschaffung [...]. Die Aufgabe einer Mutter kann niemand so vollkommen tun wie er allein. [...] Wissen wir denn nicht, dass unsere Mütter uns gebären, damit wir leiden und sterben? Aber so ist es nicht bei unsrer wahren Mutter Jesus. Er allein gebiert uns zur Freude und zum ewigen Leben. Gesegnet sei er!»[99]

Da bis herauf zur Renaissance alle Körperflüssigkeiten des Ein-Geschlecht-Leibes, egal ob Same oder Blut oder Milch, als Ein und Dasselbe betrachtet wurden, war es für Menschen des Mittelalters keineswegs irritierend oder gar widersprüchlich, wenn aus der Wunde Jesu Menstruations- und Geburtsblut[100] floss und Kirche wie Individuen geboren werden. Vielmehr konnte diese Wunde zugleich auch als Christi *Brust* beschrieben werden, aus der Milch fliesst und an der sich die Mystiker_innen und Visionär_innen nähren.[101]

Bernard von Clairvaux (1090–1153) sprach von den «Brüste(n) des Bräutigams Jesu» und ermutigte die Prälaten der Kirche, ihrerseits «mit der Rute» einzuhalten; stattdessen sollten sie wie Jesus ihre Brüste, die von Milch und nicht vor Stolz schwellen sollten, darreichen.[102] Alix von Schaerbeek (1120–1250), Zisterzienserin und Laienschwester, die schwer an Lepra erkrankt war und deshalb im Kloster abgesondert von den anderen Schwestern leben musste, fand in ihren Visionen Zuflucht bei Jesu Brüsten und Wunden. Ihr durch die Krankheit gezeichneter, lepröser Leib mit seinen unzähligen blutigen Läsionen habe, so formuliert es Alicia Spencer-Hall, durch die «Menstruation Christi» eine nachgerade lebensspendende Digni-

98 Spencer-Hall, «Christ's Suppurating Wounds», S. 402.

99 von Norwich, *Offenbarungen der göttlichen Liebe*, S. 141–143.

100 Spencer-Hall, «Christ's Suppurating Wounds», S. 403 spricht von «Christ's ‹menses›».

101 Zu den Brüsten Christi und Gottvaters vgl. Schreiner, *Maria*, S. 52.

102 Angenendt, *Geschichte der Religiosität*, S. 142–143.

tät erhalten. Die Passion Jesu sei der Laienschwester für immer leprös auf den Leib geschrieben gewesen und die grossen und ekelerregenden Wunden hätten gar den Rang von *Stigmata* bekommen und seien zum offenkundigen Ausweis ihrer leib_haftigen *imitatio Christi* geworden.[103]

Nicht nur von Jesus, sondern auch von anderen Männern respektive Vätern wird berichtet, dass ihre Brüste Milch gaben. Allen voran die Brüste Gottvaters selber. Während seine eine Brust Milch für die Vergebung der Sünden spende, biete die andere Brust Milch für die Verteilung der Heilsgnaden.[104] Unter Rekurs auf die Verse 3 bis 4 des 46. Kapitels des zum Alten Testament gehörenden Buches Jesaja – «Hört auf mich, Haus Jakob, und ihr, der ganze Rest des Hauses Israel, die ihr mir schon im Leib eurer Mutter aufgeladen worden seid und die ihr vom Mutterschoss an getragen worden seid» – sprach der Benediktinermönch Rupert von Deutz (1070–1129) in seinem Kommentar zum *Hohenlied* von den zwei Brüsten Gottes, aus denen «die Jungfrau Maria trinke, während der Heilige Geist über sie komme und sie Christus empfange».[105]

Mit grosser Wonne saugte die Gefährtin des heiligen Franz von Assisi, Klara von Assisi (1193/94–1253), in einer ihrer Visionen die süsse und köstliche Milch aus dessen Brüsten. Sie saugte dabei so innig, dass ihr gar seine Brustwarze zwischen den Lippen hängen blieb.[106] Die wie Franz von Assisi stigmatisierte Katharina von Siena (1347–1380) rühmte die Milch der Brust des gekreuzigten Christi als «Quelle der Barmherzigkeit».[107] Katharinas Biograf und Beichtvater berichtet in der *Legenda maior*, dass, als Katharina einmal den Eiter aus der Wunde einer Kranken getrunken habe, Christus ihr seine rechte Hand in den Nacken gelegt habe und sie sacht zu sich an seine eigene Wunde herangezogen habe. Er habe Katharina aufgefordert, doch aus seiner Seite zu trinken: «Trink nur, meine Tochter, den Trank von

103 Spencer-Hall, «Christ's Suppurating Wounds», S. 404.

104 Thiemann, «Sex trouble», S. 50.

105 Thiemann, «Sex trouble», S. 50; Cescutti, «Das Geschlecht mittelalterlicher Mönche», S. 149.

106 «Frau Klara erzählte, dass sie in einer Vision einmal ein Gefäss mit warmem Wasser und ein Handtuch zum heiligen Franziskus brachte. Sie stieg dabei eine hohe Treppe hinauf und tat es so leichtfüssig, als ob sie zu ebener Erde ginge. Als sie bei ihm anlangte, reichte der Heilige der Jungfrau Klara eine seiner Brustwarzen und sagte: ‹Komm, nimm und sauge!› [...]. Was sie daraus sog, war unbeschreiblich süss und köstlich. Nachdem sie zweimal gesaugt hatte, blieb die Rundung der Brust, woraus die Milch floss, zwischen den Lippen der seligen Klara. In ihren Händen wurde es gleichsam zu spiegelklarem leuchtenden Gold, in dem sie sich selber sehen konnte.» Zitiert nach Kreidler-Kos/Röttger/Kuster, *Klara von Assisi*, S. 111–112.

107 von Braun, Versuch über den Schwindel. S. 358.

meiner Seite, der nicht nur deine Seele, sondern auch deinen Leib, den du um meinetwillen verschmäht hast, mit einer wundersamen Süsse erquicken wird.»[108]

d. Die Seitenwunde Jesu als *Vulva*

Die Seitenwunde Jesu erfuhr, namentlich in den überaus kostbaren und reich verzierten und illustrierten spätmittelalterlichen Stunden- und Gebetsbüchern, die der persönlichen Andacht ihrer meist aristokratischen Besitzer_innen dienten, besondere Aufmerksamkeit. Den Texten und Gebeten, welche den Kreuzweg, die *arma Christi* und seine Kreuzigung memorieren und evozieren, wurden kunstvolle Miniaturen beigegeben, die diese Motive aufgriffen und bildlich umsetzten und in diesem Kontext auch die Seitenwunde prominent ins Bild rückten. Ob diese Illustrationen der Seitenwunde Jesu in ihrer besonderen Körperlichkeit als *Vulva* – oder missverständlich als *Vagina* – Jesu zu lesen sind oder nicht, ist umstritten.[109] In der mediävistischen Forschung des 21. Jahrhunderts scheint sich mehr und mehr ein Konsens darüber abzuzeichnen, dass in diesen Illustrationen der Körper Christi als einer repräsentiert wird, der Geschlechtergrenzen überschreitet, weshalb man vom «ambigiously gendered body of Christ»[110] sprechen könne. Besonders ikonisch und aufschlussreich sind hier zwei Miniaturen, die sich im Psalter und Gebetbuch der böhmischen Prinzessin Bonne (Jutta) von Luxemburg (1315–1349)[111] befinden.[112]

Gemäss den aristokratischen Usancen der Zeit wurde dieses eigens für sie angefertigt. Seine Entstehung wird gewöhnlich auf das Jahr 1348/49 datiert. Illustriert hat es der Miniaturmaler Jean Le Noir, der dabei wohl von seiner Tochter Bourgot Le Noir unterstützt wurde.[113] Es befindet sich heute im Metropolitan Museum New York. Das in Latein und Französisch ver-

108 Jungmayr, *Legenda Maior*, Bd. 1, 233; Olson, «Penetrating the Wound», S. 329.

109 Zur Interpretation der Seitenwunde als *Mund* vgl. Steeves, «A Fundamental Stimulus», S. 282.

110 Sand, *Vision, Devotion and Self-Representation*, S. 246.

111 Jutta (Bonne) von Luxemburg war die Tochter des böhmischen Königs und Ehefrau des späteren Königs von Frankreich, Jean II. (1350–1364). Die Thronbesteigung ihres Ehemannes hat sie nicht mehr erlebt; sie verstarb kurz vorher im Alter von 34 Jahren. Gerüchte, wonach ihr Ehemann sie habe vergiften lassen, sind nicht bestätigt. Vgl. «Jutta von Luxemburg».

112 Siehe Hand, *Woman, Manuscripts and Identity*, S. 105–107.146–147; Hand, «Playing by the Rules», S. 44–57; Lermack, «Demons and Dynasty», S. 97–118; Lermack, «Spiritual Pilgrimage», S. 97–111.

113 Land, *The Prayer Book of Bonne*; Lewis, «The Wound in Christ's Side», S. 204–229; Tammen, «Blick und Wunde», S. 85–114.

fasste Gebetbuch umfasst insgesamt 333 Blätter aus Pergament und enthält vierzehn Miniaturen. Es hat eingangs einen Kalender, es folgen der Psalter (in Latein) und Gebete mit Lob- und Danksagungen sowie Bitten, eine Litanei und das Stundengebet zur Heiligen Jungfrau.[114]

Die beiden Miniaturen gehören zur *Meditation der Passion Jesu*, mit der das Buch schliesst. Beide Illustrationen sind aufeinander bezogen und abgestimmt, auch wenn zwei Textseiten zwischen ihnen liegen. Beide zeigen auf ihre je eigene Weise, dass es sich bei diesem Buch um ein ganz auf die Prinzessin persönlich zugeschnittenes und für ihre private Andacht gefertigtes Gebetbuch handelt.[115]

In Miniatur 13 sind Bonne und ihr Ehemann Jean in das memoriale Ursprungsgeschehen der Passion Jesu hineingemalt. Sie erscheinen als leibhaftig Anwesende, als unter dem Kreuz Kniende im *Damals*. In Miniatur 14 ist es das Wappenschild des Hauses Luxemburg am unteren Rand, durch welche das Dargestellte personalisiert und biografisch-genealogisch verortet wird.[116]

Interessant ist, wie Bonne und ihr Ehemann Jean ins *Damals* der Passion *in corpore* hineinversetzt sind und somit im Narrativ des Bildes Gegenwart und Vergangenheit verschränkt werden. Jesus hängt am Kreuz und das Ehepaar kniet links unter seinem Kreuz. Der Blick des Ehepaares ist auf den Gekreuzigten gerichtet. Ihrer beider Körper verschmelzen beinahe zu einem einzigen Doppel_körper[117], wobei Jean, der näher am Kreuz kniet, die Hände zum Gebet gefaltet hat. Die Art, wie die Kreuzigung respektive der Gekreuzigte dargestellt ist, ist ungewöhnlich dynamisch. Der gekreuzigte Jesus befindet sich, das macht seine Gestik deutlich, in einem intimen Dialog mit den beiden. Seine rechte Hand ist vom Kreuzesbalken gelöst. Mit ausgestrecktem Zeigefinger weist er auf seine blutende (Seiten-)Wunde und berührt respektive penetriert dieselbe.[118]

---

114 Tammen, «Blick und Wunde», S. 95; Claude, *Die Frauen der luxemburgischen Dynastie*, S. 38.

115 Nicht nur Bonne, sondern auch ihre Grosstante Kunigunde (Passionale) und weitere weibliche Angehörige des Hauses Luxemburg hatten ebenfalls solche individualisierten Psalter respektive Gebetbücher. Vgl. die Synopse bei Claude, *Die Frauen der luxemburgischen Dynastie*, S. 112–114.

116 Sand, *Vision, Devotion and Self-Representation*, S. 246.

117 Sand, *Vision, Devotion and Self-Representation*, S. 246: «[…] the couple is presented as a unit, with a unified point of view, and as jointly adressed by Christ.»

118 Gebetbuch und Psalter der Bonne von Luxemburg. New York, Metropolitan Museum, Cloisters Collection, MS 1969 (69.86), fol. 329r.

Abb. 32
Gebetbuch der Bonne von Luxemburg, Miniatur 13
«Ha homme et fame voy que sueffre pour toy. Voy ma douleuer, mon angoisseus conroy»

Unterhalb des figuralen Arrangements werden die Gesten des körperlichen Dialogs der drei expliziert und zur Sprache gebracht. In gotischen Minuskeln wird hier die Klage Jesu am Kreuz aufgegriffen (*Complainte du Crucifix* oder *Plainte du Christ en Croix*) und in die folgende, direkte Anrede an die beiden umgeformt: «*Ha homme et fame voy que sueffre pour toy. Voy ma douleuer, mon angoisseus conroy*», was mit «*Ha, Mann und Frau, sieh, dass ich für dich leide. Sieh meinen Schmerz, meinen qualvollen Zustand*» übersetzt werden kann.[119] Umrankt respektive gerahmt und zusammengehalten werden der Bildteil und der Textteil durch eine Bordüre aus Efeuranken und Vögeln; Motive, die sich auch in der zwei Seiten später folgenden, letzten Miniatur des Buches wiederholen.[120]

Die das Buch abschliessende Miniatur 14 knüpft an die eben geschilderte Kreuzigungsszene an und abstrahiert zugleich von ihr, indem sie die

---

119 Wir folgen hier der Transkription durch Tammen, «Blick und Wunde», S. 96 Anm. 33.

120 Die Symbolik dieser Ornamentik verweist, so Sand, auf die bräutliche Metapher der Vereinigung zwischen *sponsus* (Ehemann) und *sponsa* (Ehefrau). Sand, *Vision, Devotion and Self-Representation*, S. 246; Tammen, «Blick und Wunde», S. 96.

Abb. 33
Gebetbuch der Bonne von Luxemburg, Miniatur 14
«Nous monstre tres dous diecv[ost]re tresgrant largesce/Quant vousistes pour nous/souffrir tant le destresce»

Wunde Jesu prominent und losgelöst vom Corpus des Gekreuzigten ins Bild rückt.[121] Sie steht im absoluten Zentrum der Miniatur. Vertikal dem Blick des Betrachters dargeboten erscheint sie in hellem Rot als Vulva, aus der *kein* Blut fliesst. Der Wundrand ist weiss eingefasst und hat die Form einer Mandorla.[122] In der christlichen Ikonografie ist die ovale Form der Mandorla, die den ganzen Körper umgibt respektive einfasst, mit wenigen Ausnahmen (*Maria* und *Sedes Sapientia*) Christus vorbehalten, da diese als Signalement seiner Göttlichkeit gilt. Die Wunde/Vulva als Indikator seiner vulnerablen und verwundeten fleischlich-somatischen Menschlichkeit er-

121 Sand, *Vision, Devotion and Self-Representation*, S. 247.

122 Gebetbuch und Psalter der Bonne von Luxemburg. New York, Metropolitan Museum, Cloisters Collection, MS 69.86, fol. 331r.; Walker (Medieval female spirituality) liest die Miniatur so, dass sie einerseits Bonne von Luxemburg, der Mutter von mehreren Kindern, die Gelegenheit gegeben habe, ihre Jungfräulichkeit wiederzugewinnen und andrerseits sich wie die Nonnenmystikerinnen in und durch die Wunde/Vulva mit Christus zu vereinigen.

scheint durch diese weisse mandorlaförmige Einfassung ebenfalls als dem Göttlichen zugehörig.[123]

Links und rechts wird die Vulva flankiert von den aufgereihten *arma Christi*. Links finden sich Kreuz, Dornenkrone, ein Hammer, ein Speer und der Stecken mit dem Essigschwamm; rechts die Geisselsäule mit darumgebundenem Strick, grosse Nägel und eine Zange. Aufgrund ihrer schieren Grösse und im Vergleich zu den links und rechts miniaturisiert dargestellten *arma Christi* wird die Vulva in der Bildkomposition zum körpergetreu grossen Pars pro Toto der Passion Christi. Begleitet wird sie durch den in gotischen Minuskeln gefassten, mittelfranzösischen Text: *Nous monstre tres dous diecv[ost]re tresgrant largesce/Quant vousistes pour nous/souffrir tant le destresce.*[124]

Emma Dove hat in zwei äusserst klugen Abhandlungen die Fragen der korrekten Transkription und Übersetzung erörtert und der nachfolgenden Übersetzung den Vorzug gegeben: *You show us, sweet God, your very great largesse/When you will yourself for us/to suffer such distress.*[125] Auf Deutsch: *Du zeigst uns, süsser Gott, deine sehr grosse Güte/Da du selber es willst (begehrst)/solche Not für uns zu ertragen.*

Über die ikonische Präsentation der Vulva hinaus ist bemerkenswert, wie in und mit diesen beiden das Psalter und Gebetbuch der Bonne von Luxemburg beschliessenden Miniaturen die Interaktion verschiedenster Zeitebenen mit Körpern respektive Ver_körperungen inszeniert wird. Man könnte sagen, dies geschieht auf andere und doch letztlich in der Tiefenstruktur auf analoge Weise zu den oben beschriebenen *bodies in e_motion* während der *Semana Santa*. Hier wie dort geht es um Emotionen und Bewegung und das Ineinsfallen verschiedener Zeit- und Körperebenen. Da ist die abgebildete *memoria* der Kreuzigung Jesu im Gestern, in die hinein Bonne mit ihrem Ehemann und ihrer Gegenwart gemalt sind. Und da ist das Close-up der Wunde/Vulva, welche das damalige Geschehen als Pars pro Toto körperlich konfiguriert.

Es sind noch weitere Darstellungen der Seitenwunde Jesu als Vulva bekannt, die nachfolgend nicht in dieser Detailliertheit besprochen werden

---

123 Tammen, «Blick und Wunde», S. 103.

124 Die Transkription und Übersetzung, die Walker vorschlägt, lautet: Nous monstre tues dous diec vostre tresgrant largesce. Quant vousistes pour nous souffrir tant de destresce. [You show during all these sweet days your very great largesse. At the time when you yourself suffer for us such destitution]. Walker, *Medieval female spirituality*, S. 40.

125 Dove, «Diec/Diex»; Dove, «Prayer and Posture».

Abb. 34
Wunde Jesu, Stundenbuch Verdun und Paris, ca. 1375
«CI EST LA MESURE DE LA PLAIE DU COSTE NOSTRE SEIGNEUR QUI POUR NOUS SUFFRIST MORT EN LA CROIS»

können, obschon sie es durchaus verdient hätten. Besonders erwähnt werden muss aber jene Darstellung, welche sich in dem wohl aus Verdun und Paris stammenden, ca. um 1375 fertiggestellten Stundenbuch befindet.

Die Miniatur ist in zwei Kompartimente aufgeteilt und verortet die Wunde/Vulva in der Passion Jesu. In der rechten Hälfte der Miniatur ist der bereits vom Kreuz abgenommene Schmerzensmann zu sehen mit vor der Brust gekreuzten Händen. Seine Seitenwunde ist als Mal sichtbar und wirkt eingeblutet. Jesus selber ist bis zur Leibesmitte vom steinernen Sarkophag aufgenommen. Die linke Hälfte der Miniatur wird ganz von der vulvaförmigen, wie im Psalter der Bonne von Luxemburg ebenfalls vertikal dargebotenen Wunde Jesu ausgefüllt. Sie ist von den rot auf weiss gehaltenen Worten umfasst: «Ci est la mesure de la plaie du coste nostre seigneur qui pour nous suffrist mort en la crois» [Das ist das Mass der Wunde der Seite unseres Herrn, der für uns am Kreuz gestorben ist].

Die vom Körper Jesu losgelöste, zum *memorial icon* stilisierte Wunde/Vulva gab den Benutzer_innen der Stunden- und Gebetsbücher die Möglichkeit, über den Buch_körper mit der dort bildlichen Ver_körperung ihrerseits in körperliche Interaktion zu treten. Wie taten sie das? Mit Augen,

Abb. 35
Die Vulva als Corpus Christi
«Das ist die leng vnd weite der wũnden Christi die Im in / sein h. Seitten gestochen wart an dem Creitz wer die mit / reũ vnd laid aũch mit andacht kũsset als oft er das / thũet hat er 7 jar ablas von dem pabst INNOCENTIO». Auf der rechten Banderole: Das Creitzlein das in der wũnden Cristi stet zu 40 / maln gemesen das macht die leng Christi in seiner Menschait wer das mit andacht kũsset der ist den / tag behiet vor dem gächen tott vund vor ein schlag.»

Händen und Mund, insofern sie diese anschauten, mit den Händen berührten und darüberstrichen und sogar küssten.[126] Dass sie das wirklich auch taten, zeigen spezifische Benutzungs- und Abnutzungsspuren mittelalterlicher Gebetsbücher.[127] Explizit zu solchem Berühren und Küssen aufgefordert werden sie in dem handkolorierten, auf einen Papierbogen montierten Holzschnitt, der auf Ende des 15. Jahrhunderts zu datieren ist.[128]

Der mittelhochdeutsche Text der Banderole stellt für das andächtige Küssen und das sich Versenken in diese ver_körpernde Darstellung der Wunde Jesu gar einen päpstlichen Ablass in Aussicht. Auf der linken Banderole ist zu lesen: «Das ist die leng vnd weite der wũnden Christi die Im in / sein h. Seitten gestochen wart an dem Creitz wer die mit / reũ vnd laid aũch mit andacht kũsset als oft er das / thũet hat er 7 jar ablas von dem pabst INNOCENTIO». Auf der rechten Banderole: Das Creitzlein das in der

126 «Singular and removed from its corporal context, as an object, the wound could be visualized, venerated, touched, partaken of, and even penetrated by the faithful in an infinite variety of fluid scenarios involving the senses and that were freed from the constraints of biblical narrative and time.» Olson, «Penetrating the Void», S. 323.

127 Tammen, «Blick und Wunde», S. 95, hat im Andachtsbuch der Äbtissin Kunigunde von Böhmen, das zwischen 1312–1321 verfasst wurde, «Abriebspuren an der Wunde» beobachtet; daraus und aus der dortigen «Dunkelfärbung von Kopf und Torso des Schmerzensmannes» schliesst sie, «dass die Benutzerin der Handschrift sich nicht mit den visuellen Meditationsangeboten begnügte, sondern mit der Hand, vielleicht auch mit dem Mund das vollzog, was ihr […] im Bilde verwehrt blieb […], nämlich den Leib des Herrn zu berühren».

128 Olson, «Penetraiting the Void», S. 325.

Diagramm 11
Von den fünf Wunden am Corpus Christi zur Vulva als Corpus Christi
© Elke Pahud de Mortanges

wũnden Cristi stet zu 40/maln gemesen das macht die leng Christi in seiner Menschait wer das mit andacht kũsset der ist den/tag behiet vor dem gächen tott vund vor ein schlag.»

Ikonografisch besonders an dieser Darstellung ist, dass die vom Corpus Jesu losgelöste, vertikale Wunde/Vulva hier körpergross wirkt, insofern sie durch die Platzierung des Tuches der Veronika mit dem Abdruck des dornengekrönten Jesus darüber gleichsam den Körper Jesu zu ver_körpern scheint, und Kreuz und Herz Jesu *in* dieser körpergrossen Wunde mittig geborgen sind.

e. Genitale Geschlechtsanatomie oder funktionale Heilsanatomie? *Ein Anweg über zwei moderne Close-ups (Courbet und ORLAN)*

Es mag einigermassen verwegen und vielleicht sogar manchem obszön erscheinen, diese mittelalterlichen Bilderwelten mit zwei Close-ups aus dem 19. und 20. Jahrhundert zusammenzubringen und assoziativ zu verknüpfen. Wenn wir es nachfolgend trotzdem tun, dann weil ich glaube, dass sich in der Zusammenschau mit diesen beiden anderen Bildern der Aussageskopus der Darstellung(en) der Seitenwunde Jesu als Vulva noch einmal auf neue Weise erschliesst. Das *tertium comparationis* der dreien, das sei vorausgeschickt, ist keineswegs die Anstössigkeit und das Skandalöse ihrer bisweilen als pornografisch empfundenen Zurschaustellung weiblicher und männlicher Geschlechtsteile.

Das Close-up des 19. Jahrhunderts, auf das wir uns beziehen, wurde von Gustave Courbet (1819–1877) im Jahr 1866 fertiggestellt und trägt den Titel *L'Origine du monde*. Jacques Lacan (1901–1981), der nicht nur von Judith Butler, sondern auch von anderen Gendertheoretikerinnen promi-

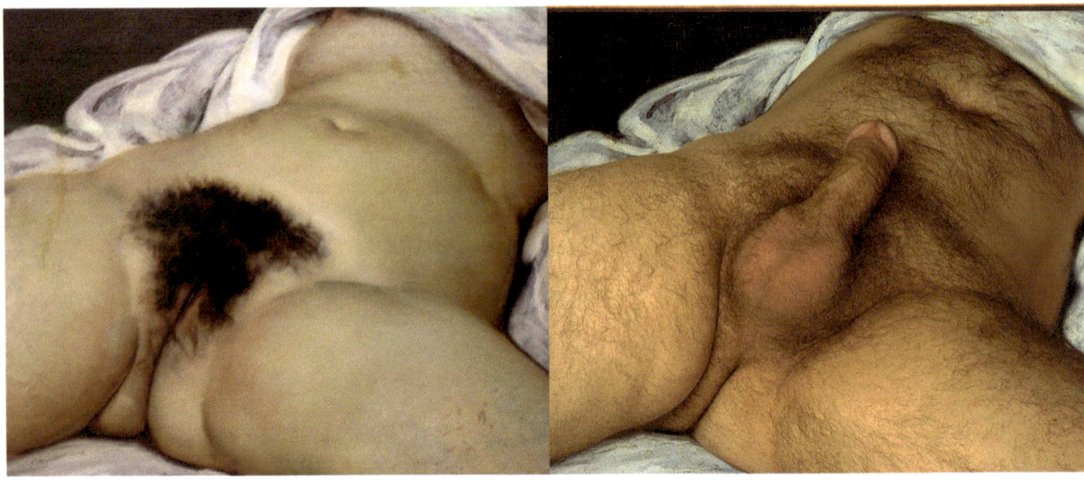

Abb. 36
Links: Gustave Courbet, L'Origine du monde 1866, Öl auf Leinwand
Rechts: ORLAN, L'Origine de la guerre 1989, Chrom auf Aluminium gebunden
© Courtesy of Madame ORLAN

nent rezipierte Psychoanalytiker, hat das Bild zusammen mit seiner Ehefrau Sylvia Bataille 1955 gekauft. Fortan hing es in ihrer Pariser Wohnung, allerdings für Besucher und Freunde nicht einsehbar. Von dort ist es in den Besitz und in die Räume des Musée d'Orsay in Paris gelangt, wo es sich heute noch befindet.[129] Das Close-up des 20. Jahrhunderts nimmt explizit Bezug auf dieses Bild Courbets, was bereits sein Titel signalisiert. Es handelt sich um das Werk *L' Origine de la guerre* aus dem Jahr 1989 der Künstlerin ORLAN alias Mireille Suzanne Francette Porte (*1947).[130]

Die von Courbet dem Betrachter auf Augenhöhe dargebotene Vulva war in der Welt des 19. Jahrhunderts ein Skandal. Das Sujet war unerhört und ungesehen. Dazu kam die durch den Titel markierte These, wonach die

---

129 Vgl. hierzu den Artikel «L'origine de la guerre», der den Weg des Bildes wie folgt zusammenfasst: «Acquise par le collectionneur turc Khalil-Bey, qui conservait apparemment cet objet de désir dans sa salle de bain, la toile se retrouva en possession de Sylvia Bataille et Jacques Lacan. Le couple l'installa dans sa maison de campagne de Guitrancourt, accrochée derrière un double battant de bois (qui donnait quelques indices sur son contenu) lequel fut décoré par le beau-frère de Lacan, André Masson. En 1995, le tableau est entré aus Musée d'Orsay où il est désormais offert à tous les regards dans un somptueux cadre doré.»

130 Savatier, *L'origine du monde*; Philippe, «Le scandal de l'origine du monde»; Goupy, «Review of Du féminisme au féminin».

solchermassen dem penetrierenden Blick der Betrachtenden offen dargebotene Vulva das Woher von Mensch und Welt schlechthin ist. Denn das Close-up sagt doch unmissverständlich: Die Welt kommt aus diesem Geschlecht, aus diesem Fleisch zur Welt. Und ohne es sagen zu müssen, war damit für die Betrachtenden des 19. Jahrhunderts auch die darin verborgene Antithese präsent: Aus diesem Fleisch kommt die Welt und nicht von einem göttlichen Schöpfer.[131]

Mehr als hundertzwanzig Jahre nach dem Entstehen von Courbets Bild hat die Body Art Künstlerin und Begründerin der sogenannten *Carnal Art*, ORLAN, mit derselben Kühnheit und Eindeutigkeit das Sujet dieses Bildes adaptiert und in eine steile feministische These umformuliert. «Quand j'ai fait cette œuvre, j'ai voulu voir ce qui se passait sur un homme quand on fait ce qu'on a fait avec cette femme en lui coupant la tête, les bras et les jambes pour qu'il ne reste plus qu'un ventre, un sexe.»[132] Unter minutiöser Beibehaltung respektive Parallelisierung von Titel, Perspektive, Details der Bildkomposition und goldener Rahmung setzte sie an die Stelle der Vulva den Phallus.

Diesem 1989 entstandenen Gemälde gab sie den Titel *L'Origine de la Guerre* und machte damit deutlich, dass der Phallus nicht wie die Vulva die Welt zur Welt bringe, sondern den Krieg in die Welt. Aus diesem Fleisch und Geschlecht, so ORLANs feministisches Manifest, wird der Tod geboren. Durch die detailgenaue Parallelisierung erhält Courbets Bild nicht nur ein Pendant neben sich, welches analog strukturiert ist. Vielmehr werden beide Bilder als Sich-gegenüber-Stehende und Auf-einander-Bezogene zu Sich-gegenseitig-Interpretierende. Durch die Titelwahl ORLANs ist Geschlecht klar als binär codiertes gedacht und zugleich mit eindeutigen Wertungen respektive Abwertungen verbunden: «die» Vulva ist schöpferisch, «der» Phallus ist destruktiv.

Sie formuliert respektive wiederholt dabei gewollt oder ungewollt jenes Narrativ, das im Gefolge und in der Sinnlogik des sich ab dem 17. Jahrhundert durchsetzenden Zwei-Geschlechter-Modells in den siebziger und achtziger Jahren des 20. Jahrhunderts im Rahmen des sogenannten französi-

---

131 In der im 14. Jahrhundert verfassten Enzyklopädie *Image du Monde* von Gautier de Metz ist es die im Kontext der *arma Christi* prominent und zentral als Vulva platzierte Seitenwunde Jesu, welche die «Sammlung und Ordnung weltlichen Wissens» besiegelt. Vgl. Tannen, «Blick und Wunde», S. 88–89. Es sei hier allerdings präzisierend erwähnt, dass Tannen die Interpretation der Seitenwunde als Vulva insgesamt hinterfragt.

132 Castanet, «ORLAN: Je suis ‹un› femme, je suis ‹une› homme», S. 96.

schen Differenzfeminismus[133] formuliert wurde: Frauen und Männer sind nicht nur biologisch-anatomisch, sondern ganz grundlegend verschieden voneinander. Mit der Betonung dieser Verschiedenheit einher ging, dass «das» Weibliche als positiv und «das Männliche» als negativ besetzt gedacht wurde. Dies ist eine Position, die von der Genderforschung heute so nicht mehr geteilt, sondern als Stereotyp und Konstrukt entlarvt wird. ORLANs *Relecture* des Courbetschen Werks durch Beigabe eines männlichen Gegenstücks macht, dass die ursprüngliche antitheistische Spitze der Darstellung – aus dem Fleisch und nicht aus dem Schöpfer kommt die Welt – in den Hintergrund rückt.

Wenn wir nun die oben besprochenen mittelalterlichen Close-ups der Wunde/Vulva Jesu diesen Werken Courbets und ORLANs zur Seite stellen, eröffnet sich sowohl in Bezug auf die Werke der beiden Künstler der Moderne wie auch in Bezug auf die mittelalterlichen Miniaturen in Gebetsbüchern und Psaltern eine neue Perspektive. Bezogen auf die Vulva Jesu wird gerade durch den synoptischen Vergleich mit diesen modernen Close-ups die Kühnheit und Diversität der vormodernen Performanz von Körper, fragmentierter Körperlichkeit und Geschlecht deutlich.

Die spätmittelalterlichen Bilder der Seitenwunde als Vulva Jesu könnte man in Analogie zu den Titeln ORLANs und Courbets so betiteln: Aus diesem vulnerablen und verletzten Leib wird das Heil der Welt geboren. Eine solche Überschrift drängt sich dabei nicht nur wegen dieser modernen Bezüge auf, sondern findet sachlich in der Theologie der Kirchenväter und mittelalterlichen Theologen wie auch ikonografisch in der 1246 von Gautier de Metz verfassten Enzyklopädie *L'image du monde* ihren Anhalt.[134]

Der solchermassen vulnerable und verletzte Leib Jesu als Ursprung des Heils wird als männlicher *und* weiblicher performt, weil diese vormodernen, dem Ein-Geschlecht-Modell verpflichteten Darstellungen gerade nicht entlang binärer Geschlechtergrenzen denken. Weder in Bezug auf die körperliche Ausstattung im Sinn eines wie auch immer gearteten anatomischen

---

133 Der *Differenzfeminismus* wird vom sogenannten *Gleichheitsfeminismus* unterschieden. Beiden ist gemein, dass sie das Modell des Zwei-Geschlechter-Leibs voraussetzen, das sich seit dem 18. Jahrhundert mehr und mehr durchgesetzt hat. Prominente Vertreterin des sogenannten Differenzfeminismus ist Luce Irigaray (*1930) mit ihren frühen Schriften *Speculum. De l'autre femme* (1974) und *Ce sexe qui n'en est pas un* (1977). Vgl. Soiland, *Luce Irigarays Denken der sexuellen Differenz*; Morny, *Divine love*.

134 Tannen, «Blick und Wunde», S. 88, mit Abbildung S. 89.

Geschlechts noch in Bezug auf das Begehren, das dieser Körper evoziert, denken sie binär.[135]

Was der indisch-amerikanische Poet Alok Vaid-Menon im Rahmen des *What's underneath* Projekts über sich und seinen Körper im 21. Jahrhundert formulierte, das trifft *cum grano salis* die memoriale Performanz des Körpers Jesu in der vorgestellten Andachtsliteratur: «I am both, a man and a woman. And neither a man nor a woman. I am outside of these entire categories [...]I am me. I am Alok. [...] My body is on my own terms.»[136]

Das vermeintlich Skandalöse, das in der Darstellung und Interpretation der Seitenwunde Jesu als Vulva liegen könnte, wird gerade durch dieses *Weder-noch* und *Sowohl-als-auch* entschärft. Geht es doch gerade nicht um eine, wie auch immer geartete, anatomisch-genital «korrekte» Beschriftung des Leibes Jesu. Wäre dem so, dann wäre schnell jedem Betrachtenden klar: Die Vulva sitzt ja am «falschen» Platz. Ohne die sexuelle Funktion und erotische Konnotation der Vulva in Abrede zu stellen, ist sie in diesen Darstellungen nicht primär genital im Sinn eines anatomischen Geschlechtsmerkmals zu lesen, sondern vielmehr als funktionales Merkmal einer *Heilstopografie* und *Heilsanatomie* des Körpers Jesu, der das ganze Spektrum des Ein-Geschlecht-Leibes umfasst. Diese Heilsperformanz des Körpers Jesu wirft nun ihrerseits ein Licht auf die modernen Close-ups von Courbet und ORLAN. Was zur Zeit ihrer Entstehung frivol und skandalös erscheinen mochte, erscheint nun im Triptychon mit den mittelalterlichen Close-ups als Reduktion und Reproduktion moderner Geschlechterklischees.

f. Jesu Männlichkeit und die Erektion am Kreuz

Der Kunsthistoriker Leo Steinberg (1920–2011) legte 1983 in seiner Monografie *The Sexuality of Christ in Renaissance Art and in Modern Oblivion* eine andere Lesart der körperlichen Repräsentationen Christi in der Kunst des Mittelalters und der Renaissance vor.[137] Ihm zufolge hat die Kunst des Hochmittelalters Jesus mehr und mehr verweiblicht, indem sie ihm Mutter-

---

135 Wir haben oben festgehalten: Fromme Frauen wie Männer penetrieren Jesu Vulva mit ihren Blicken, Fingern, Lippen und Mund und suchen gar mit ihrem ganzen Körper Zuflucht und Bergung in derselben. Franz von Assisi wird im Vorgang der Stigmatisierung zum geliebten Gegenüber, das sich ganz der liebenden Umarmung Jesu hingibt, welcher die Wunden seines Leibes als Siegel auf dem Leib des Geliebten Franziskus hinterlässt.

136 «Alok Vaid-Menon exists outside of your heteronormative Gender Binary», Minute 1:24 bis 1:30; Minute 6:41 bis 7:44.

137 Vergleiche zu dem ganzen Unterabschnitt das Kapitel «*Hat das Heil auch ein Geschlecht?*» bei Pahud de Mortanges, «Body@Performance».

schaft und Milch spendende Brüste zuwies und andere weiblich konnotierte Funktionen auf den Leib schrieb. Bei all dem, so Steinberg, habe man sich immerhin doch geweigert, Jesus den Bart zu verwehren und ihn zu einem weichgezeichneten Erlöser zu machen. Obwohl es für alle spätmittelalterlichen Künstler unfraglich gewesen sei, dass Christus ein Mann war, habe man gleichwohl systematisch seine männlichen Genitalien unterschlagen.[138]

Dies wohl deshalb, weil man theologisch festhalten wollte, dass der Körper Jesu frei von jeder Begehrlichkeit (Konkupiszenz) war, die dem Kirchenvater Augustinus (354–430) zufolge in diesen Zeugungs- respektive Schamgliedern wohnte und von diesen ausging.

Gemäss dem Kirchenvater Augustinus war der Leib des ersten Menschenpaares Adam und Eva auch schon *vor* dem Sündenfall mit Genitalien ausgestattet. Im paradiesischen Urzustand aber seien diese weder Ursache von Sünde noch Gegenstand von Beschämung gewesen. Hätte das erste Menschenpaar Adam und Eva nicht gesündigt, würde der Mensch immer noch wie damals diese Glieder in gleicher Weise – nämlich durch den Willen – bewegen, so wie wir Menschen Füsse oder Arme oder den Kopf willentlich bewegen können. Erst der Sündenfall habe es mit sich gebracht, dass diese Glieder sich dem menschlichen Willen entzogen und ein Eigenleben führten, was Ausdruck der Konkupiszenz sei, weshalb Augustinus und viele nach ihm auch von der schamvollen Bewegung dieser Glieder sprechen.[139] Die deutsche Mystikerin Mechthild von Magdeburg (1207–1282) war hier anderer Meinung. Ihr zufolge hat Gott das erste Menschenpaar Adam und Eva ohne Schamglieder geschaffen. Steinberg vermutet, dass hier bei Mechthild der Gedanke leitend war, dass diese Glieder immer schon identisch sind mit Sünde und Konkupiszenz und von daher auf kei-

138 Steinberg, *The Sexuality of Christ*, S. 247.

139 «Wären die Menschen schuldlos und zum Lohn für geleisteten Gehorsam im Paradiese verblieben, so würden sie sich der Zeugungsglieder in derselben Weise bedient haben zur Gewinnung von Nachkommenschaft wie der übrigen Glieder, nämlich nach dem Machtanspruch des Willens». Augustinus, *De Civitate Dei* XIV. 24. «Der Glückszustand des paradiesischen Daseins», so Augustinus, hätte es auch erlaubt, «den Zeugungsakt ohne beschämendes Verlangen vorzunehmen. [...] Wie es im Paradiese weder Hitze noch Kälte» gab, so habe «der gute Wille» dort «keine Gefährdung» erfahren, «weder von Seiten der Begehrlichkeit noch von Seiten der Furcht». Augustinus, *De Civitate Dei*, XIV. 26. Vgl. auch Augustinus, *De Genesis*, II. IX. 10, sowie Müller, «Scham und menschliche Natur», S. 59; Brown, *Keuschheit der Engel*, S. 404–417; Seelbach, «*Das weibliche Geschlecht*», S. 171–227; Murray, «The law of sin», S. 9–22.

nen Fall bei Jesus vorhanden gewesen sein können, da er aufgrund seiner göttlichen Natur ohne Erbsünde gewesen sein muss (!).[140]

Erst die Renaissancekunst, so Steinberg, habe Christus – dem Kind wie auch dem Mann am Kreuz – seine männlichen Genitalien zurückgegeben. Dies nicht etwa, um seinen Körper mit der (Ur-)Sünde Adams auszustatten, sondern vielmehr, um der Entmännlichung Jesu entgegenzuwirken und ihn als den neuen, *perfekten* und vollständigen Adam/Mann zu zeigen.[141]

Steinberg vermag auch eine gewisse Symbolik zu erkennen zwischen dem Blut, das aus der Seitenwunde floss, und jenem der ersten Wunde, die Jesus als jüdischem Knaben mit der Beschneidung seines männlichen Gliedes zugefügt worden ist.[142] Was Steinberg an den von ihm vorgestellten Kreuzigungsdarstellungen der Renaissance ebenfalls abzulesen glaubt, das ist der Zusammenhang zwischen *Erektion* und *Resurrektion*[143], welcher im dezent verhüllten, aber doch eindeutig erigierten Glied des Gekreuzigten zum Ausdruck komme. Der erigierte Phallus verkörpere das auferstehende Fleisch und die Auferstehung im Fleisch.[144] Steinberg spricht gar von der Ubiquität des Motivs der phallischen Erektion[145], wobei er einräumt, dass die Belege gleichwohl dünn sind und er sich bewusst ist, dass es in der traditionellen, christlichen Mainstream-Theologie keinen Platz für einen «phallischen Christus» gab.[146]

Gegen Steinbergs Interpretation in Sachen Erektion hat Caroline Walker Bynum Widerspruch eingelegt. Steinberg lade das Genital Jesu mit übergrosser phallischer Bedeutung auf, die im Letzten nicht durch die bildlichen Darstellungen gedeckt sei. Und in der Tat: Schaut man sich die von Steinberg als Beleg angeführten Bilder an, so ist man enttäuscht, weil das, was Steinberg zu sehen glaubte, nicht wirklich offenkundig ist. Was zu sehen ist, das sind mit einem weissen Tuch umwickelte Lenden Jesu, wobei der kunstvolle Knoten des Tuchs, der im Genitalbereich angesiedelt ist, in

---

140 Steinberg, *The Sexuality of Christ*, S. 249.

141 Steinberg, *The Sexuality of Christ*, S. 249.

142 So rinnt etwa in Jean Malouels's *Pietà* (um 1400) das Blut aus der Seitenwunde direkt in den Schoss Jesu. Christina von Braun verweist darauf, dass diese Abbildung mit gleichem Recht als «Verweis auf die ‹weiblichen› Eigenschaften des Heilands» gelesen und damit als Verbindung zur weiblichen Menstruation gelesen werden könne. Vgl. von Braun, *Versuch über den Schwindel*, S. 367–368.

143 Steinberg, *The Sexuality of Christ*, S. 315: The Erection-Resurrection Equitation.

144 Steinberg, *The Sexuality of Christ*, S. 316: The Phallus as a sign of «resurgent flesh» and as the «anti-death-weapon».

145 Steinberg, *The Sexuality of Christ*, S. 298: «The Ibiquity of the Erection Motif».

146 Steinberg, *The Sexuality of Christ*, S. 316.

Abb. 37
Links: Wolf Huber, Allegorie der Kreuzigung (1550), KHM-Museumsverband, Wien
Rechts: Hans Schäufelein, Kreuzigung (1515), Kunsthalle Karlsruhe

der Tat sehr viel Stofffülle hat und aufgerichtet und aufragend weit vorsteht, so etwa in der *Allegorie der Kreuzigung* von Wolf Huber (ca. 1550)[147], in Hans Schäufeleins *Kreuzigung* (1515)[148] oder Lukas Cranachs *Heiliger Trinität* (1515–1518)[149].

Das stärkste Argument gegen die Bedeutungsaufladung des männlichen Genitals Jesu ist aber im letzten ein anderes. So wie die Vulva Jesu nicht vornehmlich eine sexuelle Potenz seines Körpers zum Ausdruck

147 Siehe die ganzseitige Abbildung Fig. 283 bei Steinberg, *The Sexuality of Christ*, S. 299.
148 Siehe die Abbildung Fig. 284 bei Steinberg, *The Sexuality of Christ*, S. 301.
149 Siehe die ganzseitige Abbildung Fig. 285 bei Steinberg, *The Sexuality of Christ*, S. 302.

bringt, sondern eine funktionale, so ist (wohl) auch sein (erigiertes) Glied nicht primär Ausdruck (s)einer Männlichkeit. Die männliche und weibliche Beschriftung seines Leibes impliziert vielmehr eine Körpersemantik, die das ganze Spektrum der Potenz dieses vulnerablen, menschlichen Körpers zum Ausdruck bringt, der alle Gendergrenzen übersteigt.[150]

Was freilich nicht ausschloss, dass dieser Körper Jesu in seiner vulnerablen Menschlichkeit Gegenstand erotisch-sexuell imaginierter und konnotierter *communicatio corporis* war, die sich ganz unmittelbar von Leib zu Leib, von Körperlichkeit zu Körperlichkeit ereignete, ohne dass die kirchlich-institutionell performte Liturgie der Eucharistie dazwischengeschaltet war. Neben Akten der nicht vermittelten Ermächtigung und intimen Selbstbemächtigung des Leibes Jesu – etwa durch visionäre Penetration seiner Wunde, durch Tragen seiner bei der Beschneidung abgefallenen Vorhaut als Ring oder das Essen dieser Vorhaut – war auch die vermittelte körperliche Aneignung des Leibes Christi durch Essen und Trinken desselben in seiner transsubstantiierten, eucharistischen Gestalt als Brot/Hostie und Wein bedeutsam und von grossem Gewicht. Das Vierte Laterankonzil (1215) hatte die Lehre von der Transsubstantation festgehalten, wonach die eucharistischen Gestalten von Brot und Wein wahrhaft in Fleisch und Blut Christi gewandelt werden.[151] Das Wunder der sogenannten Gregorsmesse[152], das sich bei Papst Gregor I. (540–604) in der Kirche Santa Croce in Gerusaleme (Rom) zugetragen haben soll, sollte diese Lehre nachgerade bestätigen:[153]

Während der Messe, der Papst Gregor I. vorgestanden habe, sei Christus als Schmerzensmann mit seinem die Wunden der Passion tragenden Leib lebensgross auf dem Altar zu liegen gekommen, gleichsam als Bekräftigung und Bestätigung der Lehre von seiner leiblichen Gegenwart (Realpräsenz) im Messopfer, insofern sichtbar und direkt das Blut aus seiner Seitenwunde direkt in den Messbecher floss.[154] In dieser Sinnlogik lag auch, dass der Bild-

---

150 Walker Bynum, *Fragmentierung und Erlösung*, S. 94–95.

151 Vgl. McCue, «The Doctrine of Transsubstantiation»; Schneider (Hg.), *Handbuch der Dogmatik* Bd. 2, S. 283–288.

152 Gormanns/Lentes (Hg.), *Das Bild der Erscheinung*; Angenendt, *Offertium*, S. 420–422; Thomas, «Gregoriusmesse», Sp. 199–202.

153 Zum Konnex von Transubstantiationslehre, Stigmatisierung und Gregorsmesse in erinnerungskultureller Perspektive vgl. Schmidt-Hannisa, «Eingefleischte Passion», S. 72–75.

154 Das Erleben von Christi konkreter Körperlichkeit bei der Eucharistie hat auch Katharina von Siena erfahren. Sie beschreibt etwa, wie sie beim Essen der gewandelten Hostie Christi «brechende Glieder und Knochen in ihrem Mund» spüre. Vgl. Klinger, «‹Als sei Ich ein Anderer›», S. 113–114 Anm. 100.

typus der Gregorsmesse motivisch die *arma Christi* aufnahm und integrierte.[155] Das Konzil von Konstanz (1414–1418) war es dann, welches zwei Jahrhunderte später die Kelch-Kommunion allein den Priestern vorbehielt.[156] Die einfachen Gläubigen empfingen die Eucharistie fortan nur unter der Gestalt des Brotes/der Hostie; dies könnte, so hat man gemutmasst, mit ein Grund dafür sein, dass die Seitenwunde Jesu und ihr Blut und das der Wunden Jesu insgesamt ins Zentrum individueller somatischer Frömmigkeit gerückt waren und die Gläubigen sich dadurch jenseits des hegemonialen Kultes in ihrer privaten Andacht des Blutes Jesu bemächtigten.

g. Auch die Körper der Gläubigen überschreiten Gendergrenzen

Nicht nur der Körper Jesu wird in den Inszenierungen und Körperdiskursen der *memoria passionis* als einer vorgestellt und erlebt, der Geschlechtergrenzen durchbricht. Auch die Körper der Gläubigen, die sich diesem gleichmachen wollen, sind bis ins 17. Jahrhundert an keine festen Geschlechtergrenzen gebunden. Das prädominante Ein-Geschlechtsmodell machte Transitionen und die Überschreitung von Geschlechtergrenzen möglich, weil das Geschlecht, wie wir oben gesehen haben, gerade nicht an anatomischen, genitalen Merkmalen festgemacht wurde. Das eine Geschlecht gab es gemäss den verschiedenen Hitzezuständen des Körpers eben in vielerlei und vielförmiger Gestalt.

Nachfolgend sollen nur sehr arbiträr ein paar wenige Beispiele benannt werden, ohne dass das Thema an dieser Stelle erschöpfend behandelt werden kann. Die bereits oben erwähnte Wilgefortis, die bärtige Frau am Kreuz, stellt keineswegs einen Einzelfall dar. Bereits in der Zeit der frühen Kirche wurde der Diskurs über das heiligmässige Leben und die notwendige Körperaskese mit dem Körperdiskurs über das Männlich-Werden verknüpft. Da der Mann als der perfekte Mensch galt, der genug Hitze hat(te), um seine körperliche Gestalt und seine innere Stärke vollkommen auszubilden, begann man, Heiligkeit und Tugendhaftigkeit im Glauben mit Männlichkeit gleichzusetzen. «Vor dem Hintergrund einer gradualistisch, nicht-binär-oppositär konzipierten Geschlechterdifferenz» war es also durchaus möglich, durch besondere körperliche Askese und Enthaltsamkeit vom «minde-

---

155 Vgl. oben *Gaby und die Dornenkrone (II)*.

156 Die theologische Konzeption der Lehre von der Transsubstantation, die sich auf dem Konzil durchsetzte, betonte, dass in der Hostie selber als der Gegenwärtigsetzung des Leibes auch zugleich und in einem das Blut Christi präsent ist. Gleiches gelte auch für den Kelch/Wein/Blut. Der theologische Terminus technicus dafür lautet *Konkomitanz*. Vgl. dazu Laarmann, «Konkomitanz und Kommunion unter beiderlei Gestalt».

ren» Status in der Hierarchie der Geschlechter sich in den «höheren» Status der Vollkommenheit zu bewegen.[157]

Die antike Lebewesen-Hierarchie kannte eine aufsteigende Linie der Vollkommenheit. Diese hob an mit Unbelebtem, den Pflanzen, denen die Tiere folgten; sodann Sklavinnen und ihnen folgten die Sklaven, freie Frauen und sodann freie Männer; diesen folgten Kaiser und die Engel. Am oberen Ende dieser Hierarchie stand Gott. In der Logik dieser Hierarchie waren es deshalb meist, oder muss man besser sagen, ausschliesslich Frauen, die zum «weiblichen Gottesmann»[158] aufstiegen und entweder körperlich ein Mann wurden oder sich einen männlichen Habitus gaben. Wollte man diese Glaubens- und Körperpraxen mit modernen Termini umschreiben, könnte man versucht sein, sie als religiös motiviertes, christliches *Cross Dressing* zu bezeichnen.[159] Dabei würde man wahrscheinlich im Letzten doch zu kurz greifen, da dieser Wandel, oder besser gesagt, dieses Aufsteigen in der Hierarchie des einen Leibes etwas viel Essenzielleres bedeutete und namentlich als etwas betrachtet wurde, das nicht nur *vor*geburtlich, sondern auch *nach*geburtlich noch möglich war.[160]

Die Wundersammlung des Phlegon von Tralleis aus dem zweiten Jahrhundert n. Chr. weiss von zwei Geschlechtswechseln zu berichten. So geschehen bei einem Mädchen aus Smyrna namens Philotis, welches in heiratsfähigem Alter von seinen Eltern mit einem Mann verlobt worden war und an dem plötzlich männliche Genitalien erschienen und das sodann zu einem Mann wurde. Dasselbe ereignete sich bei einem anderen Mädchen aus Epidauros namens Sympherousa. Daraufhin habe es den männlichen Namen Sympheron getragen und sein Leben als Gärtner verbracht.[161]

---

157 Klinger, «‹Als sei Ich ein Anderer›», S. 99; Cloke, *This Female Man of God*.

158 Cloke, *This Female Man of God*, S. 124.

159 Vgl. dazu den Artikel «Trans in Faith. Early Cross-Dressing Saints and Martyrs», wo eine Vielzahl solcher Beispiele aufgezählt sind. Neben Euphrosyne werden genannt: die Heilige Theodora von Alexandrien, die Heilige Eugenias/Eugenios von Alexandrien, die Heilige Apollinaria, die Heilige Marina/Marinos von Alexandrien, die Heilige Hildegund von Neuss/Bruder Joseph und viele andere.

160 Diese medizinisch-galenisch grundierte und motivierte Option wurde in der Antike unterfüttert durch Rekurs auf den Mythos vom androgynen Urmenschen. Sei es in der Fassung des Mythos bei Platon, den er in seinem *Symposium* als Mythos vom Kugelmenschen erzählt, sei es in der rabbinischen Anwendung desselben auf die Auslegung der biblischen Schöpfungsgeschichte. Mayordomo, «Konstruktionen von Männlichkeit», S. 102. Vgl. auch Klinger, «Sex trouble», S. 70.

161 Alle Belege und weiterführende Literatur bei Mayordomo, «Konstruktionen von Männlichkeit», S. 102 mit Anm. 12.

Der Geschlechtswechsel, der sich im fünften Jahrhundert bei Euphrosyne aus Alexandrien (*415) vollzog, wird nicht als ein leiblicher, sondern als ein sozialer beschrieben. Deshalb wird die von der römisch-katholischen, der orthodoxen, der armenischen, der koptischen wie auch syrisch-orthodoxen Kirche in den Kanon der Heiligen Aufgenommene sowohl als *weibliche Jungfrau* wie auch in eins damit als *männlicher Mönch* geführt. Euphrosyne, so besagt die Legende, wurde als Tochter des Paphuntios in Ägypten geboren und wollte ein asketisches Leben führen. Sie trat deshalb in ein Männerkloster ein und lebte dort während fast vier Jahrzehnten in Männerkleidung unter dem Namen *Smaragdus*. Erst kurz vor ihrem (oder nach) ihrem Tod habe man, so die Legende, ihr wahres Geschlecht erkannt. Ihr Herausragen an Tugend und Glauben liess sie sogar pikanterweise unerkannt zum Ratgeber ihres eigenen Vaters werden, der sich hilfesuchend an die Mönche ihres Klosters gewandt hatte.[162]

Auch im Mittelalter, wo geistlicher Stand und sozialer Status die Hierarchie des Ein-Geschlecht-Leibes ausmachten, erschien ein Wechsel von weiblicher zu männlicher Lebensform eine valable Option. So äusserte die bereits mehrfach erwähnte Katharina von Siena zu Beginn ihres Glaubensweges in der Spur und Nachfolge Jesu den Wunsch, es der ägyptischen Jungfrau/dem Mönch Euphrosyne gleichzutun und in eine Gemeinschaft von Brüdern aufgenommen zu werden.[163] Raimund von Capua, ihr Biograf, berichtet von diesem Wunsch in seiner *Legenda maior*.

> «Sie sah natürlich, dass das für sie als Frau unmöglich war. Sie träumte aber oft davon, dasselbe wie die selige Eufrosina zu tun, deren Namen sie ja zufällig in ihren Kinderjahren als Kosenamen getragen hatte. (Diese Gedanken Caterinas kenne ich aus einer ihrer Beichten). Eufrosina hatte sich nämlich als Mann ausgegeben, um in ein Mönchskloster einzutreten. Caterina wollte gleicherweise in einer entfernten Gegend, wo niemand sie kannte, als Mann verkleidet, Predigerbruder werden, um den Menschen zu Hilfe zu eilen, deren Heil gefährdet war.»[164]

---

162 «Euphrosyne von Alexandrien».

163 Klinger, «‹Als sei Ich ein Anderer›», S. 99.

164 Jungmayr, *Legenda maior* Bd. 1, S. 55–56.

3. Das Begehren und das Fleisch

Künstlerische Transpositionen im Werk von Alfred Hrdlicka (1928–2009)

Der österreichische Künstler und Professor für Bildhauerei in Stuttgart, Alfred Hrdlicka (1928–2009), hat sich in seinem zeichnerischen und bildhauerischen Werk ganz dem Fleisch und seiner Ambivalenz von Lust und Gewalt verschrieben. Obschon er sich als bekennenden Marxisten bezeichnete und ein kritisches Verhältnis zur Religion und zum Katholizismus hatte, nehmen die Themen *Christentum* und *Christus* einen prominenten Platz in seinem Œuvre ein. «Alle Macht in der Religion», so hat er es formuliert, «geht vom Fleische aus».[165] An Christus interessierte Hrdlicka vor allem der Aspekt der Inkarnation. «Ich glaube, dass die bildende Kunst dann ihre stärksten Positionen und ihren stärksten Ausdruck bekommt, wenn die Gedankenwelt Fleisch wird, d. h. wenn in ihr Gedanken anschaulich werden. Und Christus ist ja nicht nur ein Symbol, das gewissermassen am Himmel schwebt und ist nicht ein abstraktes Zeichen, sondern er ist Fleischwerdung Gottes.»[166]

a. Der gekreuzigte Christus und die Kraft genitaler Männlichkeit

Was Steinberg in Bezug auf die *expositio genitalis* in den Kreuzesdarstellungen der Renaissancekunst hervorgehoben hat, das lässt sich in Beziehung setzen zu der Art, wie Alfred Hrdlicka im 20. Jahrhundert Christus in seiner Leiblichkeit und auch in seiner genitalen Männlichkeit ins Bild gesetzt und in Stein gemeisselt hat.[167]

1959 schuf er den Torso *Der Gekreuzigte*.[168] Dieser langgestreckte Torso hat weder Arme noch Kopf. Prominent ausgearbeitet und sichtbar ist aber sein (nicht erigiertes) Genital. Als dieser Torso in der neuromanischen Jesuitenkirche St. Peter in Köln in der Apsis hinter dem Altar aufgestellt wurde, rief das in der katholischen Öffentlichkeit Protest hervor und führte auch zu theologischem Einspruch. Was letztlich den Widerspruch auslöste, lässt sich nicht mehr mit Sicherheit rekonstruieren.[169] Friedhelm Mennekes

---

165 Mennekes, «Und das Wort ist Fleisch geworden», S. 235.

166 Mennekes, «Alfred Hrdlicka», S. 64.

167 Mennekes, «Alfred Hrdlicka»; Mennekes, *Kein schlechtes Opium*; Hrdlicka, *Glaubenskriege*.

168 Abgebildet bei Mennekes, *Kein schlechtes Opium*, S. 149.

169 Es ist mir nicht ganz gelungen, Chronologie und Akteure dieser Auseinandersetzung im Detail zu rekonstruieren, deren Spuren sich an mehreren Punkten verlieren. Invol-

Abb. 38
Alfred Hrdlicka, Der Gekreuzigte (1959)
Foto@mumok-Museum moderner Kunst
Stiftung Ludwig Wien

(*1940)[170], Jesuitenpater, Professor an der Hochschule St. Georgen und von 1987 bis 2008 Pfarrer der Jesuitenkirche St. Peter in Köln, erinnert sich so: «Inzwischen tobte ein grosser Kampf in der Gemeinde, denn in der Kirche stand ‹Der Gekreuzigte› von 1959. Ein nackter Torso hing an einer Eisen-

viert in den Disput war wohl auch der Kunsthistoriker und Dogmatiker Alex Stock. Ich danke an dieser Stelle Herrn Prof. Dr. August Heuser (Frankfurt) und Herrn Dr. Abraham Kustermann (Stuttgart), beide ehemals Akademie der Diözese Rottenburg-Stuttgart, für die aufschlussreichen Gespräche in dieser Sache.

170 Friedhelm Mennekes, Professor für Religionspädagogik und Religionssoziologie, hat sich um die theologische Erschliessung zeitgenössischer Kunst äusserst verdient

stange in der Apsis an der zentralsten Stelle dieser neuromanischen Kirche und wurde im Gottesdienst praktisch liturgisch vereinnahmt. Wir haben da getauft und Hochämter mit viel Weihrauch gefeiert. Der Torso war so schön wie geschunden, so himmelschreiend wie erdverbunden.»[171] Bleibt zu mutmassen, dass es eventuell die offenkundige genitale Leiblichkeit bei gleichzeitiger Abwesenheit des Gesichts war, die als stossend, um nicht zu sagen: als blasphemisch empfunden wurde.

Damit scheint sich hier gleichsam mit einer nochmals anderen Volte und Wendung die Kritik ORLANs an Courbets Darstellung der Vulva zu wiederholen: der Skandal der apersonalen und deshalb blasphemischen *expositio genitalis*. Dass im Werk Hrdlickas das Moment der Kraft wie auch das der Gewalt mit männlicher Potenz und Geschlechtlichkeit verbunden ist, ist unstrittig. Die offenkundige Präsenz des männlichen Genitals beim Torso *Der Gekreuzigte* (1959) kann aber, die Interpretationslinie der funktionalen Heilsanatomie aufnehmend, auch als *expositio humanitatis* und als *Ecce homo* dechiffriert werden, in dem sich Kraft *und* Vulnerabilität des Menschlichen vereinen.[172]

Auch die Werkausstellung im Wiener Dommuseum anlässlich des achtzigsten Geburtstages von Hrdlicka wurde zum Skandal.[173] Namentlich seine Adaptationen des *Letzten Abendmahls* von Leonardo Da Vinci erregten Anstoss. Man warf ihm vor, er pervertiere dieses zu einer «homo-perversen Orgie». Die Präsenz eines erigierten Phallus in einer der Skizzen, die dem Blick des Betrachtenden womöglich entgangen sein könnte, weil sie

gemacht. Er gilt zu Recht als *der* Doyen des Dialogs zwischen moderner Kunst und Kirche im 20. Jahrhundert. Mennekes war mit vielen Künstlern im direkten Gespräch und Austausch. Entsprechend vielfältig sind die Publikationen, in denen er den Werken von Joseph Beuys, Alfred Hrdlicka, Arnulf Rainer, Herbert Falken (und vielen mehr) nachspürt. 1989 gründete er die Kunststation St. Peter in Köln als Zentrum für zeitgenössische Kunst und Musik; seither ist er als Gastprofessor weltweit tätig. Vgl. Lentz/Mennekes, *Zwischen Freiheit und Bindung*. Durch die Vermittlung von Pater Mennekes war es mir allererst möglich, die in diesem Band gezeigten Hrdlicka-Werke aufzuspüren und die Rechte für ihren Abdruck zu erhalten, wofür ich ihm auch an dieser Stelle meinen grossen Dank aussprechen möchte.

171 Mennekes, *Kein schlechtes Opium*, S. 228.

172 Diesen Schluss lassen u. a. die Ausführungen von Hermann Miklas in seinen «Gedanken zum Karfreitag» zu, wo er berichtet, dass er Gelegenheit gehabt habe, sich mit Hdrlicka über die Skulptur auszutauschen, wonach die Präsenz der Geschlechtsteile «mitten in aller Tod-Geweihtheit ein geradezu verstörendes Symbol des Lebens» darstellten.

173 Westall, «Erotic Jesus».

sich äusserst dezent zurücknimmt, wurde als Ausdruck der sexuellen Obsessionen des Künstlers gebrandmarkt.[174]

Im Gegensatz zu dieser Brandmarkung hat Friedhelm Mennekes immer wieder die «ausserordentliche – auch künstlerische – Vitalität» Hrdlickas hervorgehoben. Diese sei «oft aufs Letale gerichtet, auf Todesverfallenheit» ausgerichtet gewesen und sei damit gleichsam zum «Gegenpol von dem» geworden, «was sich in der Akzentuierung der Genitalien und der Betonung von Geschlechtlichkeit überhaupt als positiv diesseitig zu erkennen» gebe. Nicht Lust sei das Ziel der Darstellung, «sondern oft genug so etwas wie Verhängnis». Leben werde damit in der Ambivalenz von «Erleiden von Gewalt» und von «Gewaltzufügung» gehalten.[175] Was Mennekes hier in Bezug auf Hrdlicka formuliert, das wird auch in neueren Diskursen über das Humanum thematisiert, wo die Doppelstruktur von *Vulneranz* (Macht zu verletzen) und *Vulnerabilität* (Verwundbarkeit) betont und für einen doppelten Blickwechsel plädiert wird.[176]

b. Die Passion(en) Pasolinis und Pasolini als Christus mit Dornenkrone und Seitenwunde

In mehreren Werken brachte Hrdlicka das Schicksal und den Kreuzweg des italienischen Dichters und Filmemachers Pier Paolo Pasolini (1922–1975) auf Papier und hämmerte es in Marmor. In diesen scheint nicht nur die eben erwähnte Ambivalenz von *Vulnerabilität* und *Vulneranz* auf, sondern es findet nachgerade eine topologische Analogisierung zwischen Pasolini einerseits und Christus andrerseits statt. Dies ist durchaus kühn zu nennen, da Hrdlicka an der gelebten Homosexualität Pasolinis nicht nur keinen Zweifel lässt, sondern diese ursächlich mit dem Leiden Jesu verknüpft.

Ausgangspunkt von Hrdlickas Auseinandersetzung mit Pasolini war dessen Ermordung im November 1975, die seinerzeit die italienische Öffentlichkeit zutiefst aufgewühlt und erschüttert hat. Der Schriftsteller Arnold Stadler (*1954) berichtet, wie er damals als Theologiestudent in Rom im Fernsehen die Nachricht vom Tod Pasolinis im Fernsehen verfolgte

---

174 «Das letzte Abendmahl als ‹homo-perverse› Orgie».

175 Mennekes, «Alfred Hrdlicka», S. 77.

176 Unter Rekurs auf Georges Bataille (1897–1962) plädiert Hildegund Keul für eine «souveräne Vulnerabilität», welche die eigene Verletzlichkeit bewusst in Kauf nimmt und den eigenen Selbstschutz zurückstellt, um den vulnerablen anderen zu schützen und gerade so Humanität praktiziert. Vgl. Keul, «Dem Gewaltpotential menschlicher Verwundbarkeit widerstehen» sowie das DFG-Projekt von Keul «Verwundbarkeiten. Eine Heterologie der Inkarnation im Vulnerablilitätsdiskurs» (Projektnummer 389249041).

Abb. 39
Alfred Hrdlicka
Hommage à Pasolini –
Pasolini als Schmerzensmann
Bronzeguss 1986 nach Stein
(weisslich-grauer Carrara-Marmor)
von 1983
151 × 75 × 40 cm
Sammlung Würth, Inv. 901
Foto: Philipp Schönborn, München

und auch dem späteren öffentlichen Trauerzug beiwohnte: «[…] Italien war in einer Art Ausnahmezustand, vor allem in der Presse und im Fernsehen, voller Bilder und Kommentare zum grauenhaften Tod; es war eine öffentliche Aufgewühltheit und Betroffenheit, wie ich sie bis zum Tod von Lady Diana nicht mehr erlebt habe.» Der tote Pasolini, so Stadler weiter, habe einen «Anblick wie aus der Passionsgeschichte» geboten. «Nur handelte es sich nicht um Jesus und auch nicht um einen Heiligen, sondern um Pasolini, der gerade seinen skandalös hoffnungslosen Film *Salò oder Die 120 Tage von Sodom* zu Ende bringen wollte, als wäre dieser Film sein Spiegel gewesen.»[177]

Als Kreuzweg und Passionsgeschichte hat auch Hrdlicka Pasolinis Weg und Ende dargestellt; und am Ende hat er Pasolini die memorialen Zeichen der Passion Christi auf den Leib gemeisselt, sodass seine Gestalt mit der Christusgestalt verschmilzt. Seine 1983 fertiggestellte Skulptur trägt den Titel *Hommage à Pasolini*[178] und wurde 1985 auch als Bronzeguss aufge-

177 Vgl. dazu bei Stadler, *Salvatore*, S. 165.
178 Mennekes, *Kein schlechtes Opium*, S. 232–233 mit Abbildung Nr. 246.

legt. Wie der skandalumwitterte, gekreuzigte Christus Hrdlickas aus dem Jahr 1959 so ist auch Pasolini «nur» ein Torso. Im Gegensatz zum Christustorso hat er jedoch Kopf und Mund und Nase und auch Augen, die allerdings geschlossen sind. Mächtig und massig und schwer ist die Dornenkrone, die das Gesicht beinahe zur Hälfte verdeckt. Überdies weist der Oberkörper Pasolinis auf der rechten Seite eine waagrechte Wunde auf, die motivisch, topografisch und ikonografisch keinen Zweifel daran lässt, dass es sich um die Seitenwunde Jesu handelt.[179]

Solchermassen reiht Hrdlicka Pasolini in die Reihe derer ein, die wie Franz von Assisi und die anderen Stigmatisierten nach ihm, die Seitenwunde Jesu auf dem Leib trugen. Er adelt damit auch das, was Pasolini ausmachte und ihn zugleich zum kirchlichen und gesellschaftlichen Aussenseiter machte: seine Art zu lieben und sein homosexuelles Begehren. Pasolini war also ein Stigmatisierter. Pasolini ein wie Christus mit Dornen Gekrönter. Pasolini ein Ermordeter mit durchbohrter Seite. Dass Hrdlicka Pasolini solchermassen mit Jesus parallelisieren konnte, hat auch mit dem Umstand zu tun, dass Pasolini selber in seinem Film *Das 1. Evangelium nach Matthäus* das Leben Jesu nicht nur verfilmt, sondern auch die Poesie des Matthäusevangeliums und der Gestalt Jesu freigelegt hat und seine emotionale Nähe zum Katholizismus unbestritten war.[180]

Worin die Stigmatisierung Pasolinis, worin sein Kreuzweg und seine Leidensgeschichte bestand, das hat Hrdlicka in seinem aus 37 Radierungen bestehenden *Zyklus Pasolini* (1984)[181] sowie in seiner Skulptur *Das schauerliche Ende des Pier Paolo Pasolini* (1975/76) ausgeleuchtet. In beiden Werkstücken ist die «Hinrichtung» Pasolinis – er wurde am 2. November 1975 leblos auf einem Parkplatz am Strand von Ostia bei Rom aufgefunden – mit seinem homosexuellen Begehren verknüpft.

> «Als ich [Hrdlicka] die Nachricht von der Ermordung Pasolinis las, wusste ich zwar, wer Pasolini war, aber keineswegs, wie er ausgesehen hatte. Trotzdem begann ich noch am selben Tage, an der Skulptur [...] zu arbeiten. Über den vermutlichen Tathergang konnte man lesen, dass der Täter versucht hat, mit dem gestohlenen Auto Pasolini mehr-

179 Der Torso steht aufrecht und zeigt trotz der Schmerzversunkenheit «eine Souveränität, in der das Leiden aufgehoben ist.» Mennekes, *Kein schlechtes Opium*, S. 232.

180 Stadler, *Salvatore*, S. 171.

181 Der Zyklus gegliedert sich drei Teile: 1. Die Jugend Pasolinis 2. Sein Leben und Wirken 3. Sein Leiden und seine Hinrichtung. Er ist abgebildet bei Mennekes, *Kein schlechtes Opium*, S. 217–227.

Abb. 40
Alfred Hrdlicka
Das schaurige Ende des Pier Paolo Pasolini. Museum Ludwig, Köln. Inv.-Nr. ML 01387.
Foto © Rheinisches Bildarchiv, rba_199253 © Alfred Hrdlicka Archiv, Wien: www.alfred- hrdlicka.com

> fach zu überfahren. Bilder vom Tatort bekam ich erst einige Zeit später zu Gesicht.»[182]

Ohne den Tatort gesehen zu haben und allein der Notiz folgend, wonach der Mörder Pasolini mit seinem eigenen Wagen überfahren habe, fängt Hrdlicka genau diesen Moment auf ikonische Weise in Marmor ein und durchmisst dabei die Dramatik und existenzielle Tiefendimension dieses Geschehens. Er zeigt Pasolini als platte, am Boden liegende Gestalt. Dort, wo sein Kopf und sein Hals zu vermuten sind, sind nur tiefe Abdrücke eines Autoreifens zu sehen. Die linke Hand des so plattgefahrenen Pasolini hält sein aufgerichtetes Glied.

Im *Pasolini-Zyklus* wird Hrdlicka dann noch konkreter und expliziter; seine 37 Radierungen sind an Drastik und Explizität nicht zu überbieten.[183] Das mutmassliche Geschehen zeichnet er, den Gerichtsakten folgend, so: Ein junger Mann, Vorname Pelosi, sitzt mit Pasolini im offenen Auto und verkehrt mit ihm oral (Abb. 228); es folgt ein Kampf zwischen Pasolini und Pelosi wegen Nicht-Einhaltens der Absprachen über die zu erbringenden Dienste (Abb. 229–231); und schliesslich fährt ein grosses Autorad über den am Boden liegenden Pasolini (Abb. 238).[184]

---

182 Zitiert nach Mennekes, *Kein schlechtes Opium*, S. 210.
183 Mennekes, *Kein schlechtes Opium*, S. 213.
184 Mennekes, *Kein schlechtes Opium*, S. 217–225.

Obschon Pelosi zu neun Jahren Haft verurteilt wurde, ist bis heute nicht im Letzten geklärt, ob Pelosi wirklich der Mörder Pasolinis war oder ob es sich, wie manche annehmen, um eine Verschwörung faschistischer Kreise handelte, die den unbequemen linken Intellektuellen Pasolini loswerden wollten. «So viel weiss man: Pasolini hatte in der Todesnacht von Allerheiligen auf Allerseelen diesen Jungen in der Gegend der Stazione Termini gefunden, und der war mit Pasolini gegen Geld Richtung Meer gefahren, der irdischen Liebe wegen. Da Pasolinis Art zu lieben nicht anerkannt war, ja fast zeit seines Lebens unter Strafe stand, hatte er ein ungerades, aber aufrechtes Leben führen müssen.»[185]

Die im Œuvre Hrdlickas greifbare Repräsentation, Transposition und Adaptation der Passionsgeschichte Jesu im Horizont des gesellschaftlich und kirchlich negierten homosexuellen Begehrens und Liebens Pasolinis wird unten im Kapitel *Gaby und die Dornenkrone (III)* ihre sachliche Fortführung finden, dort, wo die Transgender-Frauen im Lima des 20. Jahrhunderts und die LGTB-Community im Polen des 21. Jahrhunderts vorgestellt werden. Dort ist dann auch genauer auf die erinnerungskulturellen Prozesse einzugehen, die solchen Transpositionen zugrundliegen.

185 Stadler, *Salvatore*, S. 166–167.

TEIL C
LEHRSTÜCK

Gaby und die Dornenkrone (III) oder: Das Recht von *Gaby* als *Person* und als *Kunstwerk* auf ihre eigene Geschichte

«We can't win their battles for them, but we can align ourselves as allies and empower their fight for equality.»
Andrew Mroczek

Abb. 41
Gaby aus der Serie *Vírgenes de la Puerta*
Andrew Mroczek/Juan José Barboza-Gubo

Das Coverbild *Gaby* hat uns bis hierher durch dieses Buch begleitet. Beim genauen Hinsehen und Schauen entbarg es visuelle Codes und memoriale Zeichen, die für unser Fragen und Vorgehen wegweisend wurden. Die schwebende, überdimensionale, mit silbrigem Widerschein versehene Dornenkrone, aber auch der sehr weisse Büstenhalter wurden uns zum interpretatorischen Firmament und Verweis auf die Geschichte des Jesus von Nazaret, auf die Textur, Grammatik und Performanz seiner Passion und seines Geschlechtergrenzen sprengenden Leibes. Und so war uns *Gaby* bis hierher vor allem dies: ein *eye catcher* und *eye opener* für die Geschichte eines Anderen.

1. Wider jede Instrumentalisierung von *Gaby*

Es dabei zu belassen und *Gaby* auf diese ikonografische Verweisfunktion, diese visuelle Wegleitung zu reduzieren, würde bedeuten, Kunst im Allgemeinen und dieses Kunstwerk im Besonderen zum blossen Stichwortgeber zu degradieren und für meine Zwecke zu instrumentalisieren. Nicht nur wäre dies unvereinbar mit meinem Verständnis von Kunst, ihrer Autonomie und der politischen Kraft ihrer Ästhetik.[1] Es wäre zudem angesichts der Geschichte *hinter* dem Bild zynisch und übergriffig zugleich, Gaby und ihre Schwestern einmal mehr ihrer Dignität und ihres Rechtes zu berauben.

Gaby als Mensch und Gaby als Kunstwerk und mit ihr ihre Transgender-Schwestern in ihr Recht auf ihre je eigene Geschichte zu setzen, das kann nur, wer diese kennt und erzählend erinnert. Genau das haben die beiden Künstler Andrew Mroczek und Juan José Barboza-Gubo mit ihrer Serie *Vírgenes de la Puerta*, zu der *Gaby* gehört, gemacht. Und so ist diese Serie, um es in der Terminologie unseres Buches zu sagen, Konstruktion und Performanz von Gedächtnis zugleich. Die Serie und im Besonderen Gaby erzählen die Geschichte von Gaby und bedienen sich erinnerungskultureller Codes christlicher Textur und Provenienz, was sich sowohl in der Titelwahl wie auch in den bildimmanenten ikonografischen Bezügen spiegelt.

Um diese Referenzen in ihrer Internarrativität verstehen zu können und damit auch die Situierung von Gaby als Person und Kunstwerk, muss zunächst jene *Virgen de la Puerta* (Otuzco/Peru) in den Blick kommen, deren Geschichte im 17. Jahrhundert im Norden von Peru beginnt; und die

1 Vgl. Pahud de Mortanges, «Be a somebody with a body», S. 223–225 mit Literatur.

dann im 20. Jahrhundert in der Hauptstadt Perus fortgeschrieben wird, um sich schliesslich im 21. Jahrhundert mit *Gaby* und ihren Transgender-Schwestern in der Fotoserie *Vírgenes de la Puerta* zu verbinden. Das letzte Wort über Gaby, ihren Kontext und ihre Passion ist den beiden Künstlern Andrew und Juan in dem das Buch beschliessenden, letzten Kapitel vorbehalten.

2. Die *Virgen de la Puerta* (Otuzco/Peru) und ihr Weg ins Lima des 20. Jahrhunderts

Die *Virgen de la Puerta* ist eine Marienfigur, welche vor mehr als drei Jahrhunderten zur Schutzheiligen der Stadt Otuzco wurde. Die Legende besagt, dass im 17. Jahrhundert im Norden von Peru Piraten nahe der Stadt Trujillo an Land gingen.[2] Von dort drangen sie marodierend ins Hinterland vor. Im etwa siebzig Kilometer von Trujillo entfernten, in der Sierra gelegenen Ort Otuzco (heute Region La Libertad), war man ob dieser Überfälle und Beutezüge in grosser Sorge. Zum Schutz vor den Piraten stellten die Einwohner von Otuzco ihr örtliches Marienbild vor das Haupttor der mit Mauern umgebenen Stadt. Dass die Stadt unberührt blieb und die Piraten unverrichteter Dinge vorbeizogen, das schrieb man fortan dem wundersamen Wirken der Jungfrau von Otuzco zu, die daraufhin den Namen *Virgen de la Puerta* erhielt.[3]

Seitdem pilgern jedes Jahr am 15. Dezember Tausende von Gläubigen zur *Virgen* oder *Señora de la Puerta*, die umgangssprachlich auch *Mamita* genannt wird. Ein Kosename, der nicht nur der Jungfrau in Otuzco vorbehalten ist, sondern mit dem heute noch im andinen Hochland Frauen alltäglich begrüsst werden.[4] Bereits am 14. Dezember, dem *Día de la bajada* wird die Marienfigur, die sonst über dem Altar der Kirche angebracht ist, herabgenommen und auf eine Art Rampe gestellt. Am Morgen des folgenden Tages wird nach der Feier der Messe die Schutzheilige ganz analog zu dem oben beschriebenen Prozedere bei der *Semana Santa* in den verschiedenen Prozessionen durch die Strassen der Stadt geleitet. Wie in der *Semana Santa* wird ihr Umgang dabei begleitet von Gläubigen, von Musikgruppen

2 Vgl. «La Virgen de la Puerta».

3 Vgl. «The Virgins of the Door».

4 Bewegt man sich heute etwa im Hinterland von Trujillo, dann wird man als erwachsene Frau von anderen Frauen, die Waren verkaufen oder mit denen man im Bus fährt, freundlich mit *Mamita linda* angesprochen.

und sogenannten *cargadores*, welche die *anda*, auf der das Heiligenbild angebracht ist, tragen.[5]

Nicht nur die Gläubigen pilgern zur *Virgen* nach Otuzco, sondern die Schutzheilige (respektive verkörpernde Nachbildungen derselben) macht sich auch selber auf den Weg und geht auf Wallfahrt zu den Gläubigen, die sie in mehrtägigen Fussmärschen an verschiedene Orte begleiten.[6] So kommt sie jeweils Ende Juli/Anfang August dorthin, wo dereinst die Piraten an Land gegangen sind: nach Trujillo.[7] Nach ihrer Ankunft wird die *Virgen* von Musikkapellen, Trommlern und verschiedenen Tanzgruppen begleitet. Letztere färben sich das Gesicht oder tragen Masken und begleiten den Prozessionszug mit dem Freiheitstanz der Sklaven, der *Danza de los negritos*.[8] Zu den über mehrere Tage sich erstreckenden, nächtlichen Umzügen in den Quartieren der Stadt kommen unter Tag Besuche in Krankenhäusern, Altersheimen und Gefängnissen der Stadt.[9] Nach knapp einer Woche Aufenthalt in Trujillo kehrt die *Virgen de la Puerta* jeweils wieder nach Otuzco zurück.

Barboza-Gubo und Mroczek berichten nun von dem, was man mit erinnerungskulturellen Termini eine *Translation* der geografisch-regional klar umschriebenen Verehrung der *Virgen* aus dem andinen Hochland ins urbane Lima nennen kann.[10] Wie kam die *Virgen* von Otuzco nach Lima?

---

5 «La Virgen de la Puerta. Escudo contra los infieles».

6 «La Virgen de la Puerta».

7 Im August des Jahres 2013 war ich selber bei der Ankunft und der nächtlichen Prozession der *Virgen de la Puerta* in Trujillo/Peru anwesend und konnte den Umzug mit allen anderen Gläubigen am Strassenrand stehend im Quartier El Golf erleben. Besonders eindringlich war, wie die Musikkapellen und Trommler es vermochten, den ganzen öffentlichen Raum auszufüllen und die primären Akteure wie auch die, die wir am Strassenrand standen, zu einem äusserlich und innerlich bewegten und sich bewegenden Körper zu verbinden.

8 Während der Kolonialisierung Perus verschleppten die Spanier Menschen nach Peru, um die Infrastruktur des Landes auf- und auszubauen. Diese Sklaven waren Schwarzafrikaner, die entweder direkt aus Afrika oder aber aus anderen spanischen Kolonien rekrutiert wurden. Der Tanz *Los negritos* ist eigentlich verbunden mit der christlichen Festzeit von Weihnachten (Geburt Christi) bis zum Fest der Heiligen Drei Könige am 6. Januar. Während dieser Zeitspanne entliessen die Sklavenhalter ihre Sklaven temporär in die Freiheit, damit diese Weihnachtskrippen und Kirchen besuchen, tanzen und feiern konnten. Vgl. «Danza de los negritos».

9 «Trujillo»; «La Virgen de la Puerta».

10 Von der Spätantike bis in die frühe Neuzeit war die *Translation* von Reliquien samt der damit verbundenen rituell-kultischen Verehrung äusserst verbreitet. Die Gründe für solche Transfers waren vielfältig. Vgl. Angenendt, *Heilige und Reliquien*; Heinzelmann, «Translation».

Abb. 42
Von links nach rechts:
Virgen de la Puerta (Otuzco/Peru), Angehöriger der *Hermandad de Negros Esclavos*, Prozession der *Virgen* in Otuzco
Fotos © Randy Reyes

In Transgender-Kreisen in Lima erzählt man sich, dass in den späten siebziger oder frühen achtziger Jahren des zwanzigsten Jahrhunderts ein Priester aus dem Norden Perus eine Nachbildung der *Virgen de la Puerta* nach Lima gebracht habe. Dieser Priester habe den Transgender-Frauen, die er im Gegensatz zu anderen Geistlichen in seiner Gemeinde willkommen hiess, auch die Sorge, den Schmuck und die Austragung des Festes der *Virgen* am 15. Dezember in Lima anvertraut. In der Folge wuchs die Gemeinde und die Transgender-Frauen machten *Mamita* zu *ihrer* Schutzheiligen und kleideten sie, wie sie sich selber kleideten. Die *Virgen* wurde so zum Emblem für Freiheit und Akzeptanz jener Weiblichkeit, die weder in der peruanischen Zivilgesellschaft noch in der offiziellen römisch-katholischen Kirche willkommen war respektive ist.[11]

Die *Virgen de la Puerta*, so lesen wir es weiter unten bei Mroczek und Barboza-Gubo, hatte im Lima der achtziger Jahre keine Zukunft. Ihre Verehrung wurde durch die offiziellen Vertreter der katholischen Kirche unterbunden. Und so verlor sich ihre Spur so wie auch die derer, welche sich mit ihr identifizierten und die Akteurinnen und Trägerinnen ihrer Verehrung waren. Da viele von ihnen in den achtziger Jahre durch AIDS dahingerafft wurden, wurde auch die Erinnerung an sie ausgelöscht. So sind bis heute der Priester wie auch die Frauen namenlos geblieben und niemand weiss mehr recht, ob das alles nur eine traurig-schöne Legende ist oder es sich wirklich so zugetragen hat.[12]

Noch heute, fünfzig Jahre später, sind Diskriminierung und Ausgrenzung der LGBT-Community[13] in Peru an der Tagesordnung, auch wenn sich die rechtliche Situation seither verbessert hat.[14] Namentlich die 2016 ins Leben gerufene, religiös grundierte, einflussreiche zivilgesellschaftliche Bewegung *Con mis hijos no te metas* versucht diese rechtlichen Verbesserungen als moralischen Verfall und als Zerstörung christlicher Werte zu

---

11 Ich nehme hier Bezug auf die Ausführungen der beiden Künstler, die im Schlusskapitel davon berichten. Um die Mechanismen der Übertragung der Narrative und Traditionen freilegen zu können, ist es jedoch sinnvoll, dies hier vorwegzunehmen, ohne aber den beiden zuvorkommen zu wollen.

12 Vgl. unten Mroczek/Barboza-Gubo, S. 201–205.

13 Der Begriff *LGBT* ist die weltweit gebräuchliche Abkürzung und Selbstbezeichnung für geschlechtliche Vielfalt. *LGBT* steht für *Lesbian, Gay, Bisexual, Transgender* als Pars pro Toto; erfährt aber immer weitere Hinzufügungen respektive Ausdifferenzierungen, so etwa *A* für *Asexual* oder *Agender, I* für *Intersexual, Q* für *Queer*. Vgl. hierzu Dreier/Kugler/Nordt, «Glossar zum Thema geschlechtliche und sexuelle Vielfalt».

14 Guerrero Gámez/Bello, «The rights and inclusion of LGBTI people in Peru».

brandmarken.[15] Entsprechend aufgeheizt ist das gesellschaftliche Klima bis heute und entsprechend gross ist auch die Angst der LGTB-Community vor Verfolgung, Willkür und Ausgrenzung.[16] «This environment of fear and frequent discriminatory experiences has very negative consequences for Peruvian *LGTBI* people, who tend to isolate themselves, feel guilty and powerless in the face of what happens to them».[17]

3. Das Kunstprojekt *Vírgenes de la Puerta* (2014) von Andrew Mroczek und Juan José Barboza-Gubo

Auf diesem Hintergrund wird nun deutlich, dass und wie sehr Titel und Konzept der Serie *Vírgenes de la Puerta* Programm sind. Die beiden in Boston domizilierten Künstler suchen in ihrer Serie mit den Mitteln und in der Formensprache der Kunst jenen Frauen Gesicht, Sichtbarkeit und Dignität zu geben, denen Gesellschaft und Kirche(n) diese verweigern.[18] Sie spannen dabei den ikonografischen Bogen weit. Neben der Transformation und Adaptation der titelgebenden *Virgen de la Puerta* werden weitere Ikonen der christlichen Erinnerungskulturen, wie sie in Peru beheimatet sind, umgesetzt: So *Nazia* als Adaptation der peruanischen Nationalheiligen

---

15 Die Bewegung *Con mis hijos no te metas* (*CMHNTM*) hat nicht nur den Rücktritt der Erziehungsminister Jaime Saavedra und Marilú Martens erwirkt, welchen man vorwarf, die sogenannte *ideología de género* ins schulische Curriculum implementiert zu haben und die grundlegenden Werte von Familie und heterosexueller Ehe zu verraten. Sie organisierte auch im Jahr 2017 mehrere öffentliche Kundgebungen und Märsche in Lima und anderen Städten des Landes. Vgl. «Con mis hijos no te metas».

16 «En el Perú, el 56,5 % de la población LGTBIQ siente temor de expresar su orientación sexual o identidad de género. El principal motivo es el miedo a ser discriminado y agredido (72 %), el temor a perder a la familia (51,5 %), el trabajo (44,7 %) y a no ser aceptado por los amigos (33 %). El 14 % señaló que tenía temor a perder el lugar donde vive o a no poder conseguir un lugar donde vivir si su identidad sexual era manifiesta». Villegar, «La vulneración de las libertades», S. 227; vgl. im ganzen den 2021 erschienenen Sammelband von Alvarez/Ato, *Libertad y Prejuicio*.

17 Guerrero Gámez/Bello, «The rights and inclusion of LGBTI people in Peru».

18 Villegar, «La vulneración de las libertades», S. 223: «En Latinoamérica la exclusión de las personas LGTHBI está asentada en dogmas y principios religiosos. Recordemos que la influencia de la Iglesia católica en esta parte del mundo es bastante grande. [...] Muchos de los católicos han migrado a iglesias evangélicas y protestantes que tienden ser tan o incluso más conservadoras que las católicas. Romper esos prejuicios y garantizar la igualdad ante la ley y en el acceso a oportunidades es clave para acabar con la pobreza.»

Santa Rosa de Lima (1586–1617) oder *Lucha* als *Virgen de la leche*, welche anstelle des Jesuskindes die peruanische Nationalflagge im Arm hält.[19]

> «One of the goals of *Vírgenes de la Puerta* is to produce powerful renderings of proud community leaders like [...] Gaby, to honor them in a way that has never been done before. The project goes beyond just crafting inspirational portraits, however: Mroczek and Barboza-Gubo are cleverly incorporating examples of religious and cultural iconography into their photographs, adorning all of the women with crowns, capes and other artifacts styled after those used in traditional Peruvian ceremonies. In doing so, Mroczek and Barboza-Gubo portray these women as cultural symbols of hope, much like the image of the Virgin Mary was a symbol of hope to the people of Otuzco.»[20]

Gemein ist allen Fotografien der Serie, dass die porträtierten Frauen wie die *Virgen* von Otuzco *ante la puerta* platziert sind: vor Türen, Türbogen oder Eingängen in Aussen- oder Innenräume. Die Szenarien und Interieurs sind allesamt brüchig: vergilbte Vorhänge, wahllos hingeschmissene, aufeinandergetürmte Stühle mit herausgebrochener Sitzfläche, verwelkte Blumen ohne Vase, unverputzte Wände und Schutt auf gestampftem Lehmboden kontrastierten in ihrer Gebrochenheit und Hinfälligkeit mit der Haltung, Würde und Stärke der zum Teil nackt oder halbnackt abgebildeten Transgender-Frauen.[21]

Die allermeisten von ihnen tragen Strahlenkranz und Sternenkranz, Rosenkrone und Heiligenschein oder, im Fall von *Gaby*, eine überdimensionierte Dornenkrone.[22] Hatten wir bislang die Dornenkrone immer (nur) als Verweis auf die Passion Jesu gelesen, so entfaltet und entbirgt diese nun die Geschichte einer anderen Passion: die der Stigmatisierung und Verhöhnung von Gaby und ihren Schwestern aufgrund ihrer Transgender-Identität in der

---

19 Die Bilder der Serie sind alle auf der Homepage der beiden Künstler einsehbar (www.barbozagubo-mroczek.com). Einen Katalog der Ausstellungen im Museo de Arte Contemporáneo in Lima (2014) und im Museum of Sex in New York (2017/18) gibt es leider nicht.

20 «The Virgins of the Door».

21 Young, «Vírgenes de la puerta».

22 Der Strahlenkranz, den sie auf respektive über dem Kopf tragen, ist bei *Maricielo* der mit Sternen verzierte Strahlenkranz der Himmelsgöttin Maria. Ein anderes Mal der des Inka-Sonnengottes Inti Raymi, wobei in diesem Bild *Paola* das Tatoo eines orthodoxen Kreuzes auf dem rechten, uns den Betrachtern zugewandten Oberarm den Bezug zum Christentum herstellt. Young, «Vírgenes de la puerta»; «The Virgins of the Doors»; www.barbozagubo-mroczek.com.

peruanischen Gesellschaft und Kirche der Gegenwart. Wie im Fall Jesu hält die Krone die Schwebe zwischen Leidenswerkzeug und königlichem Zeichen und nimmt Gaby gerade nicht ihren Stolz und ihre Würde. Sie sitzt aufrecht und gerade und unbeirrt unter der Krone, die an einigen Stellen silbrig widerscheint.

Das Bild von Gaby entbirgt noch eine weitere Dimension, die wesentlich mit ihrer Weiblichkeit verbunden ist und die sich ikonisch im weissen Büstenhalter manifestiert. Weiss ist in der christlichen Ikonografie die Farbe der Reinheit und der Unschuld. Weiss sind die Lilien, die der Jungfrau beigegeben werden, weiss ist auch die Milch, mit der die Jungfrau ihr Kind stillt. Blütenweiss und voller Unschuld und Reinheit ist auch der Büstenhalter, den Gaby trägt. An Gabys Weiblichkeit lässt das Kunstwerk so keinen Zweifel.

Solchermassen als *Virgen* und als *body of grace* ausgewiesen, trägt sie jedoch nicht das Kind Jesus im Arm und stillt es. Nein, sie trägt über ihrem Haupt die Dornenkrone des erwachsenen und verhöhnten Jesus. Anders gesagt: sie, der *body of grace*, ist als dornengekrönte *Virgen* auch ein *body of memory*. Einer Erinnerung, die gefährlich ist und namentlich ein Stachel im Fleisch des hegemonialen Christentums.

Wer ist es, der die *Virgen de la Puerta* mit Dornen krönt, die den Menschen in Otuzco im 17. Jahrhundert Schutz und Schirm bot und die den Transgender-Frauen im 20. Jahrhundert in Lima ermöglichte, in der Weiblichkeit der *Virgen* ihre eigene Weiblichkeit zu finden und zu umarmen? Die Frage ist, das ist offenkundig, eine rhetorische. Sie zu stellen heisst bereits,

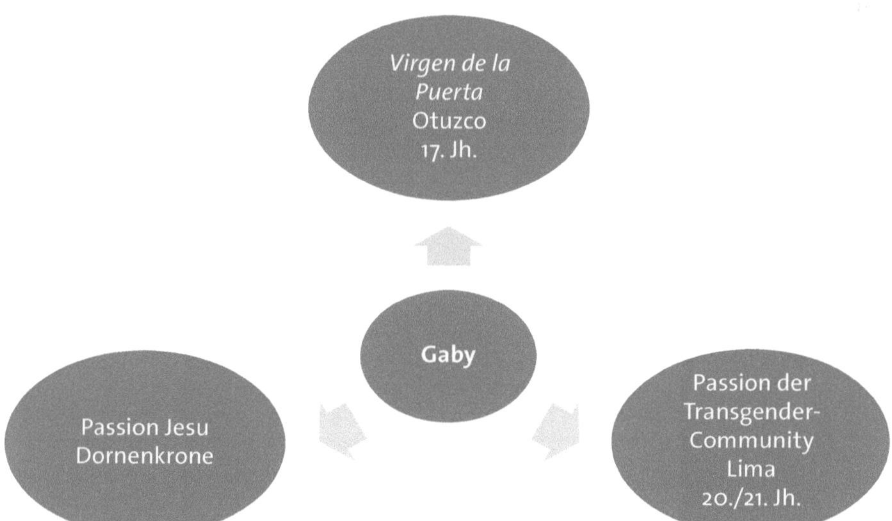

Diagramm 12 Verschränkung der Narrative und Passionen
© Elke Pahud de Mortanges

sie zu beantworten. Wenn wir sie trotzdem noch einmal explizit formulieren, dann um den Blick auf die bittere Spitze respektive doppelte Volte des Kunstwerks zu richten.

An der Herabsetzung der LGBT-Community (nicht nur) in Peru haben jene erheblichen Anteil, welche den christlichen Glauben und seine Erinnerungskulturen offiziell repräsentieren und kirchlich verwalten. Dies hat äusserst treffend und öffentlich Salvador del Solar (*1970), seines Zeichens Filmemacher, Schauspieler und von 2016 bis 2019 Kultusminister von Peru, im Jahr 2017 formuliert. Anlässlich der Feierlichkeiten zu Ehren des in Arequipa verehrten, kreuztragenden und schmerzverzehrten *Señor de la Amargura*[23], bot er in seiner Funktion als Kulturminister dem Erzbischof von Arequipa, Javier del Río (*1957), die Stirn, als dieser ihn öffentlich aufforderte, die *ideología de género* aus dem schulischen Curriculum zu entfernen.[24]

Salvador del Solar brachte der Sache nach das, was im Kunstwerk *Gaby* im und mit dem memorialen *icon* der Dornenkrone ikonografisch-zeichenhaft ausgesagt ist, in Bezug auf den kreuztragenden *Señor de la Amargura* folgendermassen auf den Punkt.

Dieser Anlass, so del Solar, zwinge ihn «darüber nachzudenken, was der *Señor de la Amargura* [repräsentiert]. Was ich in aller Bescheidenheit und mit allem Respekt im *Señor de la Amargura* sehe, ist ein Christus, der ein Kreuz trägt, und ich frage mich: Wer hat ihm dieses Kreuz auferlegt? Wir haben es ihm auferlegt. Wie haben wir Ihm das Kreuz auferlegt? Indem wir ihn richteten und nach Golgota brachten. Wir sind es, die ihn richten und auf den Kalvarienberg bringen, und er opfert sich mit einer Liebe, in der ich

23 Der *Señor de la Amargura*, wörtlich der *Herr der Bitternis*, ist das Bildnis respektive die Statue des von Schmerz und Angst gezeichneten, kreuztragenden und gefallenen Christus auf dem Weg zum Kalvarienberg, welches in der Region von Arequipa/Peru verehrt wird und jeweils im Februar in feierlichen Prozessionen durch die Stadt getragen wird. Seine Verehrung geht auf das 16./17. Jahrhundert zurück. Vgl. «Entre la devoción y atracción turística».

24 Bei der *ideología de género* handelt es sich dem Erzbischof zufolge um ein Verbrechen und den Versuch, die Kinder bereits in der Schule zu «homosexualisieren». «La ideología de género es intersexualisar, es conducir a niños y adolescentes hacía una práctica y concepción equivocada – pervetida – de lo que es el ser humano y la sexualidad.» Zitiert nach «Arequipa: Arzobispo Javier del Río rechaza la implementación del enfoque de género». Als 2017 das Naturphänomen *El niño costero* im Norden des Landes, aber auch in Arequipa und anderen Orten schwere Verwüstungen anrichtete, gab es kirchliche Stimmen, die darin gar die gerechte Strafe Gottes für den durch die *ideología de género* verursachten sittlichen Verfall sehen wollten.

Abb. 43
Der Señor de la Amargura, Arequipa/Peru
Foto ©Juan Carlos Enruque Turpo Leva

weder Grenzen noch Begrenzungen finde, einer Liebe für alle, für unsere Sünden […]. Ich bitte Sie mit allem Respekt und aller Demut, dass wir uns fragen, wem wir in unserer Gesellschaft das Kreuz auferlegen? Wen beurteilen wir als schlecht, als falsch? Als Jesus sagte ‹Liebt einander›, meinte er nicht, dass wir einander nicht lieben sollen, die wir gleich [= gleichen Geschlechts] sind, sondern dass wir eine solch grenzenlose Liebe haben sollen wie die des *Señor de la Amargura*, der ein Kreuz trug, das wir ihm aufgeladen haben.» Und, so fügte der Kulturminister an: «Lasst uns darüber nachdenken, ob wir vielleicht ungerecht sind, wenn wir Menschen, die so peruanisch und sicher so katholisch sind wie wir, falsch beurteilen und ihnen ein Kreuz auferlegen […]. Stellen wir uns der Frage: Wer leidet heute unter der Bitternis, das Kreuz zu tragen, das wir ihm/ihr auferlegt haben?».[25]

25 «Salvador del Solar: Arzobispo de Arequipa le hace pedido por ‹ideologia de género› y le responde así». Übersetzung aus dem Spanischen durch die Verfasserin.

4. Weiterung: die Rainbow-Madonna von Tschenstochau

Was im Lima der siebziger Jahre des 20. Jahrhunderts mit der Translation und Aneignung der *Virgen de la Puerta* durch die Transgender-Frauen passierte, das wiederholt sich im Polen des 21. Jahrhunderts mit der schwarzen Madonna von Tschenstochau, die dort den Rang einer Nationalheiligen hat.[26] Im Jahr 2019 gingen an Ostern LGTB-Aktivistinnen in der polnischen Stadt Plock mit dem Bild und Aufklebern des Gnadenbildes auf die Strasse, um «gegen eine feindselige Osterausstellung der katholischen Kirche gegen Queers»[27] zu protestieren und um für ihre Rechte in einem Land einzustehen, in dem Homophobie und Transphobie an der Tagesordnung sind. Und wo, wie in Peru, die römisch-katholische Kirche die LGTB-Bewegung ausschliesst und als widernatürlich und mit dem christlichen Glauben unvereinbar brandmarkt.[28]

Gemäss der essenzialistischen Lehre der römisch-katholischen Kirche ist Geschlecht ein naturgegebenes, anatomisch-biologisches Faktum, das dem Menschen vor- und aufgegeben ist. Wie der Mensch seine Geschlechtlichkeit und seine Geschlechtsidentität zu leben hat, das steht demnach nicht in seinem individuellen Belieben, sondern ist, so die substanz-ontologische Argumentation, vom göttlichen Schöpfer direkt in seine Natur hineingelegt worden. Aus diesem *Sein* und dieser Verfasstheit der Natur- und Schöpfungsordnung folge zugleich das *Sollen* für das richtige Verhalten des Menschen. Unter Rekurs auf den ersten Schöpfungsbericht (Gen 1,27) sind demzufolge allein die normative Zweigeschlechtlichkeit (Mann – Frau), das heteronormative Begehren (Mann begehrt Frau, Frau begehrt Mann) sowie

---

26 Niedźwiedź, *The image and the figure*, S. 89 – 138: *Queen of the Nation*.

27 Hannakampf, «Polen: Rainbow Madonna ist keine Blasphemie».

28 Es ist hier nicht der Ort, die lehramtliche Geschlechteranthropologie erschöpfend darzulegen. Verwiesen sei hier auf Anuth («Gottes Plan für Frau und Mann» mit Literatur) sowie auf die knappe Skizze der lehramtlichen Position bei Lehmann («Anthropologische Perspektiven der Geschlechtergerechtigkeit», S. 293–296) sowie in kritischer Analyse bei Wendel («It's the body, stupid!», S. 209–213). Dass diese lehramtliche Argumentation auf wackligen Beinen steht und sich nicht zwingend aus den biblischen Schöpfungsgeschichten ergibt, das hat Marie-Theres Wacker in ihrem instruktiven Aufsatz «Genderforschung und biblische Schöpfungsgeschichten» gezeigt. Zum Panorama der aktuellen theologischen Diskussion über die Vereinbarkeit von christlichem Glauben und den Ergebnissen zeitgenössischer Genderforschung vgl. die beiden Sammelbände Laubach (Hg.), *Gender – Theorie oder Ideologie?*, sowie Eckholt (Hg.), *Gender studieren*.

Abb. 44
Madonna von Tschenstochau mit Regenbogen-Heiligenschein

die sexuelle Verbindung und Ehe zwischen Mann und Frau gottgewollt und natürlich.[29]

Zum Skandal wurde das Zusammenkommen der polnischen LGTB-Aktivistinnen im öffentlichen Raum an Ostern 2019 wie auch im Januar 2021, weil bei beiden Manifestationen die Aktivistinnen das ikonische[30] Gnadenbild der Madonna von Tschenstochau mit sich trugen.

29 Zur Kritik am Modell und der Logik der heteronormativen Zweigeschlechtlichkeit siehe auch oben die Ausführungen unter dem Abschnitt *Was ist das – Geschlecht?*.

30 Es handelt sich bei dem verehrten Bild der durch Kerzenschein schwarz gewordenen Madonna von Tschenstochau (Częstochowa) in der Tat um eine byzantinische Ikone des Typus Hodegetria. Wie der *Virgen de la Puerta* wird auch der polnischen Madonna eine Schutzfunktion zugeschrieben, nicht nur während des Dreissigjährigen Krieges, sondern auch während des 20. Jahrhunderts im Kampf gegen Bolschewismus und

Nicht dass sie das Gnadenbild mit sich führten, war Stein des Anstosses, sondern der Umstand, dass sie Madonna und Sohn zu den ihren gemacht hatten, so wie damals in den achtziger Jahren die Transgender-Frauen in Lima die *Virgen de la Puerta* zu der ihren gemacht hatten, indem sie ihr ihre Kleider anzogen. Hier in Polen im 21. Jahrhundert eigneten sich die Aktivistinnen die Tschenstochauer Madonna an, indem sie ihren originalen, goldfarbenen, sie als der göttlichen Sphäre zugehörig ausweisenden Heiligenschein sowie den ihres Sohnes durch einen regenbogenfarbenen ersetzten.[31] Diese symbolisch unmissverständliche Zuweisung der beiden in den Kontext der LGTB-Bewegung, die durch die Regenbogenfarben[32] repräsentiert ist, rief Unverständnis und Unbehagen hervor. Mehr noch: Drei der Aktivistinnen wurden an Ostern 2019 sogar kurzzeitig inhaftiert. Anschliessend wurde gegen sie ein Prozess wegen der Verletzung der religiösen Gefühle des polnischen Volkes angestrengt. Das Gericht sprach sie jedoch im März 2021 von diesem Vorwurf der Blasphemie frei.[33]

Der in New York lebende, katholische Theologe und Jesuitenpater James Martin (*1960), der bereits in einer Vielzahl von Reden und namentlich in seinem 2017 veröffentlichten Buch[34] immer wieder für die Anliegen der LGBT-Community eingestanden ist, hat im Januar 2021 auf die erneuten

---

Nationalsozialismus. Vgl. Niedźwiedź, *The image and the figure*; «Schwarze Madonna von Tschenstochau».

31 Siehe die Abbildungen bei Hannakampf, «Polen: Rainbow Madonna ist keine Blasphemie», sowie Fallon, «A Priest is fighting for LGBT Acceptance». Ganz analog passierte eine solche Aneignung im säkularen Kontext der Fussball-Europameisterschaft im Sommer 2021. Der Kapitän der deutschen Fussballmannschaft band sich anstelle der normalen Kapitänsbinde eine regenbogenfarbene um den Arm, um die Solidarität seiner gesamten Mannschaft mit den Anliegen der LGTB Gemeinschaft auszudrücken und ein Zeichen gegen Homophobie und für Diversität, Offenheit und Toleranz zu setzen. Vgl. «Neuer: DFB-Team mit Regenbogen-Binde».

32 Die Farben des Regenbogens respektive die Regenbogenfahne sind inzwischen das universale *icon* der LGBT-Bewegung schlechthin. Entworfen wurde sie 1978 für den *Gay Freedom Day* in San Francisco 1978 vom Designer Gilbert Baker; die Regenbogenfarben und die Regenbogenfahne ersetzten den einfarbigen, rosa Winkel, mit dem homosexuelle Männer zunächst in den Konzentrationslagern der Nationalsozialisten fremdstigmatisiert worden waren und der in den siebziger Jahren des 20. Jahrhunderts zum Symbol für die positiv besetzte Selbstbezeichnung des *Gay Pride* wurde. Schwinum, «LGBT-Pride-Monat»; Heger, *Die Männer mit dem rosa Winkel*.

33 Das Gericht sprach die Aktivistinnen vom Vorwurf frei, bewusst die religiösen Gefühle anderer Menschen verletzt zu haben. Wäre es zu einem Schuldspruch wegen Blasphemie gekommen, hätte ihnen eine Freiheitsstrafe bis zu zwei Jahren gedroht. Hannakampf, «Polen: Rainbow Madonna ist keine Blasphemie».

34 Martin, *Building a Bridge*.

Blasphemievorwürfe mit einem Tweed auf Twitter auf die Regenbogen-Madonna reagiert:[35] «The LGBT community has few images like this. So it is not surprising that they would add their own symbol, the rainbow, in a respectful way, to a beloved image of their mother.» Und er fügte hinzu: «How appropriate that she is weeping, for it is her son who suffers whenever an LGTB person is persecuted.»[36] James Martin drückt damit das aus, was oben mit der gefährlichen Erinnerung angesprochen wurde, die das Kunstwerk *Gaby* als dornengekrönte *Virgen* performt und entbirgt.

5. *Gaby* als erinnerungskulturelles Lehrstück

Die Entbergung und Offenlegung der Geschichte von *Gaby* als Kunstwerk mitsamt der Weiterung hin auf die Rainbow-Madonna von Tschenstochau ist unter der Hand zu einem erinnerungskulturellen Lehrstück geraten. An seiner Geschichte und den dahinterliegenden Prozessen der Transposition und Translation wird deutlich, was die zeitgenössische Gedächtnis- und Erinnerungsforschung meint, wenn sie davon spricht, dass Erinnerung gerade nicht die statische Repräsentation einer abgeschlossenen Vergangenheit in der Gegenwart meint, sondern vielmehr einen dynamischen, kontinuierlichen und im Letzten nicht abschliessbaren Prozess der Aneignung und Fortschreibung. An *Gabys* Geschichte wie auch der der Rainbow-Madonna erschliesst sich, wieso es sich lohnt, mit Astrid Erll auf den Aspekt der diachronen und synchronen Pluralität hinzuweisen, ohne dabei die Frage nach den hegemonialen und nichthegemonialen Aspekten der Performanz zu vernachlässigen.[37]

Die Transgender-Frauen im Lima der siebziger und achtziger Jahre des 20. Jahrhunderts haben die ikonische Figur der christlichen Erinnerungskultur der *Virgen de la Puerta* aus Otuzco sowie das dazugehörige Narrativ des Schutzes und Schirmes vor Übergriffen rezipiert und sich zu eigen gemacht. Die Ursprungsfigur und das legendarische Ursprungsnarrativ des 17. Jahrhunderts waren im Kontext des 20. Jahrhunderts anschlussfähig.

35 Fallon, «A Priest is fighting for LGBT Acceptance».

36 Twitter Account, James Martin SJ, 19. Januar 2021, 5:41 PM. Das Gesicht der Madonna weist auf der rechten Wange (links vom Betrachter aus gesehen) zwei tiefe Furchen auf, die auf die Schändung des Gnadenbildes durch die Hussiten im Jahr 1430 zurückgehen sollen. Niedźwiedź, *The image and the figure*, S. 49–88. Zum Bluten und Weinen des Gnadenbildes vgl. ebd. S. 63–65.

37 Erll, *Kollektives Gedächtnis*, S. 160. Vgl. oben S. 20–21.

Dies insofern, als die Transgender-Frauen in ihrem Alltag die Erfahrung von gesellschaftlicher Ausgrenzung und gewalttätigen Übergriffen machten, so wie damals die Einwohner von Otuzco. Gleichzeitig bot die ikonische Gestalt der *Virgen* den Frauen die Möglichkeit, in der von der *Virgen* verkörperten Form von Weiblichkeit ihre eigene Weiblichkeit repräsentiert zu sehen.

Technisch formuliert könnte man sagen: Die Integration neuer Erfahrungen machte eine *Remediation*[38] der Vergangenheit möglich, die zugleich mit der Konstruktion der eigenen Genderidentität wie der eigenen christlichen Identität verbunden ist. Dies gilt auch für die Aneignung der Madonna von Tschenstochau durch die LGTB-Aktivistinnen, wo Madonna und Kind durch das zentrale *icon* des Regenbogens eine Remediation und Reikonisierung erfahren haben. Die Plattformen der Kommunikation und Vernetzung und Verbreitung sind nicht mehr christliche Kirchenräume und traditionelle Bildträger christlicher Frömmigkeit, sondern neu vor allem soziale Medien wie Facebook, Twitter und Instagram im Fall der Rainbow-Madonna. Und Museen und Galerien im Fall von *Gaby* und den *Vírgenes de la Puerta*.

Gaby offenbart als erinnerungskulturelles Lehrstück zugleich, wie christlich-religiöse Gedächtnisperformanz ganz allgemein «funktioniert»: Adaptationen und Transformationen, Remediationen und Reikonisierungen sind in der Geschichte des Christentums nichts Neues, sondern waren und sind von Beginn an Teil der Selbstvergewisserung der christlichen Gemeinschaften und Denominationen. Zu allen Zeiten haben die christlichen Erzähl- und Überlieferungsgemeinschaften immer wieder neu ausgehandelt und auszuhandeln versucht, welche der pluralen und durchaus konkurrierenden Erinnerungsgestalten in ihrem jeweiligen *Jetzt* als gültige Version der Vergangenheit und legitime gegenwärtige Adaptation der eigenen religiösen Identität und Geschichte gelten können und sollen.

Ob dabei bestimmte Adaptationen, Transformationen und Remediationen als legitime Fortschreibungen eines Ursprungsnarrativs und damit als gültige Performanz des christlichen Gedächtnisses im jeweiligen Jetzt angesehen wurden, war und ist immer auch eine Frage von Macht: Wer sind die Träger und Akteure der Performanz? Welches Gewicht haben sie? Welches Gewicht hat ihre Stimme im Gesamt der christlichen Überlieferungsgemeinschaft(en), im sie umgebenden gesellschaftlichen und politischen Kontext?

---

38 Mit dem Begriff der Remediation beschreibt Astrid Erll den Prozess der Verfestigung von Erinnerung und der wiederholten und wiederholenden Reproduktion von bestimmten Topoi, Narrativen und ikonischen Bildern der Vergangenheit. Erll, *Kollektives Gedächtnis*, S. 162.

Wer hat die Deutungshoheit und wer hat namentlich die politischen und religiösen Mittel, um eine Adaptation als blasphemisch und unchristlich zu exkludieren, ihre Inszenierung zu unterbinden oder aber sie als orthodox und heilig zu adeln?

Wie wir bei *Gaby* und der Rainbow-Madonna gesehen haben, wäre es verfehlt, diese Aushandlungsprozesse als geradlinige und eindeutig zwischen vermeintlich hegemonialen, klerikalen und nicht-hegemonialen, subversiven Strukturen und Trägern verlaufende zu beschreiben. Denn: Es war ein katholischer Amtsträger (Priester), der die *Virgen* und die Transgender-Frauen in Lima in seine Gemeinde aufnahm; es war ein Vertreter des Staates (der peruanische Kultusminister), der unter Berufung auf den kreuztragenden Christus (*Señor de la Amargura*) dem Erzbischof von Arequipa in Sachen Geschlechterdiversität die Stirn bot; es ist ein Jesuitenpater, der Wort ergreift für die LGBT-Community und die Reikonisierung der Madonna durch den regenbogenfarbenen Heiligenschein.

Auch gilt es in Rechnung zu stellen: Transgender-Frauen und LGTB-Community verstehen sich – obschon sie von der katholischen Kirche wie der peruanischen und polnischen Zivilgesellschaft massiv ausgegrenzt werden und eine marginalisierte Minderheit sind – gerade nicht als welche, die sich illegitimer Weise Elemente der christlichen Erinnerungskulturen zu eigen machen. Vielmehr beharren sie zu Recht durch ihr Erscheinen im öffentlichen Raum darauf, dass sie als Christ_innen qua ihres Christseins zum Innenraum des Christlichen gehören.

Ihre Lesart, ihre Adaptation und Transformation der *Virgen* wird in der künstlerischen Inszenierung der Fotoserie *Vírgenes de la Puerta* vom innerchristlichen Akt der Selbstermächtigung zum künstlerisch-politischen Statement: «To embrace all aspects of self: the masculine and the feminine, the divine and the human, the resilence and the vulnerability, this is the core of [Barboza-Gubo & Mroczek's Œuvre]. And it's important to remember that these aren't issues that belong to Peru exclusively, these are issues of humanity that belong to the world.» (Maria Brito).[39]

39 Brito, «Art and Activism in the Name of the Father».

Andrew Mroczek & Juan José Barboza-Gubo: Gaby and the Crown of Thorns

Icon: Redux/Revision. Defying the Patriarchy in *Vírgenes de la Puerta*

The ties of religion to politics remains a rather common, and unfortunate, occurrence. Often considered the hub of Catholicism in South America, Peru's exceedingly powerful Roman Catholic Church has informed the country's laws and shaped its political climate for nearly 500 years. Sadly, the church's influence and abuse of power has alienated thousands, has fueled corruption within political sectors, and forced politicians to remain silent and accept their agenda. Together they have proven that the marginalization of a people could continue, virtually uninterrupted and ignored, for hundreds of years. Peru's LGBTQ community has long struggled with no resources to aid them, no laws to protect them, and no enforcement against those who have committed crimes against them.

It was evident during Lima's 2014 Marcha del Orgullo (Pride March) that a shift had taken place and with it came a newly-strengthened vocalization for equal rights. Specifically, the demand for recognized civil unions had now spread from the gay communities and became an official component of Peru's political discussions—a groundbreaking event and a clear first step toward equality.

Lima's Plaza San Martín was inundated with the chants of demonstrators calling out the names of the politicians who threatened to shut down the march, and, mere steps away from where we stood, two American men gripping Bibles argued with security patrols over what they described as «an abomination». Here, the youth of Lima turned out in record numbers as millennials filled the streets, their rhythmic chanting continued, uninterrupted, hovering over crowds of onlookers and protesters. The sound was hypnotic, impassioned, and often celebratory. It vibrated within their chests and exploded from their mouths like a unified front. They were a community: a group of people not connected by blood, but by tied together by an unwavering demand for equal human and civil rights.

And yet, as Lima remains a classist society, the members of the «upper» classes—particularly those established by social rank, or those embracing the obligatory silence demanded by a social standing through familial lineage—maintained a far less public presence. In contrast, and through grassroots efforts, changes are mostly introduced by the youth from the supposed «lower» classes who have become consistently more visible. Defying patriarchal machismo and the antiquated social mores of masculinity, Lima's young gay men have exhibited tremendous courage and tenacity by allowing themselves to be seen, publicly, as a thriving community within a slowly changing environment of acceptance. They are establishing themselves as contributors to their society.

Historically, politicians and the Catholic church group all members of the LGBTQ community under the umbrella-term of «homosexuals», or, the term Bishop Luis Bambaren preferred in a 2011 television interview, «faggots». Their influence has ensured that most resources directed toward LGBTQ community centers and support projects are often thwarted, or absorbed by legal fees and red tape. So as the gay youth demanded civil unions, the city's transgender community sought basic human rights, including access to healthcare and state-issued identification, of which they are frequently denied.

Transgender people have low visibility within Lima society, and often reside in the city's poorest boroughs. Discrimination in the workplace has limited employment opportunities. Some have found jobs in cosmetology and hairdressing, but many generate income as sex workers. Most do not pursue any type of secondary education. The lack of visibility of this community eradicates any opportunity for positive role models, and, thus, their community is fragmented – leaving them disconnected from most aspects of Peruvian culture. Furthermore, those transitioning from male to female tend to be the heaviest-targeted group, attributed to issues of patriarchy and machismo.

Interestingly, a recent surge of conferences and meetings generated by LGBTQ centers nationwide has increased health education and equal-rights activism within the trans community. This, in turn, has provided an opportunity for some to take leadership roles within the community. Improved healthcare and education are generally the main focus of any activism for most, but many are also seeking the lawful support of those undergoing gender reassignment and name changes that reflect their gender. Currently, many trans women are rejected any hospital care or are forced to seek care in separate facilities and clinics away from general populations. Many are denied the mandatory government-issued ID cards once they begin to transition, which, essentially, begins the process of eradicating them from urban areas and isolating them from their culture.

These community centers and conferences have allowed new generations of trans-people to learn from the older generations, and have become a platform for communicating various methods of survival within the country. They are an important link between trans people and their history within the culture of Peru. They have become a place where stories are shared, most about activists and artists who have rebelled against the government, as well as one where the rebellion against the church came from its own clergy.

In the northern town of Otuzco, Peru, the widely known tale of the *Virgen de la Puerta* (Virgin of the Door) dates back to the mid-seventeenth century. Villagers credited an effigy of the Virgin of the Conception, which hung on the entrance gate to the village, as having averted an attack and sparing the lives its people. The *Virgen de la Puerta* is still celebrated in feasts and festivals each year when she is removed from the façade of the local church, decorated, and carried in processions around the town's square.

The lesser-known, secondary version, which has many variations, is set sometime in the late 1970s to early 1980s, and is told word-of-mouth within the communities of transgender women. It speaks of a priest who travels from northern Peru to Lima, and brings to his new congregation an effigy of the *Virgen de la Puerta*. There, unlike other clergymen, he embraces the transgender women of the community, allows them to become active participants in the congregation, and entrusts them with an important task: to care for the effigy of the *Virgen de la Puerta* and take responsibility for the decoration and presentation of it each December 15, when the church celebrates the Feast of Our Lady of the Gate.

Over the course of several years, word spread throughout the transgender community that a church had opened its doors to them, and the congregation grew substantially. The caretakers of the Virgen utilized the celebration date of December 15 as the anniversary of their acceptance to this church, and, each year, they created more and more elaborate presentations of the effigy. They embraced the statue as their own. She remained an effigy of Virgen, but began to bear the likeness of her caretakers, with bright dress and bold colorings, a representation of a type of freedom and acceptance. When word of these events reached the heads of the Catholic Church of Peru, who considered the parishioners blasphemous, they attempted to close the parish's doors and have the women excommunicated from the church. In an unprecedented act of rebellion, the priest refused and defended the women, describing them to be «amongst the truest of believers».

Today, it is impossible to confirm the validity of the tale. The name of the priest has long since vanished, his statue is gone, and it's widely accepted that the lives of the founding group of caretakers of the *Virgen de la Puerta* have been lost to the HIV/AIDS pandemic. But the story is still told, as both fact and fiction, and in many ways acts as an anthem for the transgender women of Peru. Whether fiction or not, it is often recognized as the first act of defiance against the fist of the Catholic Church, which continues oppress, reject, and banish them.

Inspired by the caretakers of the Virgen, the project *Vírgenes de la Puerta* honors the diversity of the Peruvian culture by re-incorporating these transgender women into the cultural landscape and history of Peru. In direct contrast to their oppressor's intentions, the work celebrates the contributions made by transgender people and presents them as iconic figures within the context of their native land. This series of portraits and tableau is inspired by Colonial painting and utilizes religious iconography and Andean folklore to pay homage to the resilience and beauty of these women, in an effort to strengthen, empower, and embed a sense of pride within the current and future generations of Peru's LGBTQ community.

Finding Gaby

It was there, at Lima's 2014 Marcha del Orgullo where we first met Gaby. As an activist, she spoke openly about discrimination in Peru, especially within the country's healthcare system. Gaby has experienced being segregated to isolated sections of medical clinics, forced to undergo medical testing, and has been rejected services outright on the basis of being transgender. In 2012 she sought medical help for severe abdominal pains. The attending physician was friendly until he discovered she was transgender and refused to examine her. Days later, another doctor forced her to take an HIV test and wouldn't examine her until the results were made available. That afternoon she collapsed and was hospitalized. Doctors performed exploratory surgery to find the source of her pain.

Gaby described the treatment she received from hospital staff as barbaric – doctors and nurses would put on two pairs of gloves when touching her. She described, quite graphically, how the doctor aggressively tore the drain from her wound, leaving it to drain on its own before sending her home.

In her portrait for the series *Vírgenes de la Puerta*, Gaby is seated centrally on a pink sofa found in a decaying Spanish-Colonial-style home not far from where we first met. Her crown of thorns, layered with sterling silver, extends horizontally, and hovers above two vacant spaces on the sofa – a reference to the trans women who have once sat beside her, and those who soon will.

Gaby's scar is visible in the image.

Dank

Ein Buch zu schreiben, das ist ein einsames Geschäft. Bis es jedoch so weit ist, dass Ideen und Gedanken Form annehmen und Buchstaben werden können, ist es ein langer Weg. Und auf diesem Weg ist man nicht allein. Und so möchte ich an dieser Stelle all jenen danken, die mir im wissenschaftlichen Raum Gelegenheit gegeben haben, die Verfertigung meiner Gedanken zu erproben und im Austausch mit ihnen zu schleifen.

Seit 2013 unterrichte ich *Gender Aspects in Religious Studies* an der Universität Fribourg/Schweiz, seit 2016 zusammen im Doppel mit Prof. Dr. Gregor Emmenegger, was ich menschlich und wissenschaftlich als überaus anregend und sehr bereichernd erlebe. Dass dies möglich wurde und möglich ist, verdanke ich Prof. Dr. Mariano Delgado.

In Freiburg i. Br./Deutschland, wo ich ausserplanmässige Professorin für Dogmatik und Dogmengeschichte bin, stehen seit geraumer Zeit ebenfalls Genderfragen im Fokus meines Unterrichtens; mittlerweile besuchen Studierende des Bereichs Genderwissenschaften Seite an Seite mit Theologiestudierenden meine Seminare, was für alle von uns eine grosse Bereicherung und Horizonterweiterung ist.

Dr. Franziska Metzger, Professorin für Geschichte an der Pädagogischen Hochschule Luzern, hat mich immer wieder zu Tagungen und Weiterbildungen als Referentin eingeladen und mir so Anregung, Austausch und Plattform gewährt, um über die Disziplinengrenzen hinaus meine Einsichten zum Thema *Body and Embodiment* zu formulieren und zu präsentieren, wofür ich ihr einmal mehr herzlich danken möchte.

Von Herzen danken möchte ich auch jenen unter meinen Freunden, die gleichsam von der Seitenlinie das Werden dieses Buches mit ehrlichem Interesse, mit Fragen und Nachfragen und konkretem Rat im Detail begleitet haben: Dr. Abraham P. Kustermann (Stuttgart), Prof. Dr. Alexander Leichtle (Bern) und PD Dr. Irmgard Wirtz-Eybl (Bern).

Von Herzen zu danken habe ich auch all jenen, die mir mit ihrem Wissen und ihrem Netzwerk geholfen haben, die Bilddateien sowie die Rechte für den Druck der vielen Abbildungen zu beschaffen: Marina Abramović für die Fotos aus ihrem Archiv und Dr. Nicole Fritz (Tübingen) für die Vermittlung; Madame ORLAN für das Foto und die Ermutigung; der Sammlung Würth (Schwäbisch Hall) für die kostenfreie Überlassung ihres Bildmaterials; Prof. Dr. Friedhelm Mennekes SJ und MMag Dietmar Kolb für die Beratung und Hilfe bei der Suche des Hrdlicka-Materials; Luis Pesantes (Trujillo) für die Vermittlung der Fotos aus Ayacucho und Otuzco; Roy Fernando Alvaro (Lima) für die Vermittlung des Señor de la Amargura; Pater Dr. Ulrich Dobhan OCD und Dr. Stephan Bachter für die Teresa von Avila; Sergio Vargas Crimi (Lima) für die frühe Unterstützung bei der Recherche im Museo de Arte contemporáneo in Lima sowie M. Fernanda Pessaro (New York) und Nadine Degen (Zürich) für ihre Hilfe in einer aporetischen Situation.

Lisa Briner, Direktorin des Pano Verlags und Theologischen Verlags Zürich, hat sich mit grosser Unerschrockenheit und Offenheit des Buchprojektes angenommen. Ihr gleichermassen behutsames wie sorgfältiges Lektorat des Manuskriptes ist ein grosser Gewinn für das Buch und seine Lesbarkeit. Für die Ermutigung und Wertschätzung sowie die überaus angenehme und konstruktive Zusammenarbeit in allem bin ich ihr und dem Verlag sehr verbunden.

Wie viel es mir bedeutet, dass Andrew Mroczek und Juan José Barboza-Gubo zugestimmt haben, *Gaby* zum Coverbild dieses Buch zu machen und einen eigenen Beitrag über *Gaby* beizusteuern, das können nur die ermessen, die mich kennen und wissen, was Peru für mich ist. Auch an dieser Stelle sei ihnen nochmals und einmal mehr mein grosser Dank ausgesprochen.

Dass ich das Buchprojekt überhaupt in Angriff genommen und es schliesslich auch fertiggestellt habe, das verdanke ich der grossen und bedingungslosen Zugewandheit und Liebe meines Mannes René. Er trägt mich und mein Tun schon immer und immer wieder aufs Neue und macht mein Herz weit. Und so sei es denn ihm und unserer Tochter Aurélie, die mein Augenstern ist und mich das Leben lieben lehrt, gewidmet.

Literaturverzeichnis

Die nachfolgenden Literaturangaben werden in den Fussnoten von Beginn an als Kurztitel geführt. Kursivsetzung signalisiert, dass es sich um eine Monografie oder einen Sammelband handelt. Bei in Anführungszeichen gesetzten Titeln respektive Kurztiteln handelt es sich um Aufsätze oder Lexikonartikel. Sofern letztere keinen ausgewiesenen Autor haben, wurden sie der alphabetischen Reihung folgend eingefügt. Beiträge aus Internetquellen schriftlicher oder filmischer Natur werden wie gedruckte Literatur behandelt unter Angabe des Links sowie des (letzten) Aufrufdatums.

Abramović, Marina (mit James Kaplan). *Durch Mauern gehen. Autobiographie.* München: Luchterhand, 2016.

Abramović, Marina. *The Artist is present.* Eds. Marina Abramović/Klaus Biesenbach. New York: MoMA, 2010.

Adipraesetya, Joas. «Johann Baptist Metz's Memoria Passionis and the Posibility of Political Forgiveness». *Political theology* 18 (2017): S. 233–248.

«Alok Vaid-Menon exists outside of your heteronormative Gender Binary». *The What's Underneath Project.* (22.06.2015). www.youtube.com/watch?v=j7Gh2n9kPuA (Aufruf 20.02.2021).

Alvarez, Yesenia/Ato, Diego (Eds.). *Libertad y Prejuicio. Reflexiones para la defensa de los derechos LGTBTIQ+.* Lima: Instituto Político para la Libertad Perú, 2021.

Ammicht-Quinn, Regina. Körper – Religion – Sexualität. Theologische Reflexionen zur Ethik der Geschlechter. Mainz: Matthias-Grünewald Verlag, 1999.

Ammicht Quinn, Regina. «(Un)Ordnungen und Konversionen. Trans*, Gender, Religion und Moral». *Transsexualität in Theologie und Neurowissenschaft. Ergebnisse, Kontroversen, Perspektiven.* Hg. Gerhard Schreiber. Berlin: De Gruyter, 2016, S. 441–459.

Anderson, Corinne. «Remembrance of an Open Wound. Frida Kahlo and Post-revolutionary Mexican Identity». *South Atlantic Review* 74 (2009): S. 119–130.

Angenendt, Arnold. *Heilige und Reliquien. Die Geschichte ihres Kultes vom frühen Christentum bis zur Gegenwart.* München: C.H. Beck 1994.

Angenendt, Arnold. *Geschichte der Religiosität im Mittelalter.* Darmstadt: Wissenschaftliche Buchgesellschaft 1997.

Angenendt, Arnold. «Der Leib ist klar, klar wie Kristall». *Frömmigkeit im Mittelalter. Politisch-soziale Kontexte, visuelle Praxis, körperliche Ausdrucksformen,* Hg. Klaus Schreiner in Zusammenarbeit mit Marc Müntz. München: Wilhelm Fink, 2002, S. 387–398.

Angenendt, Arnold. *Offertium. Das mittelalterliche Messopfer.* Münster: Aschendorff, 2014[3].

Anuth, Bernhard Sven. «Gottes Plan für Frau und Mann. Beobachtungen zur lehramtlichen Geschlechteranthropologie.» *Gender studieren. Lernprozess für Theologie und Kirche*. Hg. Margit Eckholt. Ostfildern: Matthias Grünewald, 2017[2].

Appel, Kurt/Metz, Johann Baptist/Tück, Jan-Heiner. *Dem Leiden ein Gedächtnis geben. Thesen zu einer anamnetischen Christologie* (Wiener Forum für Theologie und Religionswissenschaft 4). Wien: Vienna University Press, 2012.

«Arequipa: Arzobispo Javier del Río rechaza la implementación del enfoque de género». *El Comercio* 12. April 2019. https://elcomercio.pe/peru/arequipa/arequipa-arzobispo-javier-rio-rechaza-implementacion-enfoque-genero-noticia-625985-noticia (Aufruf 07.07.2021)

Assmann, Aleida. *Erinnerungsräume. Formen und Wandlungen des kulturellen Gedächtnisses*. München: C.H. Beck, 2006[3].

Assmann, Aleida/Assmann, Jan. «Das Gestern im Heute. Medien und soziales Gedächtnis». *Die Wirklichkeit der Medien. Eine Einführung in die Kommunikationswissenschaft*. Hg. Klaus Merten/Siegfried J. Schmidt/Siegfried Weischenberg. Pladen: Westdeutscher Verlag, 1994, S. 114–140.

Assmann, Jan. «Kollektives Gedächtnis und kulturelle Identität». *Kultur und Gedächtnis*. Hg. Jan Assmann/Tonio Hölscher. Frankfurt a.M.: Suhrkamp, 1988, S. 9–19.

Assmann, Jan. *Das kulturelle Gedächtnis*. München: C.H. Beck, 1997[2].

Assmann, Jan. *Die Mosaische Unterscheidung oder der Preis der Freiheit*. München: Carl Hanser, 2003.

Assmann, Jan. «Das kulturelle Gedächtnis». Jan Assmann, *Thomas Mann und Ägypten. Mythos und Monotheismus in den Josephsromanen*. München: C.H. Beck, 2006, S. 67–75.

Augustinus, Aurelius. *De Genesis ad Litteram*. Über den Wortlaut der Genesis. Der grosse Genesiskommentar in zwölf Büchern. Zum erstenmal in deutscher Sprache übersetzt von Carl Johann Perl. Buch I-VI, Paderborn: Schöningh, 1961. Buch VII-XII, Paderborn: Schöningh, 1964.

Augustinus, Aurelius. *De Civitate Dei*. Zweiundzwanzig Bücher über den Gottesstaat. Des heiligen Kirchenvaters Aurelius Augustinus zweiundzwanzig Bücher über den Gottesstaat. Aus dem Lateinischen übersetzt von Alfred Schröder (Bibliothek der Kirchenväter). München: Kösel, 1911–16.

Aus der Au, Christina/Plüss, David (Hg.). *Körper-Kulte. Wahrnehmungen von Leiblichkeit in Theologie, Religions- und Kulturwissenschaften*. (Christentum und Kultur 6). Zürich: TVZ, 2007.

von Avila, Teresa. *Das Buch meines Lebens*. Hg., übersetzt und eingeleitet von Ulrich Dobhan und Elisabeth Peeters. Freiburg i.Br.: Herder, 2020.

«Ayacucho en Semana Santa». Wikipedia. https://es.wikipedia.org/wiki/Semana_Santa_en_Ayacucho (Aufruf 11.05.2021).

Babka, Anna/Posselt, Gerald. *Gender und Dekonstruktion. Begriffe und kommentierte Grundlagentexte der Gender- und Queer-Theorie*. Wien: Facultas, 2016.

Barboza-Gubo, Juan José/Mroczek, Andrew. «Statement». www.barbozagubomroczek.com/statement (Aufruf 03.06.2021).

Baudler, Georg. *Das Kreuz. Geschichte und Bedeutung*. Düsseldorf: Patmos, 1997.

Beling, Marcus. «Der Körper als Pergament der Seele. Gedächtnis, Schrift und Körperlichkeit bei Mechthild von Magdeburg und Heinrich Seuse». *Körper mit*

Geschichte. Der menschliche Körper als Ort der Selbst- und Weltdeutung. Hg. Clemens Wischermann/Stefan Haas. Stuttgart: Franz Steiner, 2000, S. 109–132.
Bell, Rudolph M. *Holy Anorexia.* Chicago: University Press, 1987.
Benz, Wolfgang (Hg.). *Handbuch des Antisemitismus. Judenfeindschaft in Geschichte und Gegenwart.* Berlin: De Gruyter, 2015.
Berbara, Maria. «‹Esta pena tan sabrosa›. Terese of Avila and the Figurative Arts in Early Modern Europe». *The Sense of Suffering. Constructions of Physical Pain in Early Modern Culture.* Eds. Jan Frans van Dijkhuizen/Karl A.E. Enenkel. Leiden: Brill, 2009, S. 267–298.
Bergdolt, Klaus. *Der schwarze Tod in Europa. Die grosse Pest und das Ende des Mittelalters.* München: C.H. Beck, 2011[3].
Bertrand-Pfaff, Dominik/Oberle, Regine/Strotmann, Angelika (Hg.). *Vergegenwärtigung der Vergangenheit. Zur Notwendigkeit einer am Judentum orientierten christlichen Erinnerungskultur.* Festgabe für Joachim Maier. Frankfurt a.M.: Lang, 2010.
Bez, Michel/Leclerc, Guy. *Calvaires monumentaux de Bretagne.* Editions Le Télegramme, 2006.
Beyer, Franz-Heinrich. *Geheiligte Räume. Theologie, Geschichte und Symbolik des Kirchengebäudes.* Darmstadt: Wissenschaftliche Buchgesellschaft, 2013[4].
Bezzel, Anne. «Der gesegnete Leib. Die Schwangerschaft Mariens als Gegenstand der Devotion im Kontext einer somatischen Religiosität des ausgehenden Mittelalters». *Frömmigkeit – Theologie – Frömmigkeitstheologie,* hg. Gudrun Litz/Berndt Hamm. (Contributions to European Church History. Festschrift für Berndt Hamm zum 60. Geburtstag). Leiden: Brill, 2005, S. 105–118.
Bihlmeyer, Karl (Hg.). *Heinrich Seuse. Deutsche Schriften.* Im Auftrag der Württembergischen Kommission für Landesgeschichte herausgegeben. Stuttgart: Minerva, 1907. Nachdruck Frankfurt a.M., 1961.
Bojan, Maria Rus/Cassin, Alessandro. *Whispers. Ulay on Ulay.* Amsterdam: Valiz, 2014.
«Bonaventura (da Bagnoregio)». Wikipedia. https://de.wikipedia.org/wiki/Bonaventura (31.07.2021).
Bösch, Paul. «Zwischen Orthodoxie und Häresie. Eine Deutung der Stigma von Franz von Assisi». *Zeitschrift für Religionswissenschaft* 17 (2009): S. 121–148.
Bohlen, Stephanie. «Die Theologie vor der Herausforderung durch die Genderdebatte. Eine Aufforderung zum Dialog». *Frauen bewegen Theologie. Das Beispiel der Theologischen Fakultät der Albert-Ludwigs-Fakultät Freiburg.* Hg. Birgit Jeggle-Merz/Angela Kaupp/Ursula Nothelle-Wildfeuer. Leipzig: LIT Verlag, 2007, S. 56–71.
Borgehammar, Stephan. *How the Holy Cross was Found. From Event to Medieval Legend.* (Bibliotheca Theologiae Practicae. Kyrkovetenskapilga Studier 47). Stockholm: Almqvist & Wiksell, 1991.
Borgolte, Michael/Fonseca, Cosimo Damiano/Houben, Hunert (Hg.). *Memoria. Erinnern und Vergessen in der Kultur des Mittelalters* (Jahrbuch des lateinisch-deutschen historischen Instituts in Trient. Beiträge Bd. 15). Berlin: Duncker und Humblot, 2005.
Bourdieu, Pierre. «Der Habitus als Vermittlung zwischen Struktur und Praxis». Ders., *Zur Soziologie der symbolischen Formen.* Frankfurt a.M.: Suhrkamp, 1970, S. 135–167.

Bourdieu, Pierre. *La domination masculine*. Paris: Édition du Seuil, 1998. Deutsch: *Die männliche Herrschaft*. Frankfurt a.M.: Suhrkamp, 2005.

Brachetti-Tschohl, Ángela. *La pasión de Cristo. Representaciones religiosas en Andalucía, Paraguay, Perú y Filipinas*. Malaga: Centro de Ediciones de la Diputación de Málaga, 2007.

von Braun, Christina/Mathies, Bettina. *Verschleierte Wirklichkeit. Die Frau, der Islam und der Westen*. Berlin: Aufbau Verlag, 2007.

von Braun, Christina. *Versuch über den Schwindel. Religion, Schrift, Bild, Geschlecht*. Zürich: Pendo Verlag, 2001.

Brito, Maria. «Art and Activism in the name of the Father». (21th october 2017). https://www.huffpost.com/entry/art-and-activism-in-the-name-of-the-father-how-an_b_59ea1cc4e4b0542ce4290d06 (Aufruf 10.06.2021)

Brown, Peter. *The Body and Society. Men, Woman, and Sexual Renunciation in Early Christianity*. Columbia: University Press, 1988. Deutsch: Die Keuschheit der Engel. Sexuelle Entsagung, Askese und Körperlichkeit im frühen Christentum. München: dtv Verlag, 1991.

Brückner, Wolfgang. Kulturtechniken. Nonverbale Kommunikation, Rechtssymbolik, Religio carnalis. Würzburg: Bayerische Blätter für Volkskunde, 2000.

Brumberg, Joan Jacobs. *Fasting Girls. The History of Anorexia Nervosa*. New York: Random House, 2000.

Bublitz, Hannelore. «Judith Butler». *Foucault Handbuch. Leben – Werk – Wirkung*. Hg. Clemens Kammler/Rolf Parr/Ulrich Johannes Schneider. Sonderausgabe. Stuttgart: Metzler, 2014, S. 195–197.

Bublitz, Hannelore. *Judith Butler zur Einführung*. Hamburg: Junius, 2010[3].

Butler, Judith. *Gender Trouble. Feminism and the Subversion of Identity*. New York: Routledge, 1990. Deutsch: *Das Unbehagen der Geschlechter*. Frankfurt a.M.: Suhrkamp, 1991.

Butler, Judith. *Frames of War. When is Life Grievable?* London/New York: Verso, 2010.

Butler, Judith. *Bodies that Matter. On the Discursive Limits of ‹Sex›*. New York: Routledge, 2011. Deutsch: *Körper von Gewicht. Die diskursiven Grenzen des Geschlechts*. Frankfurt a.M.: Suhrkamp, 1995.

Butler, Judith. «Bodies in Alliance and the Politics of the Street». Lecture held in Venice 7 September 2011. https://transversal.at/transversal/1011/butler/en?hl=butler (Aufruf 20.04.2021).

Butler, Judith. «Precarious Life, Vulnerability, and the Ethics of Cohabitation». *Journal of Speculative Philosophy* 26 (2012): S. 134–151.

Butler, Judith. «Bodily Vulnerablity, Coalitions and Street Politics», in: *Critical Studies* 37 (2014): S. 99–119.

«Les calvaires monumentaux de Bretagne». *Le Breizh Blog de BZH_Boutique*, 14.06.2015. www.bzh-boutique.fr/breizh-blog/les-calvaires-monumentaux-de-bretagne (Aufruf 20.04.2021).

Campbell, Paul-Henri. *Tatoo & Religion. Die bunten Kathedralen des Selbst*. Heidelberg: Wunderhorn, 2019.

Canning, Kathleen. «Der Körper der Staatsbürgerin als theoretisches und historisches Problem». *KörperSinnE. Körper im Spannungsfeld von Diskurs und Erfahrung*. (gender wissen Bd. 2). Hg. Béatrice Bowald/Alexandra Binnenkade/Sandra Büchel-Thalmaier/Monika Jakobs. Bern: eFeF Verlag, 2002, S. 109–133.

Hervé Castanet, «ORLAN: Je suis ‹un› femme, je suis ‹une› homme». *La cause du Désir* 2017, 95–98. www.cairn.info/revue-la-cause-du-desir-2017–1page-95.htm (Aufruf 23.06.2021).

von Celano, Thomas. *Leben und Wunder des heiligen Franziskus*. Einführung, Übersetzung, Anmerkungen von Engelbert Grau. (Franziskanische Quellenschriften 5). Werl/Westfalen: Butzon & Bercker, 1980³.

Cescutti, Eva. «Das Geschlecht mittelalterlicher Mönche. Ansätze mittelalterlicher Gender-Forschung». *Gender Studies. Denkachsen und Perspektiven der Geschlechterforschung*. Hg. Ingrid Bauer/Julia Neissl. Innsbruck: Studienverlag, 2002, S. 143–153.

Chareayvon, Nicole. *Pilgrims to Jerusalem in the Middle Ages*. New York: Columbia University Press, 2005.

Chavin de Malan, François Émile. *Geschichte der heiligen Katharina von Siena (1347–1380)*. Regensburg: Georg Joseph Manz, 1847.

Childs, Brevard. *Memory and Tradition in Israel. Studies in Biblical Theology*. Naperville/IL: A.R. Allenson, 1962.

Childs, Brevard. *Introduction to the Old Testament as Scripture*. London/Philadelphia: Fortress Press, 1979.

Classen, Albrecht. «Wounding the Body and freeing the Spirit». *Wounds and Wound Repair in Medieval Culture* (Explorations in Medieval Culture 1). Eds. Larissa Tracy/Kelly De Vries. London: Brill 2015, S. 417–447.

Claude, Elisabeth. *Die Frauen der luxemburgischen Dynastie und ihre Stundenbücher*. Diplomarbeit zur Erlangung des akademischen Grades Magistra der Philosophie. 116 Seiten. Wien 2015 (Manuskript).

Clemens, Otto. «Eine seltsame Christusreliquie». *Archiv für Kulturgeschichte* 7 (1909): S. 137–144.

Cloke, Gilian. *This Female Man of God. Woman and Spiritual Power in the Patristic Age*. New York: Routeledge, 1995.

Connerton, Paul. *How Societies Remember*. Cambridge: University Press, 1989.

Connerton, Paul. *How Modernity Forgets*. Cambridge: University Press, 2009.

Connerton, Paul. *The Spirit of Mourning: History, Memory and the Body*. Cambridge: University Press, 2011.

«Con mis hijos no te metas. Así se desarolla la marcha contra la ideología de género». *La Republica* 03.03. 2017 (aktualisiert 31.10.2019). https://larepublica.pe/sociedad/853601-con-mis-hijos-no-te-metas-manifestantes-se-reunen-para-marchar-contra-la-ideologia-de-genero (Aufruf 07.07.2021).

Corneließen, Christoph. «Erinnerungskulturen. Version: 2.0». *Docupedia-Zeitgeschichte*, 22.10.2012 http://docupedia.de/zg/cornelissen_erinnerungskulturen_v2_de_2012 DOI: http://dx.doi.org/10.14765/zzf.dok.2.265.v2 (Aufruf 04.03.2021).

Corneließen, Christoph. «Was heißt Erinnerungskultur? Begriff – Methoden – Perspektiven». *Geschichte in Wissenschaft und Unterricht* 54 (2003): S. 548–563.

«Danza de los negritos» (Perú). Wikipedia. https://es.wikipedia.org/wiki/Danza_de_los_negritos_(Perú) (Aufruf 27.06.2021).

«Das letzte Abendmahl als ‹homo-perverse› Orgie». www.oe24.at/kultur/das-letzte-abendmal-als-homo-perverse-orgie/279316 (Aufruf 21.06.2021).

Déceneux, Marc/Mingant, Daniel. *La Bretagne des enclos et des clavaires*. Éditions Ouest-France, 2001.

Dederich, Markus. «Körper, Subjektivierung und Vulnerabilität. Judith Butlers fragiles Subjekt». *Schlüsselwerke der Vulnerabilitätsforschung*. Wiesbaden: Springer, 2019, S. 221–237.

Dederich, Markus. «Vulnerabilität, Exklusion und Ethik. Überlegungen im Anschluss an Butler und Levinas». *Inklusionen und Exklusionen des Humanum*. Hg. Sophie C. Holtmann/Philipp Hascher/Roland Stein. Bad Heilbrunn: Julius Klinkhardt, 2019, S. 109–124.

Dehmer, Andreas. «Passio und Compassio. Geisselungsrituale italienischer Bussbruderschaften im späten Mittelalter». *The Sense of Suffering. Constructions of Physical Pain in Early Modern Culture*. Eds. Jan Frans van Dijkhuizen/Karl A. E. Enenkel. Leiden: Brill, 2009, S. 221–152.

Deutscher Ethikrat, *Intersexualität*. Stellungnahme vom 23. Februar 2012. Berlin 2012.

Deusel, Antje Yael. «Mikwe» [September 2014], www.bibelwissenschaft.de/stichwort/27733 (Aufruf 21.04.2021).

Der Ursprung der Welt. https://de.wikipedia.org/wiki/Der_Ursprung_der_Welt (Aufruf 23.06.2021).

Díaz Sampedro, Braulio. «La investigación y jurídica de las cofradías y hermandades de pasión en Andalucia». *Foro. Nueva época 14* (2011): S. 195–222.

Díez Barroso, Santiago. «Semana Santa. Mímesis y Anámnesis». *Estudio augustiniano* 43 (2008): S. 593–615.

Dinzelbacher, Peter. *Christliche Mystik im Abendland. Ihre Geschichte von den Anfängen bis zum Ende des Mittelalters*. Köln: Böhlau, 1988.

Dinzelbacher, Peter (Hg.). *Wörterbuch der Mystik*. Stuttgart: Kröner, 1989.

Dinzelbacher, Peter/Vogeler, Renate (Hg.). *Leben und Offenbarungen der Wiener Begine Agnes Blannbekin (+ 1315)*. (Göppinger Arbeiten zur Germanistik 419). Göppingen: Kümmerle, 1994.

Dölger, Franz Joseph. «Beiträge zur Geschichte des Kreuzzeichens VI». *Jahrbuch für Antike und Christentum* 6 (1963), S. 7–34.

Döring, Jörg/Thielmann, Tristan (Hg.). *Spatial Turn. Das Raumparadigma in den Kultur- und Sozialwissenschaften*. Bielefeld: Transcript, 2008.

Dörner, Bernward. «Ecclesia und Synagoga». *Handbuch des Antisemitismus. Judenfeindschaft in Geschichte und Gegenwart*. Hg. Wolfgang Benz. Berlin: De Gruyter, 2015, Bd. 7, S. 85–87.

Dove, Emma. Diec/Diex. «When misreading, mistranslation, and meandering goes right» (22. 10. 2019). https://medium.com/@emmalangham43/diec-diex-when-misreading-mistranslation-and-meandering-goes-right-1528cb51d8cc (Aufruf 17.05.2021).

Dove, Emma. «Prayer and Posture» (25. 09. 2019). https://medium.com/@emmalangham43/prayer-and-posture-227af9ba33c2 (Aufruf 18.05.2021).

Dreier, Katrin/Kugler, Thomas/Nordt, Stephanie. «Glossar zum Thema geschlechtliche und sexuelle Vielfalt im Kontext von Antidiskriminierung und Pädagogik». www.genderdiversitylehre.fu-berlin.de/toolbox/_content/pdf/Glossar-von-Queeformat_Queerhistorymonth.pdf (Aufruf 05.07.2021).

Ebner, Martin. «Antijüdische Tendenzen in den neutestamentlichen Passionsgeschichten». (2004). http://hdl.handle.net/10900/94425 (Aufruf 08.03.2021).

Eckholt, Margit (Hg.). *Gender studieren. Lernprozess für Theologie und Kirche*. Ostfildern: Matthias Grünewald, 2017[2].

Eich, Paul. *Die Maria lactans. Eine Studie über die Entwicklung bis in das 13. Jahrhundert und ein Versuch ihrer Deutung aus der mittelalterlichen Frömmigkeit.* Frankfurt a. M.: Maschinenschriftliche Dissertation, 1953.

Elliott, Dyan. «Dress as Mediator between inner and outer Self. The Pious Matron of the High and Later Middle Ages». *Medical Studies* 53 (1991): S. 279–308.

Elm, Susanna. «Marking the Self in Late Antiquity. Inscriptions, Baptism and the Conversion of Mimes». *Stigmata. Poetiken der Körperinschrift.* Hg. Bettina Menke/Barbara Vinken. München: Wilhelm Fink, 2004, S. 47–68.

Emmenegger, Gregor. *Wie die Jungfrau zum Kind kam. Zum Einfluss antiker medizinischer und naturphilosophischer Theorien auf die Entwicklung des christlichen Dogmas.* (Paradosis. Beiträge zur Geschichte der altchristlichen Literatur und Theologie 56). Fribourg: Academic Press, 2014.

Enders, Markus. «Seuse, Heinrich». *Neue Deutsche Biographie* 24 (2010), S. 283–284 [Online-Version]. www.deutsche-biographie.de/pnd118613510.html#ndbcontent (Aufruf 02.02.2021)

Enders, Markus. *Das mystische Wissen bei Heinrich Seuse.* (Münchner Universitätsschriften. Veröffentlichungen des Grabmann Institutes Neue Folge 37). Paderborn: Schöningh, 1993.

«Entre la devoción y atracción turística. El señor de la Amargura». *RPP Noticias* (09.02.2013). (Aufruf 07.07.2021).

Erbstösser, Martin. *Sozialreligiöse Strömungen im späten Mittelalter. Geißler, Freigeister und Waldenser im 14. Jahrhundert.* (Forschungen zur mittelalterlichen Geschichte 16). Berlin: Akademie Verlag, 1970.

«España patrocina una exposición blasfema en el Perú». www.citizengo.org/es/156901-retirada-exposicion-blasfema-lima (Aufruf 18.12.2020).

Erll, Astrid/Nünning, Ansgar (Hg.). *Medien des kollektiven Gedächtnisses. Konstruktivität, Historizität, Kulturspezifität.* Berlin: De Gruyter, 2004.

Erll, Astrid. *Kollektives Gedächtnis und Erinnerungskulturen.* Eine Einführung. Stuttgart: Metzler, 2017[3].

«Euphrosyne von Alexandrien». *Ökumenisches Heiligenlexikon.* www.heiligenlexikon.de/BiographienE/Euphrosyne_von_Alexandria.htm (Aufruf 07.06.2021).

«Europäische Erinnerungskulturen». www.erinnerungskulturen.eu (Aufruf 18.03.2021).

Espi Forcen, Fernando. «Anorexia Mirabilis. The Practice of Fasting by Saint Catherine of Siena in the Late Middle Ages». *American Journal of Psychiatry* 170 (2013): S. 370–371.

Faber, Eva Maria. «Wundmale Christi. Historisch-theologisch». *Lexikon für Theologie und Kirche*[3] 10 (2001): Sp. 1321.

Fallon, Kevin. «A Priest is fighting for LGBT Acceptance. The Catholic Alt-Right Wants Him Silenced». (June 15, 2021). www.thedailybeast.com/father-james-martin-wants-the-church-to-accept-gays-but-the-catholic-alt-right-wants-him-silenced (Aufruf 06.07.2021).

Felbecker, Sabine. *Die Prozession. Historische und systematische Untersuchungen zu einer liturgischen Ausdruckhandlung* (Münsteraner theologische Abhandlungen 39). Altenberg: Oros, 1995.

Feld, Helmut. *Die Eingeschlossene von San Damiano. 800 Jahre Klara von Assisi (1193–1993).* Tübingen: Verlag der Tübinger Gesellschaft 1993.

Feld, Helmut, *Franziskus von Assisi und seine Bewegung.* Darmstadt: Wissenschaftliche Buchgesellschaft, 1994.

Fenten, Andrea. *Mystik und Körperlichkeit. Eine komplementär-vergleichende Lektüre von Heinrich Seuses geistlichen Schriften.* Würzburg: Königshausen und Neumann, 2007.

Feitscher, Georg. «Körperlichkeit». *Compendium heroicum.* Hg. Ronald G. Asch/Achim Aurnhammer/Georg Feitscher/Anna Schreurs-Morét, publiziert vom Sonderforschungsbereich 948 «Helden – Heroisierungen – Heroismen» der Universität Freiburg 01.08.2019. www.compendium-heroicum.de/lemma/koerperlichkeit. DOI: 10.6094/heroicum/kd1.0.20190801 (Aufruf 03.03.2021).

Feitscher, Georg. «Erinnerung und Gedächtnis». *Compendium heroicum.* Hg. Ronald G. Asch/Achim Aurnhammer/Georg Feitscher/Anna Schreurs-Morét publiziert vom Sonderforschungsbereich 948 «Helden – Heroisierungen – Heroismen» der Universität Freiburg 23.08.2018. www.compendiumheroicum.de/lemma/erinnerung-gedaechtnis. DOI: 10.6094/heroicum/erinnerung (Aufruf 03.03.2021).

Fink, Roman/Schwarzer, Horst. *Die ewige Passion. Phänomen Oberammergau.* Düsseldorf: Econ,1970.

Fischer, Jeanette. *Psychoanalytikerin trifft Marina Abramović.* Zürich: Scheidegger & Spiess, 2018.

«Flagellanten». Wikipedia. https://de.wikipedia.org/wiki/Flagellanten (Aufruf 12.04.2021).

Foucault, Michel. *Die Heterotopien. Der utopische Körper. Zwei Radiovorträge.* Frankfurt a. M.: Suhrkamp, 2013.

Friesen, Ilse E. *The Female Crucifix. Images of St. Wilgefortis since the Middle Ages.* Waterloo: Wilfried Laurier University Press, 2001.

Fritz, Natalie Mäder/Marie-Therese/Pezzoli-Oligiati, Daria/Scolari, Baldassare. «Leid-Bilder. Eine interdisziplinäre Perspektive auf die Passionsgeschichte in der Kultur». *Leid-Bilder. Die Passionsgeschichte in der Kultur.* Hg. Natalie Fritz/Marie-Therese Mäder/Daria Pezzoli-Oligiati/Baldassare Scolari. (Religion, Film und Medien 1). Schüren: Verlag Marburg, 2018, S. 12–45.

Füssel, Marian. «Tote Orte & gelebte Räume. Zur Raumtheorie von Michel de Certeau». *Historical Social Research* 38 (2013): S. 22–39.

Füssel, Marian. *Zur Aktualität von Michel de Certeau. Einführung in sein Werk.* Wiesbaden: Springer Verlag, 2018.

Funk, Julia/Brück, Cornelia (Hg.). *Körper-Konzepte.* Tübingen: Narr, 1999.

Gabaji, Mirjam. «Tracing Jerusalem's History with the Razzouk Tattoo Family» (05. 07. 2019). https://theculturetrip.com/middle-east/israel/articles/tracing-jerusalems-history-with-the-razzouk-tattoo-family (Aufruf 17.07.2021).

Galgani, Gianluca. «Auch Jesus hatte Muskeln». www.srf.ch/news/schweiz/mit-dem-bischof-im-kraftraum-auch-jesus-hatte-muskeln (24.03. 2021). (Aufruf 19.07.2021).

Ganz, David. «Gemalte Geheimnisse. Die Stigmatisierung Katharina von Sienas und ihre (Rück) Übertragung ins Bild». *Medialität des Heils im späten Mittelalters.* Hg. Carla Dauven-van Knippenberg/Cornelia Herberichs/Christian Kiening. Zürich: Chronos, 2009, S. 83–110.

Gasser, Raphaela. «Heinrich Seuses Spiritualität in der Tradition des Predigerordens». *Heinrich Seuse. Diener der Ewigen Wahrheit.* hg. von Jokobus Kaffanke. Münster: LIT Verlag, 2013 (2. erweiterte Auflage), S. 5–20.

Gebke, Julia. (Fremd)Körper. *Die Stigmatisierung der Neuchristen im Spanien der Frühen Neuzeit.* Wien: Böhlau, 2020.

Geerlings, Wilhelm. «Die Kirche aus der Seitenwunde Christi bei Augustinus». Väter der Kirche. Ekklesiales Denken von den Anfängen bis in die Neuzeit. Festgabe für Hermann Josef Sieben SJ zum 70. Geburtstag. Hg. Johannes Arnold/Rainer Berndt/Ralf M.W. Stammberger/Christine Feld. Paderborn: Ferdinand Schöningh, 2004, S. 465–481.

Gengnagel, Jörg/Horstmann, Monika/Schwedler, Gerald (Hg.). *Prozessionen, Wallfahrten, Aufmärsche. Bewegung zwischen Religion und Politik in Europa und Asien seit dem Mittelalter.* Köln: Böhlau Verlag, 2008.

Gerhards, Albert. «Prozession II». *Theologische Realenzyklopädie* 27 (1997): S. 593–597.

Getrud die Grosse, *Gesandter der göttlichen Liebe – Legatus divinae pietatis*. Übersetzt von Johannes Weissbrodt. Freiburg i. Br.: Herder, 2001[8].

Geuenich, Dieter/Oexle, Otto Gerhard (Hg.). *Memoria in der Gesellschaft des Mittelalters* (Veröffentlichungen des Max-Planck-Instituts für Geschichte Bd. 111). Göttingen: Vandenhoeck & Ruprecht, 1994.

Gómez Lara, Manuel J./Jiménez Barrientos, Jorge. *Semana Santa. Fiesta mayor en Sevilla*. Sevilla: Ed. Alfar, 1990.

Gielen, Marlies. *Die Passionserzählung in den vier Evangelien. Literarische Gestaltung – theologische Schwerpunkte*. Stuttgart: Kohlhammer, 2008.

Glenz, Tobias. «Erkennen Sie den Orden?» (13.07.2017). www.katholisch.de/artikel/14013-erkennen-sie-den-orden (Aufruf 31.05.2021).

Le Goff, Jacques/Truong, Nicolas. *Une histoire du corps au Moyen Âge*. Éditions Liana Levi 2003. Deutsch: *Die Geschichte des Körpers im Mittelalt*er. Stuttgart: Klett Cotta, 2007.

González Carré, Enrique/Gutiérrez Gutiérrez, Yuri/Urrutia Ceruti, Jaime. *La cuidad de Huamanga. Espacio, Historia y Cultura*. Ayacucho: Universidad San Cristóbal de Huamanga, 1995.

González Carré, Enrique/Carrasco Cavero, Tereda. *Huamanga. Fiestas y Ceremonias*. Lima: Lluvia y Banco de Crédito, 2004.

Gormanns, Andreas/Lentes, Thomas (Hg.). *Das Bild der Erscheinung. Die Gregorsmesse im Mittelalters*. Berlin: Reimer 2007.

Goślicka, Xenita. *Die Kraft der Berührung. Eine Poetik der Auserwählung. Das Körperbild der Stigmatisation*. Paderborn: Wilhelm Fink Verlag, 2015.

Goupy, Évelyne. «Review of Du féminisme au féminin. Catherine Froment, L'Origine du monde». Niaux, France 7 octobre 2010. *Inter* 108 (2011): S. 64–65.

Graus, Frantisek. *Pest – Geissler – Judenmorde. Das 14. Jahrhundert als Krisenzeit* (Veröffentlichungen des Max-Planck-Instituts für Geschichte 86). Göttingen: Vandenhoeck & Ruprecht, 1998[2].

Groebner, Valentin. *Der Schein der Person. Steckbrief, Ausweis und Kontrolle im Europa des Mittelalters*. München: C. H. Beck, 2004.

Groiss, Franz / Streiter, Birgit (u. a.). *Maria lactans. Die Stillende in Kunst und Alltag.* Begleitbuch zur Ausstellung im Wiener Dom- und Diözesanmuseum. Wien: Dommuseum, 2010.

Guarino, Mario. *Beato impostore*. Mailand: Kaos Edizione, 1999.

Guarino, Mario. *Santo impostore*. Mailand: Kaos Edizioni 2003.

Guerrero Gámez, Sofía/Bello, Giselle Marie. «The rights and inclusion of LGTBI people in Peru in times of coronavirus» (30.06.2020). blogs.worldbank.org (Aufruf 05.07.2021).

Guthrie, Luke und Marian. «Blog Mildura 2, Palmsonntag in Ayacucho» (April 2011). http://mildura2ayacucho.blogspot.com/2011/04/semana-santapalm-sunday-procession.html (Aufruf 12.05.2021).

Haas, Alois Maria. «Sinn und Tragweite von Heinrich Seuses Passionsmystik». *Die Passion Christi in Literatur und Kunst des Spätmittelalters*. Hg. Walter Haug/Burghart Wachinger. Tübingen: Max Niemayer, 1993, S. 94–112.

Hahn, Alois. «Handschrift und Tätowierung». *Schrift*. (Materialität der Zeichen Reihe A Bd. 12). Hg. Hans Ulrich Gumbrecht/K. Ludwig Pfeiffer. München: Wilhelm Fink, 1993, S. 201–219.

Halbwachs, Maurice. *Das kollektive Gedächtnis*. Stuttgart: Enke Verlag, 1967 (Frankfurt a. M.: Fischer, 1991).

Hand, Joni M. *Woman, Manuscripts and Identity in Northern Europe 1350 – 1550*. New York: Routledge, 2016.

Hand, Joni M. «Playing by the Rules. Monastic Orders and Religious Identity in the Psalter of Bonne of Luxembourg». *Reflections on Medieval and Renaissance Thought*. Ed. Darci Hill. Cambridge: Scholars Publishing, 2017, S. 44–57.

Hannakampf, Sabine. «Polen: Rainbow Madonna ist keine Blasphemie». (03. 03. 2021). www.maenner.media/gesellschaft/ausland/rainbow-madonna-keine-blasphemie (Aufruf 06.07.2021).

Harlan, Volker. *Was ist Kunst? Werkstattgespräch mit Beuys*. Stuttgart: Verlag Urachhaus, 2021.

Hausen, Elisabeth. «Ein christlicher Tätowierer in Jerusalem» (26.06.2017), www.israelnetz.com/gesellschaft-kultur/gesellschaft/2017/06/26/ein-christlicher-taetowierer-in-jerusalem (Aufruf 17.07.2021).

Hazard, Sonia. «The Material Turn in the Study of Religion». *Religion and Society. Advances in Research* 4 (2013): S. 58–78.

Heger, Heinz. *Die Männer mit dem rosa Winkel*. Hamburg: Merlin, 2001.

Heid, Stefan. «Art. Kreuz. IV. Historisch-theologisch». *Lexikon für Theologie und Kirche*[3] 6 (1997): Sp. 445–446.

Heinzelmann, Martin. Translation. *Lexikon des Mittelalters*. München: J. B. Metzler 2002, Sp. 947–949.

Heit, Alexander. «Körper – Kulte – Kritik». *Körper-Kulte. Wahrnehmungen von Leiblichkeit in Theologie, Religions- und Kulturwissenschaften*. Hg. Christina Aus der Au/David Plüss. (Christentum und Kultur 6). Zürich: TVZ, 2007, S. 221–240.

«Helena (Mutter Konstantins des Grossen)». Wikipedia. https://de.wikipedia.org/wiki/Helena_(Mutter_Konstantins_des_Großen) (Aufruf 25.05.2021).

Hemming, John. *The Conquest of the Incas*. Boston: Mariner, 2012.

Herrera, Hayden: *Frida Kahlo. Ein leidenschaftliches Leben*. Frankfurt a. M.: Fischer 2018[7].

Hertel, Peter. *Ich verspreche Euch den Himmel. Geistlicher Anspruch, gesellschaftliche Ziele und kirchliche Bedeutung des Opus Dei*. Düsseldorf: Patmos, 1985.

«Hermandad». Wikipedia. https://de.wikipedia.org/wiki/Hermandad (Aufruf 06.05.2021).

Hesemann, Michael. *Die stummen Zeugen von Golgotha. Die faszinierende Geschichte der Passionsreliquien Christi*. München: Hugendubel, 2000.

Heussler, Carla. *De Cruce Christi. Kreuzauffindung und Kreuzerhöhung. Funktionswandel und Historisierung in nachtridentinischer Zeit*. Paderborn: Schöningh Verlag, 2003.

Heyden, Katharina/Lissek, Maria (Hg.). *Jerusalem am Thunersee. Das Scherzliger Passionspanorama neu gedeutet*. (Theologisch bedeutsame Orte der Schweiz Bd. 1). Basel: Schwabe Verlag, 2021.

Hrdlick, Alfred. Glaubenskriege. Hg. Friedhelm Mennekes/Johannes Röhrig. Wien: Edition Bank Austria bei trend-profil 1998.

Hoffmann, Nicholas. «Trans Sanctity. Medievalism and the Vírgenes de la Puerta». *Postmedieval* 11 (2020): S. 459–469.

«Holy Week in the Philippine». https://en.wikipedia.org/wiki/Holy_Week_in_the_Philippine (Aufruf 13.05.2021).

Honegger, Claudia. *Die Ordnung der Geschlechter. Die Wissenschaften vom Menschen und das Weib 1750–1850*. Frankfurt a. M.: dtv,1991.

Hübner, Arthur. *Die deutschen Geißlerlieder. Studien zum geistlichen Volkslied des Mittelalters*. Berlin: De Gruyter, 1931.

Innemée, Karel C. «Art. Cilicium». *Lexikon für Theologie und Kirche* 2 (1994)³, Sp. 1200–1201.

Irigaray, Luce. *Speculum. De l'autre femme*. Éditions de Minuit Paris 1974. Deutsch: *Speculum. Spiegel des anderen Geschlechts*. Frankfurt a M.: Suhrkamp, 1980.

Irigaray, Luce. *Ces sexe qui n'en est pas un*. Éditions de Minuit: Paris 1977. *Das Geschlecht, das nicht eins ist*. Berlin: Merve, 1979.

Jäger, Ulle/König, Tomke/Maihofer, Andrea. «Die Theorie männlicher Herrschaft als Schlussstein seiner Gesellschafstheorie». *Zeitgenössische Gesellschaftstheorien und Genderforschung. Einladung zum Dialog*. Hg. Heike Kahlert/Christine Weinbach. Wiesbaden: Springer, 2013, S. 15–36.

Jakobs, Monika. «Leib konstruiert Geschlecht. Überlegungen zur These Gesa Lindemanns und zum Konstruktivismus in der Gender-Debatte». *KörperSinnE. Körper im Spannungsfeld von Diskurs und Erfahrung* (gender wissen 2). Hg. Béatrice Bowald/Alexandra Binnenkade/Sandra Büchel-Thalmaier/Monika Jakobs. Bern: eFeF Verlag, 2002, S. 134–153.

Jaspers, Dany. *Elisabeth von Spalbeek en de Onze-Lieve-Vrouw van Lourdeskapel*. Brüssel: Hasselt, 2006.

Jones, Christopher P. «Stigma. Tatooing and Branding in Graeco-Roman Antiquity». *The Journal of Roman Studies* 77 (1987), S. 139 – 155.

«Jutta von Luxemburg». Wikipedia. https://de.wikipedia.org/wiki/Jutta_von_Luxemburg (Aufruf 11.07.2021)

Jungmayr, Jörg. *Die Legenda Maior (Vita Catherinae Senensis) des Raimund von Capua*. Edition nach der Nürnberger Handschrift Cent. IV,75. Übersetzung und Kommentar. 2 Bde. Berlin: Weidler, 2004.

Jurt, Joseph. «Die Habitus-Theorie von Pierre Bourdieu». lithes.uni-graz.at/lithes/beitraege10_03/jurt.pdf. (Aufruf 15.05.2021).

Kaffanke, Jakobus (Hg.). *Heinrich Seuse. Diener der ewigen Wahrheit*. [Heinrich Seuse Forum 1/2013). Freiburg i. Br.: Herder, 2013².

Karrer, Michael (Hg.). Hermann Nitsch. *Das Gesamtkunstwerk des Orgien Mysterien Theaters*. Köln: Walther König, 2015.

Kehnel, Annette, «Der freiwillig Arme ist ein potenziell Reicher. Eine Unterscheidung zwischen freiwilliger und unfreiwilliger Armut». *In propositio paupertatis. Studien zum Armutsverständnis bei den mittelalterlichen Bettelorden*. Hg. Gert Melville/Annette Kehnel. (Vita regularis. Ordnungen und Deutungen religiosen Lebens im Mittelalter Bd. 13). Münster: LIT 2001, S. 203–228.

Keil, Martha. «‹Jüdische› Kleidung zwischen Selbstrepäsentation und Zwangskennzeichung». Handbuch Jüdischer Kulturgeschichte. http://hbjk.sbg.ac.at/kapitel/kleidung (Aufruf 30.07.2021).

Keller, Claudia, «Der Mount Everest des Glaubens. Leben mit Opus Dei». *Der Tagesspiegel* 29.04.2013. www.tagesspiegel.de/berlin/leben-mit-opus-dei-numerarier-horst-hennert-lebt-in-suehne-und-enthaltsamkeit-/8135802-2.html (Aufruf 19.07.2021).

Keller, Hildegard Elisabeth. «Heinrich Seuse». *Mystik. Die Sehnsucht nach dem Absoluten*. Hg. Albert Lutz. Zürich: Scheidegger & Spiess, 2011, S. 78–83.

Kettenmann, Andrea. *Frida Kahlo 1907–1954. Leid und Leidenschaft*. (Kleine Kunstreihe 27). Köln: Benedikt Taschen 1992.

Keul, Hildegund/Müller, Thomas (Hg.). *Verwundbar. Theologische und humanwissenschaftliche Perspektiven zur menschlichen Vulnerabilität*. Würzburg: Echter, 2017.

Keul, Hildegund. «Dem Gewaltpotential menschlicher Verwundbarkeit widerstehen». (12. Juni 2020). *Feinschwarz. Theologisches Feuilleton*. www.feinschwarz.net/dem-gewaltpotential-menschlicher-verwundbarkeit-widerstehen (Aufruf 23.06.2021).

Keupp, Jan. *Die Wahl des Gewandes. Mode, Macht und Möglichkeiten in Gesellschaft und Politik des Mittelalters* (Mittelalter Forschungen Bd. 33). Ostfildern: Thorbecke, 2014 (2. verbesserte Auflage).

Klinger, Judith. «‹Als sei Ich ein Anderer›. Mystisches Subjekt, Geschlecht und Autorisierung bei Caterina von Siena». *Geschlechtervariationen. Gender-Konzepte im Übergang zur Neuzeit.* (Potsdamer Studien zur Frauen und Geschlechterforschung NF 1). Hg. Judith Klinger/Susanne Thiemann. Potsdam: Universitätsverlag, 2006, S. 83–130.

Knott, Kim. «Religion, Space and Place. The Spatial Turn in Research in Religion». *Religion and Society. Advances in Research* 1 (2010): S. 29–43.

Koch, Wolfgang. *Finding Hermann Nitsch. Neue Thesen zum Orgien Mysterien Theater.* Wien: Hollitzer, 2019.

Kralj, Ivan. «The Crucifixion in Pampanga. Holy Week Philippines Bathed in Blood» (3. 05. 2019), in: www.pipeaway.com/crucifixion-pampanga-holy-week-philippines (Aufruf 12.05.2021).

Krauter, Stefan. «Brevard S. Childs' Programm einer Biblischen Theologie. Eine Untersuchung seiner systematisch-theologischen und methodologischen Fundamente». *Zeitschrift für Theologie und Kirche* 96 (1999): S. 22–48.

Kreidler-Kos, Martina/Röttger, Ancilla/Kuster, Niclaus. *Klara von Assisi. Freundin der Stille – Schwester der Stadt*. Kevelaer: Topos Taschenbuch, 2011.

«Kreuzzug». Wikipedia. https://de.wikipedia.org/wiki/Kreuzzug (Aufruf 26.04.2021).

Kriss, Rudolf. *Das Gebärmuttervotiv. Beitrag zur Volkskunde nebst einer Einleitung über Arten und Bedeutung der deutschen Opferbräuche der Gegenwart*. Augsburg: Benno Filser, 1929.

Krogmann, Andrea. «Der Heilige Unterschlupf. Tätowierung im weiteren Nahen Osten». *Tatoo & Religion. Die bunten Kathedralen des Selbst*. Paul-Henri Campbell. Heidelberg: Wunderhorn, 2019, S. 44–53.

Kuhns, Elizabeth. *The habit. A history of the clothing of Catholic nuns*. New York: Penguin Random House, 2003.

Küsters, Urban. «Auf den fleischernen Tafeln des Herzens. Körpersignatur und Schrift in der Visionsliteratur des 13. und 14. Jahrhunderts». *Körperinszenie-*

rungen in mittelalterlicher Literatur. Hg. Klaus Ridder/Otto Langer. Berlin: Weidler, 2002, S. 251–273.

Kurz, Herbert. *Der Volto Santo von Lucca. Ikonographie und Funktion des Kruzifixus in der gegürteten Tunika im 11. Jahrhundert* (Theorie und Forschung 481, Kunstgeschichte 4). Regensburg: Roderer, 1997.

Laarman, Matthias. «Konkomitanz und Kommunion unter beiderlei Gestalt. Zur Diskussion vom 15. bis zum beginnenden 17. Jahrhundert». *Eine Autorität für die Dogmatik? Thomas von Aquin in der Neuzeit.* Hg. Benjamin Dahlke/Bernhard Korn. Freiburg i. Br.: Herder, 2018, S. 60–74.

Lagerkvist, Amanda. «Embodiments of Memory. Toward an Existential Approach to the Culture of Connectivity». *Memory Unbound. Tracing the Dynamics of Memory Studies.* Eds. Stef Craps/Lucy Bond/Peter Vermeulen. New York: Berghahn Books, 2017, Chapter 8. www.academia.edu/20384361/Embodiments_of_Memory_Toward_an_Existential_Approach_to_the_Culture_of_Connectivity (Aufruf 04.06.2021).

Land, Wiliam G. *The Prayer Book of Bonne of Luxembourg. A Personal Document.* Washington D. C.: Preliminary, 1984.

Landfester, Ulrike. *Stichworte. Tätowierung und europäische Schriftkultur.* Berlin: Matthes & Seitz, 2012.

Langer, Otto. «Geistliche Sinnlichkeit. Zur Frage der Gotteserfahrung in der Frauenmystik des Mittelalters». *Jahrbuch für Volkskunde Neue Folge* 14/91 (1991): S. 143–155.

Langer, Otto. «Memoria passionis. Spirituelle Praktiken und ihre Grenzen. Zu Heinrich Seuses Passionsmystik reiner Innerlichkeit». *Wahrnehmen und Handeln. Perspektiven einer Literaturanthropologie.* HG. Wolfgang Braungart/Klaus Ridder/Friedmar Apel. (Bielefelder Schriften zu Linguistik und Literaturwissenschaft 20). Bielefeld: Aisthesis, 2004, S. 57–74.

Langer, Otto. «Passio und Compassio. Zur Bedeutung der Passionsmystik bei Bernhard von Clairvaux». *Die dunkle Nacht der Sinne. Leiderfahrung und christliche Mystik.* Hg. Gotthard Fuchs/Alois M. Haas. Düsseldorf: Patmos, 1989, S. 41–62.

Langer, Otto. «Leibhaftige Erfahrung Gottes. Zu compassio und geistlicher Sinnlichkeit in der Frauenmystik des Mittelalters». *Frömmigkeit im Mittelalter. Politisch-soziale Kontexte, visuelle Praxis, körperliche Ausdrucksformen.* Hg. Klaus Schreiner. München: Fink 2002, S. 439–462.

Largier, Niklaus. *Lob der Peitsche. Eine Kulturgeschichte der Erregung.* München: C. H. Beck, 2001.

Laqueur, Thomas. *Making Sex. Body and Gender from the Greeks to Freud.* Cambridge Mass. 1990. Deutsche Übersetzung: *Auf den Leib geschrieben. Die Inszenierung der Geschlechter von der Antike bis Freud.* München: dtv Verlag, 1996.

Laubach, Thomas (Hg.). *Gender – Theorie oder Ideologie?* Freiburg i. Br.: Herder Verlag, 2017.

Laube, Stefan. *Von der Reliquie zum Ding. Heiliger Ort – Wunderkammer – Museum.* Berlin: Akademie, 2011.

Laugerud, Henning Ryan, Salvador/Skinnebach, Laura Katrine. *The Materiality of Devotion in Late Medieval Northern Europe. Images, Objects and Practices.* Four Courts Press Dublin 2016.

Lechner, Gregor. *Maria Gravida. Zum Schwangerschaftsmotiv in der bildenden Kunst.* (Münchner Kunsthistorische Abhandlungen 9). München: Schnell & Steiner, 1981.

Le Clézio, Jean-Marie Gustave. *Diego y Frida. Una gran historia de amor en tiempos de la* revolución. Barcelona: Temas de hoy, 2002[2].

Lehmann, Kardinal Karl. «Anthropologische Perspektiven der Geschlechtergerechtigkeit. Ein Beitrag aus Sicht katholischer Theologie». *Gender – Theorie oder Ideologie?* Hg. Thomas Laubach. Freiburg i. Br.: Herder 2017, S. 281–306.

Lentz/Brigitta/Mennekes, Friedhelm. *Zwischen Freiheit und Bindung*. Friedhelm Mennekes im Gespräch mit Brigitta Lentz über Kirche und Kunst. Köln: Wienand, 2008.

Lermack, Annette. «Demons and Dynasty. The Armorials in the Psalter of Bonne of Luxembourg», in: *Medieval Perspectives* 21 (2005): S. 97–118.

Lermack, Annette. «Spiritual Pilgrimage in the Psalter of Bonne of Luxembourg». *The Art, Science and Technology of Medieval Trave*l. Eds. Andrea Kann/Robert Bork. Burlington: Ashgate, 2008, S. 97–111.

Lewis, Flora. «The Wound in Christ's Side and the Instruments of the Passion. Gendered Experience and Response». *Women and the Book. Assessing the Visual Evidence*. Eds. Jane H. Taylor/Lesley Smith. Toronto: University of Toronto Press, 1997, S. 204–229.

Lorey, Isabell. «Der Körper als Text und das aktuelle Selbst: Butler und Foucault». *Feministische Studien. Zeitschrift für interdisziplinäre Frauen- und Geschlechterforschung* 11 (1993): Nr. 2, S. 10–23.

«L'origine de la guerre». www.paris-art.com/lorigine-de-la-guerre (Aufruf 23.06.2021).

Luzzatto, Sergio. *Padre Pio. Miracoli e politica nell'Italia del Novecento.* Torino: Giulio Enaudi 2007.

Lützelschwab, Rolf. «Zur Heilsvermittlung und Ärgernis. Das preputium Domini im Mittelalter». *Pecia* 8/11 (2005): S. 601–628.

Lund, Christian. «The story of Marina Abramović and Ulay». Louisiana Chanel, https://player.vimeo.com/video/224530065?width = 342&height = 235&color = 00adef&portrait = 0&title = 0&byline = 0&autoplay = 0&loop = 0&player_id = vimeo-224530065 (Aufruf 26.01.2021).

Mancha Castro, José Carlos. «Cofradías y poderes políticos. Una aproximación a las hermandades de semana santa en la huelva del primer franquismo». *Revista Andaluz de Antropología* 13 (2017): S. 140–163.

Mangolte, Babette. «Seven Easy Pieces by Marina Abramović» (2007). https://archive.org/details/ubu-abramovic_seven (Aufruf 15.03.2021).

MANON – *A Person. A Swiss Pioneer of Body and Performance Art*. Zürich: Scheidegger & Spiess, 2008.

Martin, James. *Building a Bridge. How the Catholic Church and the LGTB Community can enter into a Relationship of Respect, Compassion and Sensitivity*. San Francisco: Harper One, 2017.

Mauss, Marcel. «Techniques of the Body». *Economy and Society* 2 (1973): S. 70–88.

McCue, James F. «The Doctrine of Transsubstantiation from Berengar through Trient. *The Harvard Theological Review* 61 (1968): S. 385–430.

McFague, Sally. *The Body of God. An Ecological Theology*. Minneapolis: Fortress Press, 1993.

Markschies, Christoph. «Kreuz». *Erinnerungsorte des Christentums*. Hg. Hubert Wolf/Christoph Markschies. München: C. H. Beck, 2010, S. 574–591.

Mayordomo, Moises. «Konstruktionen von Männlichkeit in der Antike und der paulinischen Korintherkorrespondenz». *Evangelische Theologie* 68 (2008): S. 99–115.

Mendoza, Liwayway. «Lenten Rites and Practices [The Philippines]». *The Drama Review* 21 (1977): Nr. 3, S. 21–32.

Mennekes, Friedhelm, «Und das Wort ist Fleisch geworden. Theologische Anmerkungen». Ders., *Kein schlechtes Opium. Das Religiöse im Werk von Alfred Hrdlicka*. Stuttgart: Katholisches Bibelwerk, 1987, S. 235–240.

Mennekes, Friedhelm. *Kein schlechtes Opium. Das Religiöse im Werk von Alfred Hrdlicka*. Stuttgart: Katholisches Bibelwerk, 1987.

Mennekes, Friedhelm. «Alfred Hrdlicka». *Menschenbild. Christusbild. Auseinandersetzung mit einem Thema der Gegenwartskunst*. Friedhelm Mennekes/Franz Joseph van der Grinten. Stuttgart: Katholisches Bibelwerk, 1985[2], S. 63–78.

Menke, Bettine. «Nachträglichkeiten und Beglaubigungen». *Stigmata. Poetiken der Körperinschrift*. Hg. Bettine Menke/Barbara Vinken. München: Fink 2004, S. 25–43.

Metz, Johann Baptist. *Zum Begriff der neuen Politischen Theologie. 1967–1997*. Mainz: Matthias-Grunewald, 1997.

Metz, Johann Baptist. «Zukunft aus dem Gedächtnis des Leidens», in: *Concilium* 8 (1972): S. 399–407.

Metz, Johann Baptist. «Art. Erinnerung». *Handbuch philosophischer Grundbegriffe* (1973). https://jochenteuffel.files.wordpress.com/2017/07/metz-erinnerung-hphg.pdf (Aufruf 10.03.2021).

Metz, Johann Baptist. Dogma als gefährliche Erinnerung. Ders., *Glaube in Geschichte und Gesellschaft. Studien zu einer praktischen Fundamentaltheologie*. Mainz: Matthias-Grunewald Verlag, 1977, S. 176–180.

Metz, Johann Baptist. «Im Eingedenken fremden Leids. Zu einer Basiskategorie christlicher Gottesrede». *Gottesrede*. Johann Baptist Metz/Johann Reikerstorfer/Jürgen Werbick. (Religion-Geschichte-Gesellschaft 1). Münster: LIT, 1996, S. 3–20.

Metz, Johann Baptist/Reikerstorfer, Johann. *Memoria passionis. Ein provozierendes Gedächtnis in pluralistischer Gesellschaft*. Freiburg i. Br.: Herder, 2011[4] (1. Auflage 2006).

Metz, Johann Baptist/Kuld, Lothar/Weisbrod, Adolf (Hg.). *Compassion. Weltprogramm des Christentums*. Freiburg i. Br.: Herder, 2000.

Metz, Johann Baptist. «Compassion – Ein Kapitel politischer Theologie der Hoffnung». *Hoffnung auf Gott – Zukunft des Lebens. 40 Jahre Theologie der Hoffnung*. Hg. Jürgen Moltmann/Carmen Rivuzumwami/Thomas Schlag. Gütersloh: Gütersloher Verlagshaus, 2005, S. 47–53.

Metzger, Franziska. «Das Gedächtnis der Religion». *Gedächtnis als Kategorie für die Katholizismusforschung. Katholizismusforschung – transnational*. Hg. Andreas Henkelmann/Christoph Kösters. Münster: Aschaffendorff Verlag, 2019, S. 123–144.

Metzger, Franziska. «Erinnerungsräume». *Ausdehnung der Zeit. Die Gestaltung von Erinnerungsräumen in Geschichte, Literatur und Kunst*. (Erinnerungsräume Geschichte – Literatur – Kunst 1). Hg. Franziska Metzger/Dimiter Daphinoff. Köln: Böhlau, 2019, S. 19–44.

Mignot, Dorine. «Two times an individual experience». *The Lovers. The Great Wall Walk. Marina Abramović and Ulay*. Amsterdam: Stedelijk Museum, 1989, S. 175–177.

Miklas, Hermann. «Gedanken zum Karfreitag». https://steiermark.orf.at/v2/news/stories/2703369 (Aufruf 22.06.2021).

Miller, Daniel (Hg.). *Material Cultures. Why things matter*. London: UCL Press, 1998.

Moltmann-Wendel, Elisabeth. *Wenn Gott und Körper sich begegnen. Feministische Perspektiven zur Leiblichkeit*. Gütersloh: Mohn, 1989.

«Monterey Pop Festival». Wikipedia. https://en.wikipedia.org/wiki/Monterey_Pop_Festival (Aufruf 31.07.2021).

Moreno Navarro, Isidoro. *Las hermandades Andaluzas. Una Aproximación desde la antropología*. Sevilla: Universidad de Sevilla, 1999 (2ª edición).

Morgan, David. *Religion and Material Culture. The Matter of Belief*. London: Routeledge, 2010.

Morgan, David. *The Embodied Eye. Visual Culture and the Social life of Feeling*. Berkeley: University of California Press, 2012.

Morgan, David. «Religion and Embodiment in the Study of Material Culture.» *Oxford Research Encyclopedia. Religion*. Oxford: University Press, 2015. (https://doi.org/10.1093/acrefore/9780199340378.013.32, S. 1–19.).

Morgan, David. *The Thing about Religion. An Introduction to the Material Study of Religions*. North Carolina: University Press, 2020.

Morny, Joy. *Divine love. Luce Irigaray, woman, gender and religion*. Manchester University Press 19. 07. 2013 (Aufruf 28.05.2021).

Müller, Jörn. «Scham und menschliche Natur bei Augustinus und Thomas von Aquin». *Zur Kulturgeschichte der Scham*. Bauks, Michaela/Meyer, Martin. Hamburg: Felix Meiner, 2010, S. 55–72.

Muessig, Carolyn. *The Stigmata in Medieval and Early Modern Europe*. Oxford: University Press, 2020.

Murat spielt Prinzessin, Alex hat zwei Mütter und Sophie heisst jetzt Ben. Sexuelle und geschlechtliche Vielfalt als Themen frühkindlicher Inklusionspädagogik. Hg. Sozialpädagogisches Fortbildungsinstitut Berlin-Brandenburg. Berlin: o. V., 2018.

Murray, Jaqueline. «The law of sin that is in my members. The problem of male embodiment». *Gender and Holiness. Men, Women and Saints in Late Medieval Europe*. Eds. Samantha J. E. Riches/Sarah Salih. New York: Routeledge 2002, S. 9–22.

Mussner, Franz (Hg.). *Passion in Oberammergau. Das Leiden und Sterben als geistliches Schauspiel*. Düsseldorf: Patmos, 1980.

Netzwerk Körper (Hg.), *What can a Body do? Praktiken des Körpers in den Kulturwissenschaften*. Frankfurt a. M.: Campus, 2012.

«Neuer: DFB-Team mit Regenbogen-Binde Gesicht geben». (28. 06. 2021). www.nau.ch/sport/fussball-int/neuer-dfb-team-mit-regenbogen-binde-gesicht-geben-6595482 (Aufruf 06.07.2021).

Niedźwiedź Anna. *The image and the figure. Our Lady of Częstochowa in Polish culture and popular religion*. Kraków: Jagiellonian University Press, 2010.

Nigg, Walter (Hg.). *Libellus. Elisabeth von Thüringen*. Düsseldorf: Patmos, 1967.

Nitsch, Hermann /Alf Lechner Stiftung (Hg.), *Hermann Nitsch. Das Gesamtkunstwerk*. Dortmund: Kettler, 2019.

Nihus, Jesse. «The Politics of Mysticism. Elisabeth of Spalbeek in Context». *Church History* 77 (2008): S. 285–317.

Nora, Pierre. *Les lieux de mémoire*. Bd. 1: *La République*. Gallimard Paris 1984. Vol 2: *La Nation*. Gallimard Paris 1986. Vol 3: *Les France*. Gallimard Paris 1992.

Deutsch: Pierre Nora. *Erinnerungsorte Frankreichs*. Hg. Etienne François. München: C.H. Beck, 2005.

von Norwich, Juliana. *Offenbarungen der göttlichen Liebe*. Hg. Otto Karrer. Paderborn: Schöningh, 1926.

Öhlschläger, Claudia/Wiens, Birgit (Hg.). *Körper – Gedächtnis – Schrift. Der Körper als Medium kultureller Erinnerung*. Berlin: Erich Schmidt, 1997.

Öhlschläger, Claudia. «Körper». *Gedächtnis und Erinnerung. Ein interdisziplinäres Handbuch*. Hg. Christian Gudehus/Ariane Eichenberg/Harald Welzer. Berlin: Springer 2010, S. 241–245.

Oeming, Manfred/Domen, Christoph. *Biblischer Kanon, warum und wozu? Eine Kanontheologie* (Quaestiones disputatae 137). Freiburg i.Br.: Herder, 1992.

O'Flaherty, Michael/Fisher, John. «Sexual Orientation, Gender Identity and International Human Rights Law. Contextualising the Yogakarta Principles». *Human Rights Law Review* 8 (20078): S. 207–248.

Oldenhage, Tania. *Neutestamentliche Passionsgeschichte nach der Shoa. Exegese als Teil der Erinnerungskultur* (Judentum und Christentum 21). Stuttgart: Kohlhammer, 2014.

Olson, Vibeke. «Penetrating the Void. Picturing the wound in Christ's Side as a Performative Space». *Wounds and Wound Repair in Medieval Culture* (Explorations in Medieval Culture 1). Eds. Larissa Tracy/Kelly De Vries. London: Brill, 2015, S. 313 - 339.

Opitz, Jeanette. *Rituale und Traditionen christlicher Bussbruderschaften in Bilbao/Spanien*. Hannover: Dissertationsschrift Universität Hannover, 2000.

Orta-Rivero, Enrique-Javier. *Diálogo, fe y cultura: Hermandades de Pasión*. Universidad de Jaén: Jaén 2017.

Ornella, Alexander D./Knauss, Stefanie/Höpflinger, Anna-Katharina (Eds.). *Commun(icat)ing Bodies. Body as a Medium in Religious Symbol Systems*. Zürich: Pano, 2014.

Overbeck, Gerd/Niemann, Ulrich. *Stigmata. Geschichte und Psychosomatik eines religiösen Phänomens*. Darmstadt: Wissenschaftliche Buchgesellschaft, 2012.

Oschema, Klaus/Ott, Michael R. Menschenhaut. *Materiale Textkulturen. Konzepte – Materialien – Praktiken*. Hg. Thomas Meier/Michael P. Ott/Rebecca Sauer. Berlin: De Gruyter 2015, S. 439–451.

Padtberg, Carola. «Performance-Legende Ulay. ‹Ich habe meine Haut nicht verkauft›». *Der Spiegel* 13.10.2016. www.spiegel.de/kultur/gesellschaft/ulay-werkschau-in-frankfurt-ich-habe-meine-haut-nicht-verkauft-a-1116256.html (Aufruf 04.06.2021).

Pahud de Mortanges, Elke. «Irre – Gauklerin – Heilige? Inszenierung und Instrumentalisierung frommer Frauen im Katholizismus des 19. Jahrhunderts». *Schweizerische Zeitschrift für Religions- und Kulturgeschichte* 100 (2006): S. 203–225.

Pahud de Mortanges, Elke. «Fromm oder hysterisch? Stigmatisierte Frauen im Katholizismus des 19. Jahrhunderts». *Frauen bewegen Theologie. Die Präsenz von Frauen in der theologischen Wissenschaft am Beispiel der Albert-Ludwigs-Universität Freiburg*. Hg. Birgit Jeggle-Merz/Angela Kaupp/Ursula Nothelle-Wildfeuer. Leipzig: LIT Verlag, 2007, S. 159–175.

Pahud de Mortanges, Elke. «Nie mehr getrennt, wenn die Rosen blühen. Klara von Assisi (1194–1253) und Franz von Assisi (1182–1226)». *Unheilige Paare? Liebesgeschichten, die keine sein durften*. Elke Pahud de Mortanges. München: Kösel Verlag, 2011, S. 39–62.

Pahud de Mortanges, Elke. «Liebeswund(en). Clemens Brentano (1778–1842), Anna Katharina Emmerick (1774–1824) und Luise Hensel (1798–1876)». *Unheilige Paare? Liebesgeschichten, die keine sein durften*. Elke Pahud de Mortanges. München: Kösel, 2011, S. 123–158.

Pahud de Mortanges, Elke. «Be a somebody with a body. Christus-Heterotopien in Kunst und Kommerz des 20. und 21. Jahrhunderts am Beispiel von Andy Warhol, Joseph Beuys und Conchita Wurst». *Orte und Räume des Religiösen im 19. und 20. Jahrhundert*. Hg. Franziska Metzger/Elke Pahud de Mortanges. Paderborn: Schöningh 2016, S. 223–245.

Pahud de Mortanges, Elke. «Body@Performance und Gedächtnis. Zur Anatomie des Heils in den Erinnerungskulturen des Christentums». *Zeitschrift für Kirchliche Zeitgeschichte* 31 (2018): S. 348–362.

Pahud de Mortanges, Elke. «The Sacred Heart as Body and Embodiment. Contribution to a Topography and Cartography of Modes and Motives in the History of its Devotion». *Schweizerische Zeitschrift für Religions- und Kulturgeschichte* 113 (2019): S. 403–420.

Pahud de Mortanges, Elke. «The Sacred Heart as Memorial Body. An Analytic Approach to its Somatic Presentations and Bodily Appropriations in Devotion and Art». *Sacred Heart Devotion. Memory, Body, Image, Text. Continuities and Discontinuities* (Erinnerungsräume Geschichte – Literatur – Kunst 2). Eds. Franziska Metzger/Stefan Tertünte. Wien: Böhlau, 2021, S. 61–87.

Papacek, Ruth. *Zwiesprache mit Gott. Das Leiden in Körper und Seele als Ort der Kommunikation zwischen Gott und Mensch in Heinrich Seuses Vita*. Diplomarbeit Universität Wien, Wien 2010. othes.univie.ac.at/8939/1/2010-02-25_0500760.pdf (Aufruf 10.02.2021).

Pattinson, Tom. «The Wonders of Greta Thunberg. Read our Interview with the voice of a generation» (8. August 2021). www.voguescandinavia.com/articles/greta-the-great (Aufruf 09.08.2021)

Pereyra Chávez, Nelson E. «Historia, memoria, identidad y *performance* en una fiesta: la Semana Santa de Ayacucho». *Diálogi. Revista de ligüistica, literatura y cultura* 4 (2009): S. 222–263.

Peters, Ursula. *Religiöse Erfahrung als literarisches Faktum. Zur Vorgeschichte und Genese frauenmystischer Texte des 13. und 14. Jahrhunderts*. (Hermaea Neue Folge 56). Berlin: De Gruyter, 1988.

Petitjean, Marc. *Le Cœur. Frida Kahlo à Paris*. Paris: Editions arléa, 2018.

Philippe, Violaine. «Le scandal de l'origine du monde (9.11.2013)». www.academia.edu/3424457/Le_scandale_de_lorigine_du_monde (Aufruf 03.06.2021).

Pierschíng, Nicole. *Maria von Mörl (1812–1868). Leben und Bedeutung einer ‹stigmatisierten Jungfrau› aus Tirol im Kontext ultramontaner Frömmigkeit*. Brixen: Weger, 2004.

Pomata, Gianna. «Menstruating Men. Similarity and Difference of the Sexes in Early Modern medicine. Generation and Degeneration.» *Tropes of Reproduction in Literature and History from Antiquity through Modern Europe*. Durham: Duke University Press, 2001, S. 109–152.

Pristol, Florian. «Vulnerabilität. Erläuterungen zu einem Schlüsselbegriff im Denken Judith Butlers». *Zeitschrift für Praktische Philosophie* 3 (2016): S. 233–272.

Raab, Gabriele. «Die hl. Kümmernis und das arme Geigerlein und ihre Darstellungen im Wittelsbacher Land». *Altbayern in Schwaben. Jahrbuch für Geschichte und Kultur*. Aichach: Landkreis Aichach Friedberg, 2016, S. 69–78.

Rahner, Hugo. «De dominici pectoris fonte potavit». *Zeitschrift für Katholische Theologie* 55 (1932): S. 103–108.
Razzouk Tatoo (Jerusalem). Website. https://razzouktattoo.com (17.07.2021).
Read, Peter. «Giving birth to herself». Frida Kahlo's incendiary independence (17. November 2020). www.the-tls.co.uk/articles/the-heart-frieda-kahlo-paris-marc-petitjean-book-review/
Reda, Mario. «Anorexia and the Holiness of Saint Catherine of Siena». *Journal of Criminal Justice and Popular Culture* 8 (2001): S. 37–47.
Reinhardt, Volker. *Die Macht der Seuche. Wie die grosse Pest die Welt veränderte 1347–1353*. München: C. H. Beck, 2020.
«Ribera Mujer barbuda». https://lumen.georgetown.edu/projects/posterTool/data/users/mujer_barbuda-1.jpg.
Richards, Mary. *Marina Abramović*. Routeledge Performance Practioners. New York: Routledge, 2018[2].
Riedl, Peter Anselm/Seidel, Max. *Die Kirchen von Siena*. Bd. 2. München: Bruckmann, 1992.
Röhl, Constanze. *Shivta, Architektur und Gesellschaft einer byzantinischen Siedlung im Negev*. Dissertationsschrift Köln 2010. https://kups.ub.uni-koeln.de/3279/1/Band_1_Text.pdf, (Aufruf 21.04.2021).
Runge, Paul (Hg.). *Die Lieder und Melodien der Geißler des Jahres 1349 nach der Aufzeichnung Hugo's (Spechtshart) von Reutlingen*. Leipzig: Breitkopf & Härtel, 1900.
«Salvador del Solar: Arzobispo de Arequipa le hace pedido por ‹ideología de género› y le responde así». *Trome Perú* 06.03.2017. https://trome.pe/actualidad/salvador-solar-arzobispo-arequipa-ideologia-genero-responde-42201 (Aufruf 07.07.2021).
«Salvador del Solar respondió a arzobispo de Arequipa por la ‹ideología de género›». *RPP Noticias* 05.03.2017. https://rpp.pe/politica/gobierno/salvador-del-solar-responde-al-arzobispo-de-arequipa-por-la-ideologia-de-genero-noticia-1034936 (Aufruf 07.07.2021).
Sánchez Herrero, José. *La Semana Santa de Sevi*lla. (Biblioteca de Sevilla 2). Madrid: Sílex Ed., 2003.
Sand, Alexa. *Vision, Devotion and Self-Representation in Late Medieval Art*. Cambridge: University Press, 2014.
Savatier, Thierry. *L'origine du monde. Histoire d'un tableau de Gustave Courbet*. Paris: Bartillat, 2006.
Schaller, Maria. «Jerusalemer Pilgertätowierungen. Lektüren in frühneuzeitlichen Reiseberichten». *Tatoo & Religion. Die bunten Kathedralen des Selbst* von Paul-Henri Campbell. Heidelberg: Wunderhorn, 2019, S. 66–75.
Schaus, Margret (Hg.). *Woman and Gender in Medieval Europe*. An Encyclopedia. New York: Routeledge, 2006.
Schindler, Alfred. «Das Schweisstuch der Veronika». *Apokryphen zum Alten und Neuen Testament*. Zürich: Manesse, 1990, S. 555–557.
Schlimmbach, Guido (Hg.). *Für Friedhelm Mennekes. Kunst-Station Sankt Peter Köln*. Köln: Wienand, 2008.
Schmid, Konrad/Schröter, Jens. *Die Entstehung der Bibel. Von den ersten Texten zu den heiligen Schriften*. München: C. H. Beck, 2019[2].
Schmidt, Melanie. «Performativität». *Gender Glossar*. https://gender-glossar.de/p/item/22-performativitaet (Aufruf 04.03.2021).

Schmidt-Hannisa, Hans-Walter. «Eingefleischte Passion. Zur Logik der Stigmatisierung». *Schmerz und Erinnerung.* Hg. Roland Bogards. München: Fink 2005, S. 69–82.

Schmucki, Oktavian, «Das Phänomen Krankheit im Leben des hl. Franziskus von Assisi». *Vita fratrum* 21 (1984): S. 3–19.

Schneider, Theodor (Hg.). *Handbuch der Dogmatik.* 2 Bde. Düsseldorf: Patmos, 2006[3].

Schnürer, Gustav/Ritz, Joseph M. *Sankt Kümmernis und Volto Santo. Studien und Bilder.* Düsseldorf: Schwan, 1934.

Schraut, Sylvia/Paletschek, Sylvia. «Erinnerung und Geschlecht – auf der Suche nach einer transnationalen Erinnerungskultur in Europa». *Historische Mitteilungen* 19 (2006): S. 15–28.

Schreiner, Jens J. *Vom «Gelben Flicken» zum «Judenstern». Genese und Applikation vom Judenabzeichen im Islam und christlichen Europa (849–1941).* Frankfurt a. M.: Peter Lang, 2004.

Schreiner, Klaus. *Maria. Leben, Legenden, Symbole.* München: C. H. Beck Verlag, 2003.

«Schwarze Madonna von Tschenstochau». Wikipedia. https://de.wikipedia.org/wiki/Schwarze_Madonna_von_Tschenstochau (Aufruf 06.07.2021).

Schweizer-Vüllers, Regine. *Die Heilige am Kreuz. Studien zum weiblichen Gottesbild im späten Mittelalter und in der Barockzeit.* Bern: Peter Lang, 1999[2].

Schwinum, Maike. «LGBT-Pride-Monat. Wofür steht die Regenbogenfahne» (22. Juni 2021). www.gofeminin.de/aktuelles/regenbogenfahne-bedeutung-lgbt-s4002111.html (Aufruf 07.07.2021).

Seelbach, Larissa Carina. *Das weibliche Geschlecht ist ja kein Gebrechen. Die Frau und ihre Gottebenbildlichkeit bei Augustin.* Würzburg: Echter 2002.

Segl, Peter. «Art. Geissler». *Theologische Realenzyklopädie* 11 (1984): S. 162–169.

«Semana Santa. Reque vive la pasión y muerte de Jesucristo» (02.04.2015). https://diariocorreo.pe/edicion/lambayeque/semana-santa-reque-vive-la-pasion-y-muerte-de-jesucristo-576980/?ref=dcr (Aufruf 12.05.2021).

Shore, Brad. «Rituale». *Gedächtnis und Erinnerung. Ein interdisziplinäres Handbuch.* Hg. Christine Gudehus/Ariane Eichenberg/Harald Welzer. Stuttgart: Metzler, 2010, S. 143–148.

Skinnebach, Laura Katrine. «Transfiguration: change and comprehension in late medieval devotional perception». *The Materiality of Devotion in Late Medieval Northern Europe. Images, Objects and Practices.* Eds. Henning Laugerud/Salvador Ryan/Laura Katrine Skinnebach. Dublin: Four Courts Press, 2016, S. 90–103.

Soiland, Tove. *Luce Irigarays Denken der sexuellen Differenz. Eine dritte Position im Streit zwischen Lacan und den Historisten.* Wien: Turia + Kant, 2018.

Spencer-Hall, Alicia. «Christ's Suppurating Wounds. Leprosy in the Vita of Alice of Schaerbeek (+ 1250)». *Wounds and Wound Repair in Medieval Culture.* (Explorations in Medieval Culture 1). Eds. Larissa Tracy/Kelly De Vries. Leiden: Brill, 2015, S. 389–416.

Spitzelei, Sabine B. *Erfahrungsraum Herz. Zur Mystik des Zisterzienserinnenklosters Helfta im 13. Jahrhundert* (Mystik in Geschichte und Gegenwart. Abt.1: Christliche Mystik Bd. 9). Stuttgart-Bad Canstatt: Frommann-Holzboog, 1991, S. 81 – 179.

Spoerri, Bettina. «Schrift des Herzens. Zum vierten Kapitel der Vita Heinrich Seuses». *Homo Medietas. Aufsätze zu Religiosität, Literatur und Denkformen des Menschen vom Mittelalter bis in die Neuzeit.* Festschrift für Alois Maria Haas zum 65. Geburtstag. Hg. Claudia Brinker-von der Heyde/Niklaus Largier. Berlin: Lang 1999, S. 299–315.

Stadler, Arnold. *Salvatore.* Frankfurt a. M.: S. Fischer 2009².

Staeck, Klaus (Hg.). *Joseph Beuys. Honey is flowing in all directions.* Göttingen: Steidl, 2021.

Steeve, Nicolas. «A Fundamental Stimulus for the Theological Imagination». *Sacred Heart Devotion. Memory, Body, Image, Text. Continuities and Discontinuities* (Erinnerungsräume Geschichte – Literatur – Kunst 2). Eds. Franziska Metzger/Stefan Tertünte. Wien: Böhlau, 2021, S. 267–284.

Steinberg, Leo. *The Sexuality of Christ in Renaissance Art and in Modern Oblivion.* Second Edition, revised and expanded. Chicago: The University of Chicago Press 1996.

Stork, Hans-Walter. «Art. Kreuz VI. Kunst, Ikonographie und Symbolik». *Lexikon für Theologie und Kirche*³ 6 (1997): Sp. 448–450.

Stoff, Heiko. «Diskurse und Erfahrungen. Ein Rückblick auf die Körpergeschichte der neunziger Jahre». *Zeitschrift für Sozialgeschichte des 20. und 21. Jahrhunderts* 14 (1999): S. 142–160.

Störmer-Caysa, Uta. *Einführung in die mittelalterliche Mystik.* Stuttgart: Philipp Reclam, 2004.

Strauch, Philipp. «Seuse, Heinrich». *Allgemeine Deutsche Biographie* (1894) [Onlinefassung]. www.deutsche-biographie.de/pnd118613510.html (Aufruf 02.02.2021).

Heinrich Suso's genannt Amandus, Leben und Schriften. Nach den ältesten Handschriften und Drucken mit unverändertem Texte in jetztiger Schriftsprache hg. von Melchior Diepenbrock. Augsburg: Karl Kollmansche Buchhandlung, 1854³.

Sünner, Rüdiger. *Zeige deine Wunde. Kunst und Spiritualität bei Joseph Beuys.* Eine Spurensuche. München: Europa, 2015.

Sütterlin, Nicole A. *Poetik der Wunde. Zur Entdeckung des Traumas in der Literatur der Romantik.* Göttingen: Wallstein, 2019.

Sundermeier, Theo. «Art. Religion». *Lexikon missionstheologischer Begriffe.* Hg. Karl Müller/Theo Sundermeier. Berlin: Dietrich Reimer, 1987, S. 411–423.

Swan, Emily. *Jesus's Vagina. A Medieval Meditation* (8. 11. 2019). https://medium.com/solus-jesus/jesuss-vagina-a-medieval-meditation-ef78367ac2a (Aufruf 15.05.2021).

Tammen, Silke. «Blick und Wunde – Blick und Form. Zur Deutungsproblematik der Seitenwunde Christi in der spätmittelalterlichen Buchmalerei». *Bild und Körper im Mittelalter.* Hg. Kristin Marek (u. a.). Paderborn: Wilhelm Fink, 2006, S. 85–114.

Taylor, Diana. The Archive and the Repertoire. Performing Cultural Memory in the Americas. Duke University Press, 2003.

Taylor, Larissa (Hg.). *Encyclopedia of medieval Pilgrimage.* Leiden: Brill, 2000.

Teuber, Bernhard. «Sichtbare Wundmale und unsichtbare Durchbohrung. Die leibhaftige Nachfolge Christi als Paradigma des anhermeneutischen Schreibens». *Stigmata. Poetiken der Körperinschrift.* Hg. Bettine Menke/Barbara Vinken. München: Wilhelm Fink, 2004, S. 155–179.

The Lovers. The Great Wall Walk. Marina Abramović and Ulay. Amsterdam: Stedelijk Museum, 1989.

Thiemann, Susanne. «Sex trouble. Die bärtige Frau bei José de Ribera, Luis Vélez de Guevara und Huarte de Suan Juan». *Geschlechtervariationen. Gender-Konzepte im Übergang zur Neuzeit.* Hg. Judith Klinger/Susanne Thiemann. (Potsdamer Studien zur Frauen und Geschlechterforschung NF 1). Potsdam: Universitätsverlag, 2006, S. 47–82.

Thomas, Alois. «Gregoriusmesse». *Lexikon der christlichen Ikonographie* 2 (1970): Sp. 199–202.

«Tonsur». Universal-Lexikon der Gegenwart und Vergangenheit 17 (1863^4): S. 681.

Tracy, Larissa/De Vries, Kelly (Eds.). *Wounds and Wound Repair in Medieval Culture* (Explorations in Medieval Culture 1). London: Brill, 2015.

«Trans in Faith. Early Cross-Dressing Saints and Martyrs». https://queerchurch.wordpress.com/queer-saints-martyrs-and-others/2-the-early-christians/2-the-early-christians-saints-and-martyrs-for-the-church/trans-in-faith-some-cross-dressing-saints-and-martyrs (Aufruf 19.07.2021).

Trexler, Richard C. «The Stigmatized Body of Francis of Assisi. Conceived, Processed, Disappeared». *Frömmigkeit im Mittelalter. Politisch-soziale Kontexte, visuelle Praxis, körperliche Ausdrucksformen.* Hg. Klaus Schreiner. München: C.H. Beck, 2002, S. 463–481.

Trommer, Vivien. «Wie viel Fiktion steckt in ihrer Biografie?» *Die Welt* 10.08.2019, www.welt.de/kultur/kunst/article198286049/Marina-Abramovic-Wie-viel-Fiktion-steckt-in-ihrer-Biografie.html (Aufruf 27.01.2021).

«Trujillo. Virgen de la Puerta visitó a presos del penal El Milagro» (05. 08. 2013). *RPP Actualidad.* https://rpp.pe/peru/actualidad/trujillo (Aufruf 25.06.2021).

Tyerman, Christopher. *God's War. A New History of the Crusades.* Cambridge/Mass.: University Press, 2006.

«Ulay (Frank Uwe Laysiepen)». Wikipedia. https://de.wikipedia.org/wiki/Ulay (Aufruf 31.07.2021).

Valentin, Joachim. «Spiegel, Reisen, Klänge. Jim Jarmuschs Filme eröffnen Räume jenseits der Alltagsrealität». *Orte und Räume des Religiösen im 19.–21. Jahrhundert.* Hg. Franziska Metzger/Elke Pahud de Mortanges. Paderborn: Ferdinand Schöningh 20016, S. 133–145.

Vetter, Ferdinand. *Ein Mystikerpaar des vierzehnten Jahrhunderts. Schwester Elsbeth Stagel in Töss und Vater Amandus (Suso) in Konstanz.* Basel: Schweighauserische Verlagsbuchhandlung, 1882.

Vetter, Ferdinand (Hg.). *Das Leben der Schwestern zu Töß, beschrieben von Elsbet Stagel samt der Vorrede von Johannes Meier und dem Leben der Prinzessin Elisabeth von Ungarn.* (Deutsche Texte des Mittelalters 6). Berlin: Weidmannsche Buchhandlung, 1906.

Villegar, María Cecilia. «La vulneración de las libertades de las personas LGTBIQ y sus costos en la sociedad». *Libertad y Prejuicio. Reflexiones para la defensa de los derechos LGTBTIQ+.* Eds. Yesenia Alvarez/Diego Ato. Lima: Instituto Político para la Libertad Perú, 2021.

Vinken, Barbara. «Herz Jesu und Eisprung. Jules Michelets *devotio moderna*». *Stigmata. Poetiken der Körperinschrift.* Hg. Bettine Menken/Barbara Vinken. München: Wilhelm Fink, 2004, S. 295–308.

«La Virgen de la Puerta. Escudo contra los infieles». www.fatima.pe/articulo-3-la-virgen-de-la-puerta (Aufruf 25.06.2021).

«La Virgen de la Puerta». Wikipedia. https://es.wikipedia.org/wiki/Virgen_de_la_Puerta (Aufruf 05.07.2021).

«The Virgins of the Door. A Rare Glimpse Inside Peru's Besieged Transgender Community». www.huffpost.com/entry/the-virgins-of-the-door-a_b_6990308 (Aufruf 18.12.2020).

Wagner, Andreas (Hg.). *Primäre und sekundäre Religion als Kategorie der Religionsgeschichte des Alten Testaments*. Berlin: De Gruyter, 2006.

Wagner, Thomas. «Andy Warhol Last Supper oder Christus, der Erfinder der Serialität». *Religiöse Blicke – Blicke auf das Religiöse. Visualität und Religion*. Hg. Bärbel Beinauer-Köhler/Daria Pezzoli-Oligatti/Joachim Valentin. Zürich: TVZ, 2010, S. 381–395.

Wacker, Marie-Theres. «Genderforschung und biblische Schöpfungsgeschichten». *Gender – Theorie oder Ideologie?* Hg. Thomas Laubach. Freiburg i. Br.: Herder 2017, S. 161–173.

Walker, Paige M. *Medieval female spirituality and the wound of Christ in Folio 331r of Bonne of Luxembourg*. Berkley: Faculty of the University of California, 2012.

Walker Bynum, Caroline. «Warum das ganze Theater mit dem Körper?». *Historische Anthropologie* 4 (1996): S. 1–33.

Walker Bynum, Caroline. *Fragmentierung und Erlösung. Geschlecht und Körper im Glauben des Mittelalters*. Aus dem Amerikanischen von Brigitte Grosse. Frankfurt a. M.: Suhrkamp, 1996.

Weiss, Otto. *Die Macht der Seherin von Altötting. Geisterglaube im Katholizismus des 19. Jahrhunderts*. Kevelaer: Verlagsgemeinschaft topos plus, 2015.

Weiss, Otto. *Weisungen aus dem Jenseits? Der Einfluss mystizistischer Phänomene auf Ordens- und Kirchenleitungen im 19. Jahrhundert*. Regensburg: Pustet, 2011.

Wendel, Saskia. «‹Da gibt es kein Männliches und Weibliches› (Gal 3,28). Ein Vorschlag zur Gotteslehre aus *gender*-Perspektive». *Frauen bewegen Theologie. Das Beispiel der Theologischen Fakultät der Albert-Ludwigs-Universität*. Hg. Birgit Jeggle/Angela Kaupp/Ursula Nothelle-Wildfeuer. (Historisch-theologische Genderforschung). Leipzig: LIT Verlag, 2007, 72–85.

Wendel, Saskia. «It's the body, stupid!». *Gender – Theorie oder Ideologie?* Hg. Thomas Laubach. Freiburg i. Br.: Herder 2017, S. 201–214.

Wendel, Saskia/Nutt, Aurica (Eds.). *Reading the Body of Christ. Eine geschlechtertheologische Relecture*. Paderborn: Schöningh, 2019.

Westall, Sylvia. «Erotic Jesus sparks art debate in Austria» (April 2008). www.banderasnews.com/0804/art-eroticjesus.htm (Aufruf 21.06.2021).

Williams, David H. *The Five Wounds of Jesus*. Herefordshire: Gracewing Publishing, 2004.

Wimmer, Christoph. «Geschlecht im Feld. Eine feministische Re-Analyse von Bourdieu» (8. April 2017). christopherwimmer.de/2017/04/08/geschlecht-im-feld-eine-feministische-re-analyse-von-bourdieu (Aufruf 03.04.2021).

Wischermann, Clemens/Haas, Stefan (Hg.). *Körper mit Geschichte. Der menschliche Körper als Ort der Selbst- und Weltdeutung*. (Studien zur Geschichte des Alltags Bd. 17). Stuttgart: Franz Steiner, 2000.

Wood, Michael. *Auf den Spuren der Konquistadoren*. Stuttgart: Philipp Reclam jun. Verlag, 2003.

Word, Frazer. *No Innocent Bystanders. Performance Art and Audience*. Dartmouth: University of Chicago Press, 2012.

Wolf, Gerhard. *Schleier und Spiegel. Traditionen des Christusbildes und die Bildkonzepte der Renaissance*. München: Wilhelm Fink, 2002.

Wolf, Hubert/Markschies, Christoph (Hg.). *Erinnerungsorte des Christentums*. München: C.H. Beck, 2010.

Würth, Ingrid. *Geissler in Thüringen. Die Entstehung einer spätmittelalterlichen Häresie* (Hallische Beiträge zur Geschichte des Mittelalters und der Frühen Neuzeit 10). Berlin: Akademie Verlag, 2012.

Würth, Ingrid. «Geißlerzüge» (19.08.2015). *Historisches Lexikon Bayerns*, www.historisches-lexikon-bayerns.de/Lexikon/Geißlerzüge (Aufruf 12.04.2021).

Young, Sarah. «Vírgenes de la puerta: Portrays peruvian Transwoman as Saints» (26.10.2017). www.independent.co.uk/life-style/peru-trans-women-saints-foto-series-virgines-de-la-puerta-lgbt-community-a8021046.html (Aufruf 18.12.2020).

Ziehr, Wilhelm. *Das Kreuz. Symbol, Gestalt, Bedeutung*. Stuttgart: Belser, 1997.

Abbildungsverzeichnis

1 Collage *nachgebildet*

a *Mose mit den Gesetzestafeln*, Chiesa di Santa Cristina (Quinto di Treviso), Italien. https://commons.wikimedia.org/wiki/Category:Moses_on_stained-glass_windows#/media/File:Mose0001.jpg

b *Johannes der Täufer* aus der ev. Pfarrkirche Adsbol (Dänemark), Ende 15. Jahrhundert. Museumsberg Flensburg, https://upload.wikimedia.org/wikipedia/commons/4/47/1490_Johannes_der_T%C3%A4ufer_aus_der_ev._Pfarrkirche_Adsb%C3%B8l_anagoria.JPG

c *Maria lactans*. Öl auf Holz. Antwerpener Schule des 17. Jahrhunderts. https://upload.wikimedia.org/wikipedia/commons/2/2c/Maria_lactans_17th_century_Antwerp.jpg

d *Christus am Kreuz*. © Além Sanchez, Sevilla. https://www.pexels.com/de-de/foto/jesus-christus-kreuzigung-977662/

e *Sacred Heart of Jesus*. Öl auf Leinwand. 19. Jahrhundert, portugiesische Schule. Foto: Leiloeira São Domingos. https://commons.wikimedia.org/wiki/File:Sagrado_Cora%C3%A7%C3%A3o_de_Jesus_-_escola_portuguesa,_s%C3%A9culo_XIX.png

f *Schluckbilder mit Motiven aus Maria und Jesu Leben*. https://commons.wikimedia.org/wiki/Schluckbildchen?uselang=de#/media/File:Schluckbildchen_-_Söckler.png

2 Collage *verkörpert*

a *Passionsfestspiele Oberammergau, Deutschland 1900*. Foto Joseph Albert. https://de.wikipedia.org/wiki/Oberammergauer_Passionsspiele#/media/Datei:Joseph_Albert_Oberammergauer_Passionsspiel_Kreuzigung.jpg

b *Christusdarsteller mit Dornenkrone während der Semana Santa, Mexiko*. https://commons.wikimedia.org/wiki/Category:Holy_Week#/media/File:Corona_de_espinas.jpg

c *Prozession der Flagellanten während der Semana Santa, Taxco, Mexiko*. https://upload.wikimedia.org/wikipedia/commons/e/ea/Procesion_de_Flagelados%2C_Taxco.jpg

d Christus-Flagellant am *Karfreitag auf der Via Dolorosa, Jerusalem*. https://commons.wikimedia.org/wiki/Category:Good_Friday#/media/File:Jerusalem_5_009.Jesus_Christ_Walk_of_Tears_on_the_Via_Dolorosa_in_Jerusalem.jpg

3 Collage *fragmentiert*

a *Ignacio Chacón, Lactatio des Heiligen Pedro Nolasco* (Ausschnitt, 17. Jahrhundert). Kloster La Merecd in Cuzco/Peru. https://commons.wikimedia.org/wiki/File:StPedroNolasco_detail.jpg

- b *Marienbrunnen,* Doppelfigur Grossgmain (Salzburg), *Foto* © Wolfgang Sauber. *https://de.wikipedia.org/wiki/Marienbrunnen_Großgmain#/media/Datei:Großgmain_-_Marienbrunnen.jpg*
- c *Brustvotiv-Tafel,* um 1830 Niederbayern (Deutschland). Germanisches Nationalmuseum, Nürnberg. https://commons.wikimedia.org/wiki/File:1830_Brustvotiv_Niederbayern_anagoria.JPG
- d *Votive,* Dietenheim Museum (Deutschland). https://de.wiktionary.org/wiki/Brustvotiv#/media/Datei:Dietenheim_-_Museum_Votive.jpg

4 Collage *transformiert*
- a *Letztes Abendmahl. Schule von Ayacucho/Peru.* https://commons.wikimedia.org/wiki/File:La_última_cena,_Escuela_de_pintura_ayacuchana_(38621534605).jpg
- b *Eucharistie. Christus hält sich selber als Hostie in der Hand* (16. Jahrhundert), Deutschland https://de.wikipedia.org/wiki/Eucharistie#/media/Datei:Juan_de_Juanes_002.jpg
- c *Brot und Wein,* Sankt-Jakobus-Liturgie in der russisch-orthodoxen Kirche in Düsseldorf. https://de.wikipedia.org/wiki/Eucharistie#/media/Datei:Liturgy_St_James_1.jpg

5 *Arma Christi*
- a St. Georg in Taisten. Fresco des Leonhard von Brixen (1459). Foto © Wolfgang Sauber. https://commons.wikimedia.org/wiki/File:Taisten-St._Georg_15.jpg?uselang = de
- b *Arma Christi,* Stundenbuch des Maréchal de Bouicaut. 15. Jahrhundert. https://commons.wikimedia.org/wiki/File:Heures_de_Maréchal_de_Boucicaut_-_Arma_Christi.jpg / {{PD-1996}}

6 *Kreuzförmiges Taufbecken* (4. Jh. n. Chr.), Archäologischer Komplex in der byzantinischen Siedlung Schivta. https://commons.wikimedia.org/wiki/File:Shivta_FrDo0097.JPG

7
- a *Pilgertatoo mit Jerusalemkreuz und Holzstempel.* Tatoo Studio Razzouk, Jerusalem © Amir Cohen/Reuters
- b *Frau mit tätowiertem koptischem Kreuz am Handgelenk.* iStock.com © Joel Carillet.

8 Collage *Zeitgenössische Tatoos mit dem Bildrepertoire der Passionsgeschichte und dem Herz Jesu*
- a *Kreuzigung auf Männerrücken.* Internetquelle tattoosluv.com/jesus-tattoos/©Tatooimages
- b *Mann mit Tatoo auf Brust (Herz mit Dornenkrone).* iStock.com © Photologue
- c *Herz Jesu Tatoo auf Oberam.* Tattoodelmono, https://commons.wikimedia.org/wiki/File:Sagrado_tattoo.JPG

9 *Heinrich Seuse mit dem Christus-Monogramm auf der Brust,* Illustration aus dem *Exemplar.* Bibliothèque nationale et universitaire de Strasbourg. MS 2929, f.224 Vie du Bienheureux Suso https://commons.wikimedia.org/wiki/File:Vie_du_bienheureux_Suso_ms_2929_Strasbourg_f_224.jpg / {{PD-1996}}

10 *Von Herz zu Herz. Oder: Der interpersonale Herzraum.* Illustration aus dem *Exemplar.* Bibliothèque nationale et universitaire Strasbourg, vv. Vie du Bien-

heureux Suso. https://commons.wikimedia.org/wiki/File:Vie_du_bienheureux_Suso_ms_2929_Strasbourg_f_169.jpg?uselang=de/{{PD-1996}}

11 *Hl. Gertrud von Helfta (16. November 2017). https://www.fsspx.at/de/news-events/news/16-november-hl-gertrud-von-helfta-33591*

12 *Herzverwundung Teresa von Avilas*
a *Andachtsbild.* Foto und Copyright © Teresianischer Karmel (OCD), Deutschland
b Lorenzo Bernini, Die Verzückung der heiligen Teresa von Avila (zwischen 1645-1672). https://commons.wikimedia.org/wiki/File:Ecstasy_of_St._Teresa_HDR.jpg

13 a Kahlo, Frida. *La memoria o el corazón,* 1937. Collection of Michel Petitjean. Paris. https://pt.wikipedia.org/wiki/Ficheiro:Memória_(O_coração).jpg © Banco de México Diego Riviera Frida Kahlo Museums Trust, México, D. F./Artists Rights Society (ARS), New York
b Kahlo, Frida. *Las dos Fridas,* 1939. Collection Museo de arte Moderno (Cuidad de México). INBAL/Secretaría de Cultura. © Banco de México Diego Riviera Frida Kahlo Museums Trust, México, D. F./Artists Rights Society (ARS), New York

14 Giotto. *Stigmatisierung des Heiligen Franziskus,* 1295-1300. Louvre, Paris. Foto © Bradley Weber. https://upload.wikimedia.org/wikipedia/commons/9/97/Giotto_-_Francis_Receiving_the_Stigmata_%2843790611150%29.jpg

15 Sano di Pietro. *San Francesco,* 1450-60. https://commons.wikimedia.org/wiki/File:Sano_di_pietro,_san_francesco,_1450-60_ca.JPG, Foto: Sailko

16 Rubnik, Marco Iván. *Mosaik in der Unterkirche von San Pio.* https://es.aleteia.org/2019/12/24/el-camino-de-conversion-para-llegar-a-ver-al-padre-pio/

17 Abramović, Marina. *Rhytm 0.* 1975 (published 1994). © The Solomon R. Guggenheim Foundation/Art Resource, NY/Scala, Florence

18 Abramović, Marina. *Lips of Thomas.* Performance. 2 hours. Krinzinger Gallery, Innsbruck 1975. © Marina Abramović. Courtesy of Marina Abramović Archives/2021, ProLitteris, Zürich

19 Ulay/ Marina Abramović. *Rest Energy (Performance).* Performance for Video. 4 minutes. ROSC'80. Dublin 1980. © Ulay/Abramović. Courtesy of Marina Abramović Archives/2021, ProLitteris, Zürich

20 Abramović, Marina. *Installation view of the exhibition «Marina Abramović: The Artist is present».* MoMA NY, March 14, 2010. Photo: Jonathan Muzikar. © Digital image, The Museum of Modern Art, New York/Scala, Florence

21 a *Flagellanten in Doornik (Tournai), 1349.* Miniatur aus der Chronik von Gilles LI Muisis, fol. 16v. Bibliothèque Royale de Belgique, Brüssel. Quelle H. F. Helmolt, History of the World. Volume VII, Dodd Mead 1902, p. 178/179. https://commons.wikimedia.org/wiki/File:The_flagellants_at_Doornik_in_1349.jpg/{{PD-1996}}
b Schedel, Hartmann. *Illustrationen aus der Nürnberger Chronik.* https://commons.wikimedia.org/wiki/File:Nuremberg_chronicles_-_Flagellants_(CCXVr).jpg/{{PD-1996}}

22 a *Paso am Palmsonntag.* Las Palmas, Spanien (2006): Jesus reitet auf einem Esel in Jerusalem ein https://de.wikipedia.org/wiki/Hermandad#/media/Datei:Domingo_de_ramos_astorga.jpg
b *Anda Ayacucho, Unterbau für die Prozession am Ostersonntag.* Foto © Eduardo Zambrano. https://upload.wikimedia.org/wikipedia/commons/0/03/Ayacucho_%2836584133034%29.jpg
c *Prozession am Ostersonntag,* Ayacucho. Foto © Eduardo Zambrano. https://es.wikipedia.org/wiki/Semana_Santa_en_Ayacucho#/media/Archivo:Résurrection_ayacucho_(40297272375).jpg

23 Collage *Costaleros*
a *Ensayo de costaleros en la Alameda de Hércules,* Sevilla 2010. https://commons.wikimedia.org/wiki/File:Costaleros002.jpg
b *Costaleros bei der Prozession.* © Jorge Fernandez/Alamy Stock Photo
c *Costaleros mit dem Sacktuch auf dem Kopf* © agefotostock/Alamy Stock Photo
d Costaleros nach der Prozession © Jorge Fernandez/Alamy Stock Photo

24 Collage *Nazarenos im Habit verschiedener Hermandades*
a *Nazarenos* in Sevilla https://commons.wikimedia.org/wiki/File:SevillaNazarenoHSanRoque02.JPG
b *Capuchones, Semana Santa,* Kathedrale von Valladolid, https://de.wikipedia.org/wiki/Semana_Santa#/media/Datei:Capuchones.jpg

25 Collage *Palmsonntag in Ayacucho.* Alle Fotos © Alberto Prado B.

26 Prozession des *Señor de la Parra,* Ayacucho. Foto © Alberto Prado B.

27 *Miércoles de Encuentro,* Ayacucho. Fotos © Alberto Prado B.

28 a *Die Heilige Kümmernis.* Wallfahrtsbild Kümmernis aus Schwarzau am Steinfeld. Öl. Städtisches Museum Neunkirchen, Inventarbuch 2, 6398. https://commons.wikimedia.org/wiki/File:Hl_kuemmernis_museum_neunkirchen.jpg/{{PD-1996}}
b *Mary Jane Sazon lässt sich am Karfreitag ans Kreuz schlagen.* San Fernando, Philippinen, 30. März 2018. Sopa Images Limited © Alamy Stock Photo.

29 a *Durchbohrung der Seite des am Kreuz hängenden Jesus.* Kreuzigung Jesu wohl von Hermann Schadeberg. Unterlinden Museum. Inv. 88. RP.536. https://commons.wikimedia.org/wiki/File:Oberrheinischer_Meister_um_1400_001.jpg
b *Das Fünf-Wunden-Kreuz.* Freiburg. Dr. med. Mabuse, https://de.wikipedia.org/wiki/Fünfwundenkreuz#/media/Datei:Fünfwundenkreuz_Freiburg_01.jpg

30 *Die Seitenwunde wird zum durchbohrten Herzen und zum Pars pro Toto für die Passion*
a Stigmata Christi (1486) Waldburg-Gebetbuch_023_detail , gemeinfrei. https://commons.wikimedia.org/wiki/File:Waldburg-Gebetbuch_023_detail.jpg
b Heiligenbildchen Herz Jesu. Foto: Jim Capaldi from Springfield, USA. https://commons.wikimedia.org/w/index.php?curid=12629248

- c Herz Jesu. Antependium des Hauptaltars in der katholische Filialkirche St. Georg, Altenmünster (Landkreis Augsburg/Bayern). Foto: GFreihalter/ Bayern 2012. https://commons.wikimedia.org/wiki/File:Unterschöneberg_St._Georg_809.JPG

31 *Geburt der Kirche aus der Seitenwunde Jesu.*
- a Bible moralisées. Verfasser unbekannt. Vorbesitzer Königliches Damenstift (Hall) sowie Familie Mercy-Luxembourg. Paris 1125, Cod. 2554, fol. 1v, Österreichische Nationalbibliothek, Wien
- b Bible moralisée. Verfasser unbekannt. Vorbesitzer König Ludwig IX, Frankreich. Paris 1225, Cod. 1179 fol. 3v, Österreichische Nationalbibliothek Wien

32 *Kreuzigung Jesu.* Miniatur 13 aus dem Psalter der Bonne de Luxembourg 1348-49. MS 328r. © The Cloisters Collection, 1969. Metropolitan Museum, N-Y. https://images.metmuseum.org/CRDImages/cl/original/DP227314.jpg, commons

33 *Seitenwunde Jesu.* Miniatur 14 aus dem Psalter der Bonne de Luxembourg 1348-49. MS 331r. © The Cloisters Collection, 1969. Metropolitan Museum, N-Y. https://images.metmuseum.org/CRDImages/cl/original/DP227315.jpg, commons

34 Book of hours (MS M.90)., fol. 130r., France, perhaps Verdun and Paris, ca. 1375. © The Morgan Library & Museum, MS M.90. Purchased by J. Pierpont Morgan (1837–1913) in 1902. Photo © The Morgan Library & Museum, New York

35 *Die Vulva als Corpus Christi.* The Measure of the Side Wound and the Body of Christ, an Indulgence. Hand-colored woodcut by unknown German artist. Yale University Art Gallery, Courtesy of Yale University, New Haven, Conn. https://commons.wikimedia.org/wiki/File:The_Measure_of_the_Side_Wound_and_the_Body_of_Christ_an_Indulgence.jpeg/{{PD-1996}}

36
- a Courbet, Gustave. *L'origine du monde*, 1866. Öl auf Leinwand. Musée d'Orsay, Paris. https://commons.wikimedia.org/wiki/File:Origin-of-the-World.jpg/{{PD-1996}}
- b ORLAN. *L'origine de la guerre*, 1989. Chrom auf Aluminium gebunden. © Courtesy of Madame ORLAN

37
- a Huber, Wolfgang. *Erlösungsallegorie*, nach 1543. KHM-Museumsverband, Wien
- b Schäufelein, Hans. *Die Kreuzigung Christi*, 1515. Foto © Staatliche Kunsthalle Karlsruhe

38 Hrdlicka, Alfred. *Gekreuzigter*, 1959. Marmor. Foto © mumok-Museum moderner Kunst Stiftung Ludwig Wien. © Alfred Hrdlicka Archiv, Wien: www.alfred-hrdlicka.com

39 Hrdlicka, Alfred. *Hommage à Pasolini - Pasolini als Schmerzensmann.* Bronzeguss 1986 nach Stein (weißlich-grauer Carrara-Marmor) von 1983. 151 x 75 x

40 cm. Sammlung Würth, Inv. 901. Foto © Philipp Schönborn, München. © Alfred Hrdlicka Archiv, Wien: www.alfred- hrdlicka.com

40 Hrdlicka, Alfred. *Das schaurige Ende des Pier Paolo Pasolini.* Museum Ludwig, Köln. Inv.-Nr. ML 01387. Foto © Rheinisches Bildarchiv, rba_199253 © Alfred Hrdlicka Archiv, Wien: www.alfred- hrdlicka.com

41 Mroczek, Andrew/Barboza-Gubo, Juan José. *Gaby. Vírgenes de la Puerta.* Foto © Courtesy of Andrew Mroczek/Juan José Barboza-Gubo

42 Collage *Virgen de la Puerta* (La Mamita), Otuzco/Peru. Alle Fotos © Randy Reyes

43 *Señor de la Amargura*, Arequipa/Peru. Foto ©Juan Carlos Enruque Turpo Leva

44 *Madonna von Tschenstochau mit Regenbogen-Heiligenschein.* Pressefoto © Reuters